대한민국
아파트시장
인사이트

대한민국 아파트 시장 인사이트

1판 1쇄 발행 2016년 12월 15일
1판 2쇄 발행 2017년 1월 5일

지은이	**이종원**
펴낸이	**이재성**
기획편집	**김민희**
디자인	**조기연**
마케팅	**이상준**

펴낸곳	**북아이콘**
등 록	**제313-2012-88호**
주 소	**07228 서울시 영등포구 영신로 220 KnK디지털타워 1102호**
전 화	**(02)309-9597(편집)**
팩 스	**(02)6008-6165**
메 일	**bookicon99@naver.com**

ⓒ 이종원, 2016
ISBN 978-89-98160-27-2 13320

* 이 책은 저작권법에 의해 보호받는 저작물이므로 무단 전재 및 복제를 금합니다.
* 잘못 만들어진 책은 구입하신 서점에서 바꾸어 드립니다.

대한민국 아파트시장 인사이트

이종원(아포유) 지음

북아이콘

| 머리말 |

아파트의 가격은 결국 내재가치에 수렴되어간다

우리는 보통 서점에서 책을 사거나 극장에서 영화를 보더라도 사전에 사람들의 리뷰를 참고한다. 인터넷 쇼핑을 할 때도 최저가 검색을 하며, 시장에서 물건을 살 때도 비교하며 흥정을 한다. 특히 젊은 층일수록 가성비를 중시하여 가성비 좋은 맛집과 쇼핑을 찾는다. 하지만 가격만 무려 수억 원에 달하는 아파트를 분양받을 때는 어떠한가? 그 가치만큼 비례해서 치열하게 분석하고 구매하는가? 분양가가 어떻게 도출되었고, 가격이 적정한지 등등.

필자가 현업에서 분양 관련 업무를 하던 시절에 분양가 책정을 위한 시장 분석을 하게 되는 경우가 많았다. 그러다 보면 해당 현장에 따라 책정된 가격이 높게 느껴지는 경우도 있고, 낮게 느껴지는 경우도 있었다. 물론 가격의 높고 낮음을 판단하는 기준은 여러 가지 요소로 이루어진다. 주변 아파트 시세, 신규 아파트의 희소성, 교통 환경, 학교 접근성과 학군, 학원가 및 상권과의 접근성 등 다양한 요소들이 존재한다. 이런 요소들을 종합해서 분양가가 책정되는 것이며, 분양가의 높고 낮음에 대한 판단 근거가 되는 것이다.

하지만 분양가는 온전히 이러한 상품성에 의해 결정된다기보다 건설사의 사업성이 우선해 책정되는 것이 보통이다. 이러다 보니 실제 책정되는 분양가와 상품의 내재가치 간에 간극이 발생한다. 재미있는 사실은 실무자들이 처음에 가격이 높은 것 같다고 느낀 현장이 조기에 완판되는 경우가 있으며, 가격이 낮다고 생각했는데도 분양이 저조한 현장들도 나온다는 것이다.

시장은 실무자들의 판단만큼 그렇게 이성적으로 전개되지 않는다. 아파트의 가격은 기존 청약 경쟁률, 시장 분위기, 부동산 정책 등에 따라 결과가 다르게 나타나고, 부동산시장은 역시 예측하기 어렵다고 생각하게 만든다.

하지만 실무자들의 판단이 적중하는 때가 온다. 바로 입주 후 2년이 지난 시점이 되면 실무자들이 느꼈던 고분양가, 저분양가에 대한 감은 결과적으로 맞아 들어가게 된다. 사실 시장조사는 사람들이 살기 편한 지역이 어떤 곳인지, 그에 따른 가격 변화는 어떨지를 예상하는 것인데, 이것이 분양가 책정 단계에서 이루어지다 보니 해당 시점의 가수요들이 개입되고, 청약 성적은 시장의 기류에 따라 내재가치보다 분위기에 좌우되는 경우도 많다.

이에 본 책에서는 아파트의 내재가치를 어떻게 봐야 할지에 대해 다뤄보고자 한다. 더불어 이러한 내재가치와는 별개로 아파트는 주식시장의 차트와 같이 특정 흐름을 가지고 있다. 가격이 상승하는 시점이 있으며, 가격이 하락하는 시점이 있다. 즉, 아파트 가격은 등락을 거치며 우상향하는 모습을 보인다. 아파트 가격이라는 것은 어느 정도 사이클을 가지며, 사이클의 주기는 특정 패턴을 나타낸다. 이러한 주택시장의 흐름 즉 주택시장 사이클만 잘 이해해도 내 집 마련을 하는데 있어 고민을 훨씬 줄일 수 있으리라 생각된다.

우리가 아파트 시장에 대해 논할 때 향후 아파트 가격이 오를 것인가, 떨어질 것인가에 대해 집중해 말하지만 좀 더 깊이 들어가 보면, 하락기에도 오르는 지역이 있으며, 상승기에도 하락하는 곳들이 있다. 이런 복잡 미묘한 시장을 이해하는데 도움이 되기를 바라는 마음에 이 책의 집필을 계획하였으며, 독자들이 주택시장을 이해하는데 큰 힘이 되기를 소망한다. 그렇지만 책의 집필을 마치며 아쉬운 부분들이 너무 많으며, 시장을 분석하며 하고 싶었던 말들을 모두 담지 못한 것은 아닌가 자책이 남는 것 또한 사실이다. 이런 아쉬움은 후속편에서 채워질 수 있기를 희망해본다.

| 차례 |

머리말 아파트의 가격은 결국 내재가치에 수렴되어간다   4

1장   아파트 시장에 대한 이해

1. 아파트란 무엇인가?   12
2. 왜 유독 우리나라 사람들은 아파트를 좋아하나?   17
3. 커뮤니티가 무엇인지 알아야 아파트가 보인다   31
4. 아파트 시장에 대한 불신의 원인은 무엇인가?   35
5. 대한민국 부동산은 버블인가?   46
6. 서울시 아파트 가격 상승의 배경은?   54
7. 정치와 정책은 부동산의 나침반이다!   57
8. 야당이 정권을 잡으면 아파트 가격이 하락할까?   61

2장   아파트 면적과 구조에 대한 이해

1. ㎡가 뭐죠? 그리고 84㎡(국민주택규모 아파트)란?   66
2. 전용면적, 공급면적, 계약면적은 어떻게 다른가?   69

3. 서비스면적이란 무엇인가?   73

4. 안목치수가 뭔가요?   77

5. 2Bay, 3Bay, 4Bay 아파트 평면의 진화   79

6. 신구 아파트에 대한 3단계 분류   84

7. 판상형 VS 타워형   94

3장 아파트 분양, 그것이 알고 싶다

1. 모델하우스 안에서는 어떤 일들이 벌어질까?   100

2. 시행사란 무엇인가?   105

3. 신문기사, 부동산면은 그냥 찢어버려라!   108

4. 들어는 보셨습니까?   112

5. 대한민국 부동산 전문가를 말하다   119

6. 견본주택 마감재의 진실   123

4장 분양 아파트 청약 전략

1. 입주자 모집공고 보는 방법   142
2. 아파트 프리미엄은 무엇인가?   158
3. 청약 경쟁률이 높은 아파트가 좋은 아파트인가?   164
4. 분양권 전매 어디까지 알고 있나?   167

5장 기존 아파트 시장 인사이트

1. 대한민국 아파트 연도별 거래 추이   176
2. 대한민국 아파트 면적별 가치 변화   182
3. 대한민국 아파트 지역별 거래 추이   187
4. 서울시 아파트 각 구별 평균 거래가 추이   194
5. 서울시 아파트 각 구별 면적 현황   200
6. 어떤 입지의 아파트가 좋은 아파트인가?   207
7. 이런 아파트는 조심해야 한다!!   214
8. 아파트 가격에 대한 착시현상   221

6장 2년 주기론에 대한 이해

1. 2년 주기론이란 무엇인가?   226

2. 2년 주기론의 사례 탐구   230

3. 잠실과 같은 2년 주기론이 재연될 수 있을까?   242

4. 거시적 관점으로 본 2년 주기론   248

7장 대한민국 아파트의 미래 전망

1. 앞으로도 전세가 상승은 지속될까?   268

2. 지역별 아파트 가치 평가 인사이트   274

3. 향후 아파트 시장에 영향을 미칠 이슈들   291

4. 주택시장 변화와 우리의 대응   306

5. 아파트 시장 중장기 전망   312

Thanks for

1장

아파트 시장에 대한 이해

1

아파트란 무엇인가?

| 아파트라는 용어 생각해볼 필요가 있지 않을까? |

우리나라 사람 중에 아파트라는 말의 의미가 무엇인지 모르는 사람은 없을 것이다. 그러나 대부분 아파트의 어원에 대해서는 깊이 생각해본 적이 없지 않을까?

물론 아파트의 어원에 대한 학계의 견해가 전혀 없는 것은 아니다. 우리나라에서 아파트라는 용어를 사용하게 된 배경에 대해 설명한 책이 있는데, 박경식의 ≪부동산 용어사전≫에서는 아파트라는 말의 어원을 이렇게 정리하고 있다. '아파트란 아파트먼트 하우스(apartment house)의 준말로 일본 사람들이 쓰는 말을 비판 없이 그대로 차용하여 쓰는 말이다.'

하지만 이것이 정확한 내용인지는 불확실하다. 사람들에게 아파트라는 용어는 한국과 일본에서만 존재하는 콩글리시로 인식되어 온 것이 사실이다. 그러나 과연 일본인들이 아파트먼트를 발음하기 힘들어 아파트라고 말한 것이 사실일까? 이는 한 번 더 깊이 생각해볼 필요가 있다.

과거 일본이 서구문물을 받아들이기 시작한 대상은 미국이나 영국이 아니었다. 즉 서구문물을 받아들이기 시작한 시점인 메이지유신 이전 도쿠가와 시대에 친밀한 외교관계를 가진 국가는 스페인으로부터 독립한 네덜란드였으며, 17세기 네덜란드는 아시아와의 무역을 확대하며 황금기를 맞기도 했다. 따라서 일본은 서구식 표현에 대해 영어보다는 네덜란드어를 먼저 적용시켰을 가능성이 높다. 네덜란드어로도 아파트에 대한 표현은 'appertement'였으며, 네덜란드 구어(일반 대화에서 사용되는 말)로 appart로 사용되기도 한다. 즉, 아파트란 그 어원이 영어가 아니라 네덜란드어 'appertement'의 구어일 가능성이 높다. 그렇다면 우리나라에서도 아파트의 정확한 표기는 appart가 되어야 하지 않을까?

정작 우리가 일상생활에서 흔히 사용하는 아파트의 어원조차 잘 알지 못하는 현실 속에서 과연 우리는 아파트에 대해 얼마나 알고 있을까? 먼저 아파트라는 용어의 개념은 각 나라마다 조금씩 차이를 보인다. 미국에서 아파트(Apartment)는 개인들이 각 동별로 소유하여 불특정 다수를 상대로 임대하는 민간 임대주택으로서의 이미지가 더 크며, 우리가 인식하는 고급 공동 주거시설의 개념으로는 맨션(Mansion)이라는 개념이 더 적합하다.

일본 역시 우리가 사용하는 아파트의 개념이 맨션(Mansion)이라는 용어로 불리고 있으며, 일본에서의 아파트란 우리가 흔히 말하는 다세대주택의 이미지를 더 크게 가지고 있다.

일본의 '아파또(アパート)'

즉, 일본인이 느끼기에 우리나라 사람이 아파트에 산다고 하면, 서민처럼 느껴질 듯하다. 그런데 우리나라는 왜 아파트라는 용어를 사용하게 된 것일까? 이는 일제 시대 일본에 의해 건축된 서구식 주거 형태가 '아파또'라 불리다 보니 서구식 고급주택을 빗대어 아파트라 불린 것이 현재까지 이어져온 것이라 보인다.

일본의 '맨션(マンション)'

그러나 우리나라에서도 과거 1970~1980년대 홀과 엘리베이터를 갖춘 아파트들에 맨션이라는 용어를 사용하였고, 오래된 아파트들에서 ○○맨션이라는 표기를 한 것을 본 기억이 있을 것이다. 그러나 오히려 우리나라에서는 아파트보다 고급화된 서구식 맨션에 대한 어감이 친숙하게 다가오지 못했고, 지금은 사용되지 않는 표현이 되었다.

| 기원전에도 존재한 아파트 |

이러한 용어적 사용을 떠나 실제 아파트라는 개념은 언제 만들어졌을까? 아파트라는 개념의 시작은 기원전으로 거슬러 올라가야 한다. 로마가 전 유럽 대륙을 지배해가던 시절 사람들의 로마를 향한 도시집중화 현상이 심화되고, 지금과 같이 도시에 땅이 부족하게 된다. 땅이 부족한데 사람들이 모이면 어떤 현상이 벌어질까? 바로 수직증축이라는 형태로 건축물이 변화될 수밖에 없었을 것이다. 이에 따라 로마시대에 아파트라는 개념이 만들어지기 시작했으며, 그 당시 아파트를 가리키는 용어는 '인술라(Insula)'였다. 그럼 이런 인술라에 거주하는 사람들은 누구였을까?

사실 인술라의 배경은 1층에 주택이 만들어지고 이후 도시집중화가 심화되면서 더 이상 사람들이 집을 지어 살 곳이 부족해지자 기존의 주택에 2층을 증축하고, 다시 3층, 4층 등을 증축하면서 만들어지게 된 것이다. 따라서 안전성이 낮았으며, 마치 사다리와도 같은 계단을 이용해야 했기에 불편한 점들이 많았다. 따라서 이런 불편을 감수하면서 증축을 하고 살아야 하는 사람들이 결코 귀족이거나 부유층일 리는 없었다. 이 때문에 인술라가 만들어지는 곳은 서민들이 거주하는 지역들이었으며, 이러한 인술라가 건설된 지역은 대부분 도로가 좁고 건축물간 간격이 좁아 안전상, 위생상 취약할 수밖에 없었다. 성경에도 나오는 로마 대화재가 인술라로 인해 그 규모가 더 커졌다는 설이 있으며, 당시 로마에 얼마나 많은 인술라가 건설되었는지 말해주는 반증이기도 하다.

그 당시 로마 대화재의 파급력은 상상을 초월했다. 로마의 황제 네로 역시 휴가를 즐기던 중 급하게 로마로 돌아와 이재민 대책을 수립할 정도였으니, 로마 대화재는 아마도 인류의 도시 역사상 가장 큰 화재 중의 하나가 아니었을까 생각된다. 이후 네로 황제는 이전까지 방치되어 있던 인술라에 대한 법을 제정하게 된다. 인술라 사이에 정원을 만드는 것을 의무화하고 인술라의 높이를 7층 이하로 건축하도록 법제화 하였으니, 이것이 인류 최초의 용적률과 건폐율의 탄생이라 볼 수 있을 듯하다.

그러나 과연 인류 최초의 아파트가 로마에서 시작되었을까? 지금으로부터 4,000년 전 메소포타미아에서는 바벨탑이 건설되기도 하였으며, 당시 메소포타미아 지역의 도시는 로마에도 뒤지지 않는 거대도시였을 가능성이 높다. 또한 현재 이라크에 있는 지구라트를 보더라도 역시 현대과학으로는 이해할 수 없을 정도의 엄청난 규모와 뛰어난 건축 기술을 자랑하고 있어 당시 메소포타미아에 복층 혹은 그 이상 높이의 주거 형태가 있었을 수도 있다는 추정은 가능하나, 역사적 기록은 존재하지 않는다.

그럼에도 바벨탑에 대한 전설과 지구라트의 규모 등을 추정해 봤을

이라크에 있는 지구라트의 모습

때, 지구라트 주변은 인구밀집도가 무척 높은 도심지를 이루었을 가능성이 높으며, 해당 시점 역시 주거시설의 수직증축은 이루어졌을 듯하다. 이처럼 역사에서 보듯 사람들은 자연스럽게 도시를 이루어 살고, 그 도시가 발전할수록 인구밀집도는 높아졌다. 그리고 인구밀집도가 높아지면 자연스럽게 수직증축이 이루어질 수밖에 없었다. 그러나 당시에도 지배층들은 넓은 대지 위에 개인주택을 꾸미고 살았으니, 역사적으로 아파트란 서민을 위한 주거 형태임은 부정하기 어려울 듯하다.

2
왜 유독 우리나라 사람들은 아파트를 좋아하나?

19세기 미국 공동주택 테너먼트(Tenement)의 전경

앞에서 로마의 사례를 살펴본 것처럼 아파트라는 것은 서민들을 위해 공급되어온 주거시설이었다. 미국에서도 아파트의 태동은, 1839년 뉴욕에서 밀려드는 이민자들을 수용하기 위해 만든 '테너먼트(Tenement)'라는 공동주택 시설로부터 시작한다. 그 시기를 배경으로 만들어진 영화들을 보면 테너먼트(Tenement)가 어떤 시설인지 엿볼 수 있다.

1992년 톰 크루즈와 니콜 키드먼을 주연으로 미국의 1800년대를 배경으로 만든 영화 〈Far And Away〉에서 톰 크루즈와 니콜 키드먼이 미국에 입국하여 처음 묶게 되는 곳이 바로 테너먼트(Tenement)였으며, 영화에 나오는 테너먼트는 개인에게는 방 하나씩만 제공되고, 화장실과 욕실 등은 공동으로 사용하는 열악한 모습으로 그려진다.

유럽의 런던과 파리 등 산업혁명으로 산업화가 급속히 이루어진 도시들 역시 현재는 역사가 보존된 아름다운 도시이지만, 산업화 당시에는 급속한 도시집중화로 도시 이주자들을 수용하기 위해 비체계적으로 만들어진 아파트와 같은 공동주택이 있었다는 점에서 아파트의 개념은 중산층 이상보다 서민에게 적합한 주거 형태임은 부정하기 어렵다.

이처럼 선진국에서는 보통 가지지 못한 사람들을 위한 주택으로 아파트가 접근되는데, 왜 유독 우리나라 사람들은 아파트를 좋아할까? 아파트 선호 현상의 객관적 단면을 보여주는 통계자료 역시 다수 존재한다. 그중 가장 최근 자료로는 '2016년 서울시 도시정책지표조사 보고서'이며, 이 자료를 보면 서울 거주 10가구 중 6.2가구는 10년 후 예상 주거 형태로 '아파트'를 꼽았다는 내용이 담겨있다.

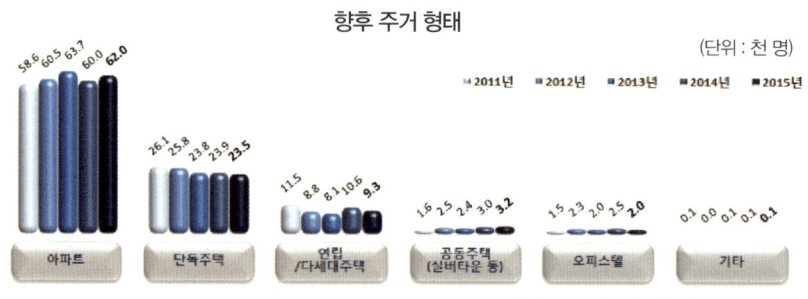

출처 : 2016년 도시정책지표조사 보고서

서울 거주의 10가구 중 6가구(62.0%) 정도는 10년 후 예상 주거 형태로 '아파트'를 꼽았으며, 2014년(60.0%) 감소 이후 다시 증가하고 있음.

그러나 서울의 주택 중에 아파트의 비율은 불과 45% 정도에 불과하다. 나머지 주택은 단독주택과 연립주택, 다세대주택 등으로 구성되어 있다. 즉, 10년 후 62%의 서울시민들이 아파트에 살기를 희망하나 현 시점에서 그들의 욕구를 충족시켜 주기에 아파트는 매우 부족한 실정이다. 이것으로도 아파트 가격이 상승하고, 전세가가 상승하는 원인은 충분히 설명될 수 있다. 하지만 왜 사람들의 아파트 선호도는 점점 더 높아져 가는 것일까? 이는 두 가지 측면에서 설명 가능하다. 한 가지는 도시계획적인 측면이고, 다른 한 가지는 우리나라만이 갖는 아파트 고유의 특징으로 인한 요소 때문이다.

| 도시계획적 측면에서 바라본 우리나라 아파트의 특징 |

가끔 언론 기사를 보면, 프랑스의 13구역 혹은 유럽의 아파트들을 거론하며 슬럼화 되어가는 모습을 인용해 우리나라 역시 머지않아 그런 미래가 닥칠 것이라고 경고한다. 하지만 재미있는 사실은 프랑스의 수도인 파리 역시 주택 가격이 상승하고 있다는 것이다. 어떻게 공실 주택이 넘치는데 주택 가격은 상승할까? 이는 바로 도시계획적 측면에서 설명이 가능하다.

주택 하락론이 대두될 때 주로 언급되는 파리 13구역은 도시계획적 측면에서 접근한 것이 아닌 단순히 부족한 주거시설을 해결하기 위해 아파트가 공급되었다. 그러다 보니 학교, 병원, 교통 등 기반시설과 주거시설의 적절한 배치 등 다각적 측면에서 고려된 지역이 아니라 순수 아파트로만

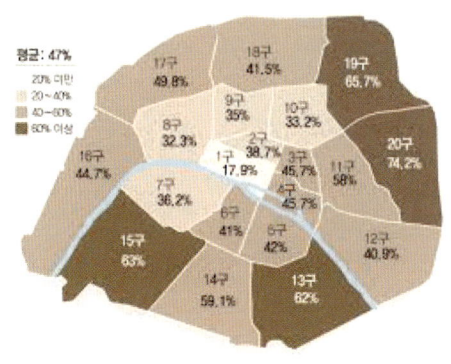

프랑스 파리의 거주민에 의한 범죄 비율

출처: 파리 경찰청

채워져 주거하기에 불편한 요소들이 많았다. 주거시설 또한 초소형 위주로 공급되어 소득 수준이 받쳐주는 사람들은 이 지역을 떠나고 현재는 불법이민자들의 집결소로 전락하게 된 것이다. 또한 소득이 낮은 계층들로 지역이 채워지면 범죄율도 높게 나타난다. 우리에게 잘 알려진 13구역 외에 15구역, 19구역, 20구역 모두 슬럼화 되어가는 지역이다. 그럼 도시의 슬럼화는 왜 이루어지는 것일까? 이는 바로 도시계획이 갖춰지지 않은 상태에서 아파트가 건설되다 보니 발생된 현상이다.

 그렇다면 우리나라의 경우는 어떠한가? 이를 이해하기 위해서는 역사를 다소 되짚어볼 필요가 있다. 우리나라는 일제강점기를 거쳐 1945년 해방을 맞이하고 얼마 지나지 않아 1950년 6.25라는 비극이 벌어진다. 그리고 37개월이란 기나긴 전쟁 속에서 부산을 제외한 전 국토가 파괴되는 암울한 시절을 거쳐야만 했다. 1953년 7월 휴전이 선언되고 이승만 정권은 대한민국 경제발전을 위한 경제개발 3개년 계획을 수립하나, 행정적 기반이 갖춰지지 않은 상태에서의 경제발전은 요원해 보이기만 했다. 더욱이 지나친 권력욕으로 인한 3.15부정선거와 이로 인해 촉발된 4.19혁명으로 1960년 이승만은 하야하게 되고 대한민국 제1공화국은 막을 내린다. 그러나 이승만 정권의 급작스런 몰락은 준비되지 않은 행정 기반에 무리수로 작용하고 이에 대한민국의 제2공화국이라는 바통을 이어받은 윤보선은 외교, 행정, 경제 중 어느 하나도 잡지 못하고 집권 9개월 동안 무려 3차례의 전면개각을 진행할 정도로 무능한 모습을 보인다. 제2공화국이 들어선 후 윤보선은 미국의 외교적 압력에 따라 환율을 올리고, 세계 각국의 대한민국에 대한 경제적 원조를 미국이 직접 감독할 수 있는 권한을 주게 된다. 이로 인해 집권 9개월간의 물가상승률은 38%에 달했으며, 이 당시 우리나라의 실업률은 23.7%에 이르렀으니, 국민들의 강력한 대한민국에 대한 열망이 어떠했을지 짐작해볼 수 있을 듯하다.

짤막하게 설명한 제1, 2공화국 모두 경제 재건을 제1의 슬로건으로 내걸었지만 가시적인 성과를 얻지 못하였고, 우선 당장 먹고사는 것이 해결되지 않는데 도시계획과 같은 추상적 과제들이 눈에 들어올 리 없었다. 그 과정에서 5.16 군사정변으로 제3공화국이 출범하게 되고, 우리나라의 취약한 행정구조에 군사시스템을 도입해 강제적 경제 개혁을 추진해 나간다. 당시 후진적 경제구조 속에서 제3공화국이 수립한 경제개발 5개년 계획은 대한민국 경제발전의 초석이 되었다 해도 과언이 아니다. 1950년대가 전쟁과 정치적 혼란의 시기이고, 1960년대가 전쟁을 극복하고 경제의 초석을 만드는 시기였다면, 1970년대는 국가의 법률 및 행정 기반을 갖춰가는 시기라고 할 수 있다. 1972년 유신으로 제4공화국까지 이어받은 박정희 정권은 국토의 체계적 개발을 위해 국토종합개발계획을 수립하기에 이른다. 국토종합개발계획은 국토의 전체적인 청사진을 만들어가며, 교통 및 산업, 주거에 대한 전반적인 개발 계획을 담았다. 현재는 제4차 국토종합개발계획이 진행 중이다.

서론이 다소 길었지만 바로 이러한 과정이 대한민국 부동산 부의 지도가 만들어진 배경이며, 국토종합개발계획이 만들어진 시점이 대한민국 정부에서 부동산에 대해 진지하게 고민하기 시작한 최초 시점이라고 볼 수 있다. 국토종합개발계획은 국토의 균형 발전을 위해 전 국토를 연결하는 도로망과 철도, 그리고 지역별로 특화된 개발전략 등을 수립하여 균형발전을 도모하기 위한 체계적 관리계획이었다. 또한 국토종합개발계획은 단순하게 청사진을 만드는 것에 그치는 것이 아니다. 국도종합개발계획이 수립되면 그에 근거한 광역도시계획 혹은 도시기본계획이 수립된다. 즉 광역도시계획에 따라 각각의 시, 군에서는 도시기본계획을 수립해나간다. 도시기본계획은 각 지자체별로 해당 계획을 수립한 후에 공개하고 있으며, 서울시에서는 현재 2030 서울도시기본계획이 수립되어 관리되고 있다.

도시기본계획이 수립되고 나면 이를 구체화하기 위한 도시관리계획이 수립된다. 앞서 설명한 광역도시계획과 도시기본계획이 다소 추상적 개념이었다면 도시관리계획은 매우 구체적으로 설계되어간다. 도시관리계획에서 다뤄지는 내용은 각각의 토지에 대해서 구체적으로 공업지역, 상업지역, 주거지역 등으로 나누며 개발제한구역 등을 관리해 나간다. 또한 일정 규모 이상의 주거 지역에는 이에 따르는 기반시설 계획을 수립하고 학교용지, 병원용지, 관공서 등 각각의 토지별 용도를 계획한다. 이에 한 도시의 모든 구체적인 현황 및 계획이 도시관리계획에 모두 담겨져 있는 것이다.

도시관리계획을 구성하는 요소로 한 단계 더 깊이 들어가면 지구단위계획까지 살펴볼 수 있다. 지구단위계획에서 다뤄지는 내용은 토지별로 만들어질 수 있는 건물의 구체적 용도 및 건폐율, 용적률, 층수 등이며, 우리가 흔히 말하는 토지의 가치는 바로 이 지구단위계획에 근거하여 결정된다 해도 과언이 아니다. 즉, 땅이 1,000평 있다 하여 내 마음대로 건물을 지을 수 있는 것이 아니라, 이러한 지구단위계획에 근거하여 건물을 신축할 수 있으며, 용도를 정할 수 있는 것이다.

이러한 국토에 대한 체계적 계획과 관리가 바로 제4공화국에서 그 틀이 만들어졌다. 이러한 이유로 대한민국 국토는 난개발이 최소화될 수 있었으며, 일정 규모 이상의 주거 밀집 지역에는 어느 정도의 기반시설이 뒤따를 수밖에 없도록 체계화된 것이다. 그런데 주거 밀집 지역이란 어떤 곳일까? 바로 아파트이다. 대규모 아파트들이 밀집된 지역에는 학교, 병원, 교통시설, 상업지역이 뒤따르도록 계획되며, 각종 편의시설들이 대규모 아파트를 중심으로 들어선다. 즉, 유럽 어떤 국가보다도 우리나라의 도시기본계획은 체계적으로 잘 만들어져 있으며, 이러한 도시기본계획이 주거 밀집 지역들을 중심으로 체계화되어 있다 보니 사람들의 아파트 선호 현상이 더욱 커지게 된 것이다.

즉, 프랑스 파리의 13구역과 같이 인구가 몰려든다 하여, 그에 따르는 기반시설에 대한 계획 없이 아파트만 건설해 놓은 비체계적 도시와 대한민국의 아파트는 편의적 측면에서 비교 불가라는 것이 필자의 의견이다. 또한 제4공화국(유신 이후의 박정희 정권)에서는 도시 관련 해외 전문 집단의 컨설팅을 수차례 진행하였으며, 공무원들을 해외로 많이 보내 해외 도시개발 사례 및 부작용을 학습토록 하였다. 즉, 이미 선진국에서 진행해 온 도시계획의 성공 사례와 부작용 등을 학습한 상태에서 도시계획이 이루어지다 보니, 시행착오가 최소화되고 균형적 발전을 이루게 된 것이다. 어쩌면 우리나라의 도시계획이 체계화될 수 있었던 이유는 바로 토지에 대한 체계가 거의 백지 상태였기에 가능했을지도 모른다. 이처럼 외국의 사례를 보고 그 부작용에 대비할 수 있었으며, 그에 따른 시행착오를 최소화하여 발전하는 방향으로 도시계획을 진행할 수 있었던 것이다.

현재 우리나라의 도시계획은 유럽의 도시 슬럼화를 참고해, 서민 밀집 지역을 최소화하기 위한 방향으로 나아가는데, 이에 따라 도시계획 초기 단계부터 임대 아파트와 분양 아파트가 혼재할 수 있도록 체계화하였다. 즉, 경제적 기반이 갖춰진 민간분양 아파트와 서민들이 거주하게 될 임대 아파트를 혼재시킴으로써 특정 지역의 급격한 슬럼화를 막고 있는 것이다. 또한 소형 아파트와 대형 아파트가 혼재되도록 하여, 지역별 불균형을 최소화하고 있다. 우리가 알고 있는 것 이상으로 우리나라의 도시계획 노하우는 높은 수준을 유지하고 있다고 할 수 있다.

| 우리나라만이 갖는 아파트 고유의 특징 |

전 세계적으로 개별 국가가 위치한 위도에 따라 아파트에 대한 호불호가 갈린다. 유럽의 사례에서도 북유럽으로 갈수록 아파트의 경제적 가치는 높아지고, 남유럽으로 갈수록 아파트는 서민들이 사는 주거 형태의 성격이 강하다. 그 이유는 추운지역에서 아파트의 강점이 더 크게 나타나기 때문이다. 아파트는 시멘트로 지어지며, 이런 시멘트는 열을 흡수하여 보온을 해주는 효과를 가지고 있는데, 아파트와 같은 공동주택에서는 세대 간 열효율성이 상호보완작용을 해주어 비용 대비 높은 열효율성을 나타낸다. 또한 겨울철에 눈이 오더라도 공동주택에서는 효율적 관리가 가능한데 비해, 단독주택에서는 제설 작업에 대한 의무와 책임을 개인이 부담해야 하기에 눈이 잦은 북쪽으로 갈수록 아파트에 대한 선호도가 높아진다고 볼 수 있다.

　이처럼 아파트의 지리적 특성을 미리 언급한 이유는 이러한 지리적 여건에 따라 우리나라 고유의 아파트 건축 기술이 만들어졌다는 것을 말하기 위함이다. 이런 건축 기술이 탄생할 수 있었던 배경에는 바로 우리나라 고유의 주거문화인 온돌문화가 있었다. 우리나라 주거 문화유산의 한 축인 한옥들은 대부분 아궁이가 있으며, 이런 아궁이는 음식을 하는 용도로 사용됨과 동시에, 아궁이에서 발생되는 뜨거운 열이 온돌에 전달되어 열기를 만들어 집을 보온하는 역할을 했다.

　이에 반해 우리나라를 제외한 대부분의 나라에서는 땔감에 불을 지펴 공기를 직접 덥히는 방식으로 난방을 했다. 과거 서양의 주거문화는 벽난로 문화라 할 수 있으며, 우리나라는 온돌문화라 할 수 있다. 아파트의 난방 역시 서구식 아파트는 라디에이터를 통해 공기를 덥히는 반면, 우리나라의 아파트는 바닥에 일일이 열선을 깔아 덥히는 방식이다. 아파트 골조를 건설하고 바닥에 촘촘히 온수관을 깔아준 후 해당 온수관 위로 시멘트를 타설하여, 난방 작동시 해당 온수관을 통해 뜨거운 물이 공급되면서 시멘트 바닥을 덥히는 방식으로 난방이 이루어진다. 물론 우리나라에 처음 아파트가 공급되던 1960~1970년대 아파트들은 서구식 기술에 따라 라디에이터로 열이 공급되는 방식이었으나, 1980년대부터는 아파트에 온돌마루를 적용하면서 우리나라만의 아파트 문화가 만들어지게 된다.

　또 다른 한 가지는 서양의 아파트는 전기 및 배관, 상하수도관이 모두 노출형으로 만들어지는데 반해, 우리나라 아파트들은 대부분 매립형으로 만들어진다는 것이다. 이는 공사비 상승으로 이어지나 미관상 노출형에 비해 매립형이 더욱 깔끔해 보이는 효과를 준다. 즉, 아파트의 세부적인 면에서의 품질 자체가 서구의 아파트와 우리나라 아파트 간에는 상당한 차이를 보인다.

마지막으로 우리나라 사람들이 아파트를 선호하는 빼놓을 수 없는 이유를 들어보자면 바로 아파트 건설 전 설계 시점에서부터 진행되는 사업계획승인 절차와 감리제도 및 준공허가 절차라 할 수 있다. 사실 우리나라에서 처음 아파트를 공급하던 시절에는 그렇게까지 엄격한 절차가 존재하지 않았다. 그러나 1970년 4월 마포 와우아파트(홍익대학교 뒤편 와우산에 건설된 아파트) 붕괴 사고가 벌어지면서 아파트에 대한 관리감독이 엄격하게 강화되어 현재에 이르게 된다. 그럼 현재 아파트가 건설되기 위해서는 어떤 절차가 필요할까?

첫 번째, 지구단위계획이 수립되어야 한다. 특정 지역에 아파트를 건설하려는 자는 해당 지자체장에게 지구단위계획을 수립토록 요구해야 한다. 지구단위계획은 행정 관청에서 수립하는 것이 원칙이지만, 민간의 제안에 따라서도 진행 가능하며 관에서는 민간에 의한 지구단위계획(안)을 접수받아 지자체장 혹은 국토교통부 장관의 승인을 득해야 한다. 지구단위계획이 수립되고 나면, 해당 아파트의 건폐율, 용적률, 동수, 층수 등이 결정된다. 이에 따라 대략적인 아파트의 규모 및 세대수가 결정된다고 할 수 있다.

두 번째, 사업계획승인을 받아야 한다. 지구단위계획이 수립되었다고 하여 그곳에 마음대로 집을 지을 수 있는 것이 아니다. 지구단위계획이 완료되고 나면 구체적인 설계도면을 만들어 역시 해당 관청의 승인을 득해야 한다. 여기서 만들어지는 도면을 사업계획승인 도면이라 하며 단지

배치도, 조감도, 평면도, 입면도, 전기, 설비, 소방, 에너지, 조경 등 해당 단지에 대한 모든 설계도가 만들어져 지자체에 접수된다. 그럼 해당 지자체에서는 각계 민간 전문가들로 구성된 위원회를 소집하여 해당 사업계획승인에 대한 부분을 검토한다.

건축, 토목, 설계 전문가만이 아니라 환경, 에너지, 정보통신, 장애인 등 실생활과 관련된 각 분야의 전문가들이 모여서 해당 사업계획승인 도면을 검토한다. 그 과정에서 사업계획승인 도면은 많은 부분 수정되는데, 각계 전문가들의 요구가 반영되다 보니 아파트의 질은 더욱 높아진다. 예를 들면, 에너지 전문가는 에너지 효율 등급을 높일 것을 주문하며 아파트 단열 및 태양열 에너지 도입 등의 요구를 한다. 환경 전문가는 도시 미관상 아파트의 배치 등이 충분히 통경축을 확보하고 있는지, 공개공지는 확보되었는지, 도로변 소음차단을 위한 시설은 확보되었는지 등을 검토한 후에 수정을 요구한다. 장애인의 경우 경사지에 계단 외 경사로를 충분히 확보하고 있는지 등을 검토하며, 휠체어를 통한 이동 경로 등을 검토한 후에 시정을 요구한다. 또한 최근에는 도시 미관을 고려한 배치 등이 화두가 되며 아파트의 외관적 요소들도 심의 대상이 되고 있어 점점 더 아파트의 미관까지 좋아지고 있다. 즉, 이런 꼼꼼한 전문가 집단의 검토를 거쳐야만 사업계획승인이 이루어질 수 있는 것이다.

세 번째, 입주자 모집공고 승인을 받아야 한다. 원칙적으로 사업계획승인이 떨어지면 해당 지자체 건축과에 착공신고서 접수를 통해 아파트를 건설할 수 있다. 그러나 대한민국의 어떤 건설사도 회사에 현금을 쌓아놓고 아파트를 건설한 후에 후분양을 진행하지는 않는다. 즉, 선분양을 통해 아파트 건설 재원을 조달하고 중도금을 받으며 공정률에 따라 공사비를 조달하는 시스템을 갖추고 있다. 따라서 사전분양에 따른 입주자 모집공고를 해당 지자체에서 승인을 받아야만 분양을 진행할 수 있는데, 입주자 모집공고 승인 역시 매우 예민한 부분이 포함된다. 예민한 부분이란 바로 입주자 모집공고시 분양가가 결정되는데, 입주자 모집공고 승인 과정에서 분양가 적정성에 대한 심의가 들어간다. 현재 분양가 상한제가 사라졌다고는 하나, 여전히 지자체별로 분양가 적정성에 대한 심의가 진행되며 과도한 분양가에는 간접적 규제가 이루어진다. 즉, 과도한 분양가에는 지자체에서 지속적으로 서류보완 등을 요구하며 승인을 보류시키는 방법을 사용하는데, 과거에는 지자체의 과도한 공사비 개입으로 아파트를 건설하려는 사업주체와 지자체간 소송이 종종 발생하기도 하였다. 또한 입주자 모집공고 승인 시점에 지자체에서는 마감자재 목록표를 받아 건설회사에서 공사 중인 모델하우스에 방문하여 일일이 점검하기도 하는데, 이런 절차가 아파트의 신뢰도를 높인 것이다.

네 번째, 감리자를 지정해야 한다. 입주자 모집공고까지 완료되어 착공에 필요한 모든 여건이 마련되었다 하여 사업주체 마음대로 아파트를 건설할 수 있는 것은 아니다. 모든 건설 현장에는 감리자가 지정되며, 감리자는 공사가 사업계획승인 도면에 의거하여 제대로 시공되는지 꼼꼼히 체크한다. 해당 현장에 반입되는 건설 자재의 수량 등을 검수하여 건설사의 자재 과소 투입이나 부실시공 등 전반적 사항을 기록하고 해당 지자체에 보고하는 의무를 가진다.

다섯 번째, 준공승인을 받아야 한다. 앞의 절차에 따라 아파트가 준공되었다. 그럼 이제 계약자들이 입주할 수 있을까? 아니다. 준공이 되고 해당 지자체에서 준공승인을 내줘야만 건설사는 해당 아파트 및 토지에 대한 등기를 진행할 수 있으며, 계약자들의 입주를 진행시킬 수 있다. 준공승인은 해당 지자체 건축과에서 해당 아파트가 당초 지자체가 인가한 사업계획승인에 부합되도록 건설되었는  지 마감, 조경, 소방, 안전 등에 대한 전반적인 부분을 꼼꼼히 살펴보고 진행한다. 만약 사업계획승인 내용과 다른 부분이 있다면 건설사에 시정 조치를 요구하며, 건설사에서 시정 조치 요구를 받아들이지 않으면, 시정 조치가 받아들여질 때까지 준공승인을 보류하기도 한다. 따라서 간혹 건설사가 입주자 모집공고 상의 준공기일까지 준공승인을 받지 못하는 경우도 발생한다. 이런 사유로 입주예정일이 지연되는 경우 건설사에서는 수분양자들을 상대로 지체상금을 지불해야 하는 문제가 발생되므로 해당 지자체에 임시 사용승인을 받아 계약자들을 먼저 입주시킨 후에 준공승인을 받는 경우가 발생하기도 한다. 이처럼 까다로운 절차를 거쳐야만 아파트는 준공될 수 있으며, 우리는 이런 까다로운 절차 덕분에 아파트를 더욱 신뢰할 수 있는 것이다.

이에 반해 아파트가 아닌 연립, 다세대, 다가구 주택의 건축은 어떠할까? 보통 연립 및 다세대, 다가구 주택의 건축을 위해 지구단위계획이 변경되는 경우는 발생되지 않는다. 대부분 기존 지구단위계획의 범위 안에서 연립, 다세대, 다가구 주택이 건축되며, 이들은 사업계획승인 대상이 아니라 건축 허가 대상이다. 단지 조경, 에너지, 기타 설비에 대한 특별한 제재는 없으며, 오로지 법적 테두리 내에 맞는 용적률과 건폐율, 주차대수 등만 확인하고 건축 허가가 이루어진다. 또한 건축 과정에 대한 별도의 관리감독이 없다 보니 건축 과정이 투명할 수 없다.

최근 이주자 택지가 각광을 받고 많은 사람들이 설계사무소를 통해 자신만의 집을 건축하는 사례가 늘고 있다. 이 과정에서 과도한 건축비 부풀리기 등을 통하여 세금을 절세하는 방법이 보편적으로 사용되기도 한다. 즉, 연립 및 다세대, 다가구 주택의 경우 공사비는 부풀리는 반면 투입은 최소화하기 때문에 주택의 품질이 떨어지게 되고, 해당 주택을 신뢰할 수 있을지 의문이 드는 정도가 되는 것이다. 일반적으로 연립 및 다세대 주택을 건축하는데 필요한 최소한의 평당 공사비는 연면적 대비 평당 550만 원 이상이 투입되어야 아파트 수준의 주택이 건설될 수 있는데 반해, 개인 건설업자들의 경우 평당 400만 원 수준에서 실제 공사비를 투입하다 보니, 아파트에 비해 상대적으로 낮은 품질이 되는 것이다.

앞서 언급한 바와 같이 우리나라는 사계절이 뚜렷해 주택의 기능이 다른 나라들에 비해 디테일하며 주거문화가 잘 반영된 우리나라만의 아파트가 만들어졌다. 즉, 아파트는 주거의 질과 편의성이 극대화된 형태로 발전해온 것이다. 다른 유형의 주택들에 비해 거주 및 관리 편의성, 쾌적성, 더 나아가 환금성 등의 면에서 뛰어나 사람들의 신뢰를 받게 된 것이다. 대한민국 아파트의 이런 장점들로 인해 사람들의 아파트 선호 현상은 꾸준히 이어질 것이다. 자, 이 정도면 왜 유독 우리나라에서 아파트를 선호하는지 충분히 설명이 되지 않을까?

3
커뮤니티가 무엇인지 알아야 아파트가 보인다

아파트 중에서도 왜 대단지 아파트가 인기가 많을까? 아파트 분양 광고를 보다가 커뮤니티 시설이 갖추어져 있다는 내용을 본 적이 있을 것이다. 실제로 아파트의 커뮤니티 형성이 집값 상승에 중요한 역할을 한다. 강한 커뮤니티를 갖추고 있는 아파트가 그렇지 않은 아파트에 비해 거래가가 높으며, 주변 아파트 거주자들에게는 동경의 대상이 되기도 한다.

그럼 커뮤니티란 무엇인가? 두산백과에 따르면 커뮤니티는 '사회조직체로서 공간적, 지역적 단위를 말하는 용어이며, 해당 지역적 단위 내에서 심리적인 결합성 또는 소속감을 지칭한다.'라고 정의되어 있다. 이런 의미가 머리에 바로 와 닿지는 않을 것이다.

쉽게 풀어 커뮤니티란 동네에서 친하게 지내는 사람들에 의해 만들어지는 친목모임 정도로 이해하면 될 것 같다. 이렇게 친해질 수 있는 사람들이나 기회가 많은 곳이 아파트이며, 그래서 아파트에서 커뮤니티가 활성화되어 있는 것이다. 어린 자녀의 육아에 매달려 하루 종일 답답하게 집에만 있는데, 같은 동 혹은 옆 동에 있는 비슷한 처지의 주부를 만났다고 가정해보자. 금방 동질감을 느끼고 친해지기 쉽지 않겠는가. 그리고 동일 아파트 단지 내에 거주한다면 소득과 소비 수준에 큰 차이가 나지 않을 테고, 서로 어울리는데도 부담이 크지 않을 것이다. 이러한 커뮤니티 내에서 아이를 키우는데 지자체에서 지원받을 수 있는 사항, 육아에 대한 정보, 위급 상황 발생 시 대처요령 등 내가 직접 알아보기 어려운 사항들에 대한 정보를 활발히 교류한다면, 육아에 도움되는 정보도 얻을 수 있고 육아 스트레스도 줄일 수 있을 것이다.

너무 어린 연령층의 커뮤니티로 예를 들어 공감이 가지 않을 수도 있을 것 같은데, 커뮤니티의 중요성은 자녀가 성장해 갈수록 더욱 커지고 강력해진다. "우리 아파트에 전교 1등 하는 아이가 살아.", "우리 아파트에서 이번에 서울대학교를 보낸 집이 무려 10집이나 있다고 하네." 이런 것들이 아파트 가치를 상승시키는 요소로 작용되기도 한다. 또한 커뮤니티

커뮤니티는 서로 간 마치 거미줄 같이 엮여 있다

가 활성화되어 있을수록 사람들은 해당 거주 단지를 벗어나기 어려워진다. 따라서 전셋값 상승에 큰 몫을 함은 물론이요, 매물은 적고 수요는 많아 아파트 가치 상승의 중요한 요소로 작용한다.

아울러 커뮤니티 시설이란, 이런 커뮤니티 활동이 적극적으로 이루어질 수 있도록 도와주는 공간을 말한다. 미취학 자녀를 둔 부모에게 가장 좋은 커뮤니티 시설은 다름 아닌 놀이터이다. 취학 자녀를 둔 부모들에게는 쉽게 만나서 수다를 떨 수 있는 공간 즉 카페테리아가 있고, 노령층에게는 경로당(최근에는 실버클럽으로 지칭)이 있다. 그리고 커뮤니티가 강하게 구성되어 있는 아파트일수록 지자체의 예산이 더 많이 투입되며, 정책 또한 더 강한 커뮤니티를 가진 아파트를 중심으로 이루어져가니 커뮤니티의 중요성은 점점 더 커지고 있는 것이다.

이러한 커뮤니티를 이해한다면 사람들이 왜 대단지 아파트를 선호하는지 알 수 있을 것이다. 바로 대단지 아파트일수록 커뮤니티 접근성이 용이하기 때문이다. 단지가 크면 클수록 커뮤니티의 개수는 증가하고, 내가 속할 수 있는 커뮤니티도 다양해진다. 남자들에게는 경제적 활동으로서 아파트 단지 내 커뮤니티 형성에 관심이 없으나, 주부들 특히 전업주부들에게는 커뮤니티가 매우 중요한 요소로 작용한다.

나홀로 아파트에 대해서도 한번 살펴보자. 결혼 이후 다가구주택에도 살아보고, 아파트에서도 거주해봤으나 다가구주택과 아파트 간의 커뮤니티 형성은 용이하지 않다. 아파트 거주자들은 아파트 거주민과 커뮤니티를 형성하고, 주택 거주자들은 주택 거주자들끼리 커뮤니티를 형성한다. 생활수준 차이의 영향일 수도 있으며, 삶의 공간상의 이질감도 작용할 것이다. 특히 구도심의 나홀로 아파트 주변은 주택 세입자들의 소득 수준이 낮아 서로 간의 커뮤니티 형성이 어려운 부분이 있다. 이에 나홀로 아파트(특히 구도심)는 커뮤니티 형성에 매우 제한적이며, 단순히 주거의 기능 외 다른 역할은 하지 않게 된다.

　나홀로 아파트에 거주하는 주요 수요층은 신혼부부 혹은 지역 활동에 여유가 없는 맞벌이 부부들이 많으며, 이들은 단지 내 커뮤니티에 대한 필요성 또는 애착이 없기 때문에 언제든 다른 지역으로의 이탈을 크게 망설이지 않게 되고, 이에 아파트의 가치도 점차 낮아질 수밖에 없다. 나홀로 아파트라 표현하였으나, 인접 대지에 아파트가 없고 300세대 규모 미만의 아파트 또한 커뮤니티 형성이 약하여 그런 아파트 모두를 지칭하여 나홀로 아파트라 말하였다. 단, 정말 한 동짜리 나홀로 아파트라 하더라도 인접해서 대규모 아파트 단지가 형성되어 있다면, 커뮤니티 형성이 상대적으로 떨어지기는 하지만 지역 커뮤니티 형성은 가능하며 주변 아파트의 커뮤니티 시설에 대한 이용이 용이하다. 따라서 1~3개동 규모의 아파트로 인접 대지에 아파트가 없는 곳보다는 차라리 한 동이라도 대규모 아파트 단지에 인접한 아파트가 더 낫다 할 것이다.

　아파트 구락(인접 아파트 단지들의 합계)은 크면 클수록 좋으며, 최소 3,000세대가 넘으면 연령층도 다양하고 새로운 커뮤니티를 형성할 가능성도 높아 인접 아파트들의 세대수 합계가 3,000세대가 넘는 것이 좋다. 아파트 구락이 형성되면, 해당 구락 주변으로 자녀들을 위한 학원 및 기타 편의시설들이 많이 생겨나고, 그에 알맞은 상업시설들이 입지한다. 또한 큰 아파트 단지 주변에는 위해시설 즉 성인 주점, 모텔, 사행성 시설 등이 아파트 커뮤니티(여기서 말하는 커뮤니티는 단지내 부녀회, 반상회 등)의 반발로 쉽게 들어설 수 없어 자녀 교육 여건도 양호해진다.

4

아파트 시장에 대한
불신의 원인은 무엇인가?

    대한민국 부동산시장은 대한민국 경제를 이끌어가는 한 축으로서, 나라가 경제적 위기에 처했을 때는 부동산 투자를 활성화함으로써 위기를 극복하고, 시장이 과열되면 정부에서 나서서 진화함으로써 균형 있게 성장해왔다. 특히 우리나라 주택의 질은 세계 어느 나라보다 우수한 수준으로 공공임대 아파트 화장실에 비데가 설치되고 거실 아트월에 대리석이 시공되는 나라는 전 세계에서 우리나라 밖에 없지 않을까 싶다.

    하지만 우리나라 국민들의 부동산시장을 바라보는 시각은 매우 부정적이었다. 부동산에 투자하는 것 자체를 죄악시하며, 때로는 가진 자들의 횡포라 말하는 이들도 있다. 하지만 부동산시장을 신뢰하지 못하는 사람들이 유독 서민들뿐일까? 대통령이 한 번 바뀔 때마다 부동산을 가진 사람들을 대하는 스텐스의 변화가 이렇게 큰 나라는 전 세계에서 우리나라

밖에 없을 것이며, 잦은 부동산 정책의 변화로 1~2년 단위로 부동산가격이 상승과 하락을 병행하니, 주택을 구매하여 돈을 버는 사람과 손실을 입는 사람의 편차가 클 수밖에 없는 것이다.

어떤 정권은 제발 부동산을 사라며 규제를 풀어주더니, 정권이 바뀌고 나서는 언제 부동산에 투기하라고 했냐며 집 가진 자들을 죄인 취급 한다. 벌써부터 궁금해진다. 새로운 정부는 과연 부동산에 대해 어떤 스텐스를 취하게 될까? 이제 우리나라 국민들이 부동산시장에 대해 느끼는 불신의 원인과 배경에 대해 알아보고자 한다.

| 국민의 정부 부동산 상승 배경 |

대한민국 경제의 특수성을 이해하고 있는 정치인들 대부분이 내수를 살리는 가장 좋은 방법의 하나가 부동산이라는 것에 공감한다. 따라서 어느 정권에서나 경제가 어려워지면 부동산의 상승을 희망하게 된다. 그러나 부동산가격의 상승은 주택을 보유하지 못한 서민들의 삶을 힘들게 하기에 대놓고 부동산을 부양시키지는 못하는 측면을 가지고 있다.

그러나 IMF 직후에 국정을 맡은 국민의 정부에서는 경제위기라는 명분하에 부동산에 대한 규제들을 대거 철폐하고, 모든 분양권 거래에 대해 전매가 가능하도록 하였다.

그럼 IMF 외환위기 직후 시점으로 회귀해 보도록 하자. IMF로 인하여 국민들로부터 철저하게 외면 받은 김영삼 문민정부에 대한 반사이익으로

민주당은 정권을 잡을 수 있었고, 김대중 국민의 정부가 출범을 하게 된다. 국민의 정부에서는 조속한 IMF 탈출을 위해 국내 기업의 해외 매각을 추진하였고, 다소 쇄국적이던 대한민국의 자본 시장을 개방해 외국의 자본이 쉽게 들어올 수 있도록 한다. 내수 진작을 위해 부동산의 모든 규제를 철폐하였으며, 분양과 동시에 전매를 허용함으로써 부동산시장을 달구기 시작한다.

그러나 IMF의 공포로부터 마취가 깨어나지 않은 국민들은 쉽게 정부의 사탕을 물지 않았다. IMF의 마취가 풀리기 시작한 시점은 2000년에 들어서면서부터이며, 2002년 월드컵의 개최와 함께 부동산 거래가 정상화되어간다. 이때부터 부동산은 IMF 이전의 거래가를 회복함은 물론, 국민들의 관심도도 높아진다.

이 시점에 부동산 거래가 정상화된 데에는 두 가지 요인이 있는데, 바로 금리와 정부의 택지개발지구 정책에 따른 토지보상이라 할 수 있다. 먼저 금리는 2000년 5.25%에서 매년 단계적으로 낮아지면서 2004년 3.25%까지 떨어진다. 이는 지금 우리의 시각과는 다르게 그 시점을 살아가는 세대에게는 믿을 수 없을 정도로 낮은 금리였다. 이러한 저금리의 혜택으로 많은 사업의 기회가 생겨났으며, 부동산 가치 상승에 힘을 보태준다.

금리만으로도 상당한 효과가 있음에도 불구하고 국민의 정부에서는 정부 주도의 택지개발사업을 늘려가면서 이에 대한 토지보상을 모두 현금으로 하게 된다. 바로 시중 유동성을 풍부하게 하려는 전략이 내포되어 있었던 셈이다.

여기서 토지보상에 대해 우리가 잘못 알고 있는 사실이 한 가지 있는데, 군사정권 시절을 포함한 과거에는 자신의 토지가 개발된다고 하여 졸부가 될 수 있었던 것은 아니라는 점이다. 과거 일산 신도시, 평촌 신도시 등을 개발하던 시점에는 오히려 토지를 보상하는데 있어 감정평가가 아닌 공시지가가 기준이 되었다. 참여정부부터는 공시지가의 현실화를 위한 노력을 기울이지만 당시 공시지가는 거래가의 절반 수준에도 미치지 못하는 경우가 많았고, 이 때문에 일산과 평촌 신도시의 개발이 확정된 이후에 토지 수용 과정에서 원주민의 반대로 한국토지공사(현 LH)의 토지보상비는 소송의 과정을 거치며 당초 예산보다 수백억 원이 추가되기도 하였다.

또한 군사정부 시절에 가장 두려워했던 것 중의 하나는 인플레이션이었다. 박정희 정권 때 국민들의 불만이 가장 고조되었던 것도 1973년 1차 오일쇼크와 1978년 2차 오일쇼크로 인한 인플레이션이라는 사실을 몸소 경험했던 군사정부는 그들의 임기 동안 물가를 잡는데 혈안이 되어 있었다. 따라서 부동산에 대한 투자를 무조건 투기로 몰아갔으며, 토지보상도 현금 보상보다 이주자택지 혹은 아파트 등의 현물, 채권 등으로 보상하는 경우도 많았기에 의외로 강부자의 탄생은 군사정권보다는 그 이후 국민의 정부 시절부터라는 주장은 부정하기 어려운 사실이다.

국민의 정부가 들어서면서부터는 이러한 인플레이션보다 경제성장에 지향점을 두고 시중 자금이 최대한 풍부해지도록 정책을 펴나가면서 매년 토지보상 비용이 10조 원씩 집행되기 시작하였고, 대부분의 토지보상이 현물보상이 아닌 현금보상으로 바뀌어간다. 그리고 이러한 기조는 참여정부로 이어진다.

| 참여정부 부동산 상승 배경 |

　국민들은 국민의 정부의 역할에 높은 점수를 주게 되었으며, 이에 다시 민주당에서 정권을 잡아 참여정부가 출범한다. 우리는 참여정부가 부동산가격을 낮추기 위해 사투를 벌인 것으로 기억하고 있다. 하지만 우리가 알고 있는 사실과 다르게 참여정부 역시 그 경제부흥의 기반을 부동산에 두고 있었다는 점은 부인하기 어렵다.

　참여정부는 한편으로 부동산을 잡으려한 것 또한 사실이다. 모순처럼 보이지만 참여정부에서는 더 이상 서울을 중심으로 한 부동산 개발에 한계를 느끼며 경제성장의 중심이 분산될 수 있도록 지방의 부동산가격은 상승시키고, 서울의 부동산가격은 하락시키는 정책을 폈다.

　바로 국토의 균형발전이라는 기치를 걸고 부의 재분배를 희망하였고, 이것이 바로 행복도시(현 세종시), 혁신도시, 기업도시 탄생의 배경이다. 당초 참여정부는 대한민국의 수도 자체를 행복도시로 옮기려 시도하였으나, 2004년 헌법재판소에서 위헌 결정을 내려 참여정부에서는 일부 행정부처만 세종시로 옮기는데 그친다. 아울러 2005년부터 행복도시, 혁신도시, 기업도시 등의 토지들에 대한 보상이 들어가는데, 그 규모만 무려 103조 원의 예산이 투입된다. 103조 원이 어느 정도 규모인지 쉽게 다가오지 않겠지만, 2015년 국내 아파트 총 거래금액이 약 187조 원임을 감안한다면 어느 정도 감이 올 것이다. 아울러 이는 한 해 대한민국 예산의 약 30%에 해당하는 수치이다.

　그 당시 103조 원이라는 어마어마한 돈이 다 어디로 갔을까? 만약 당신이 토지 보상금으로 막대한 돈이 생겼다면, 이 돈을 어떻게 사용할 것 같은가? 물어볼 필요도 없을 일이다. 당연히 그 돈은 다시 부동산으로 재투자된다. 2005년부터 2007년까지 토지 보상으로 풀린 막대한 자금은 다시 부동산시장으로 흘러가게 되고, 부동산의 중심인 서울 강남을 강타하기 시작한다. 강남의 타워펠리스는 역대 최고 거래가를 갱신하게 되고, 당시 호화주택들은 없어서 못 파는 지경에 이른다. 아울러 이로 인해 시중에 풍부해진 유동자금은 다시 저가의 아파트들을 매수하기 시작하니 그 여파가 서울 전역으로 퍼지며, 일어나면 다음날 아파트 가격이 오르는 말도 안 되는 기현상들이 나타난다. 이때 정보에 취약한 서민들은 왜 아파트 가격이 상승하는지도 모르는 상태에서 부동산 폭등 대열에 합류하고 끝물을 잡기 시작한다. 참여정부가 대한민국의 변화에 많은 공헌을 하였으나 실제 하우스푸어를 유발시킨 장본인이라는 점은 부정하기 어려운 부분이기도 하다.

| 부동산을 너무도 잘 알았던 이명박의 주택 정책 |

IMF 외환위기가 발생한 1997년 이후 2008년(미국발 금융위기 리먼 사태 시점)까지 집값은 고속 상승을 하여 자고 일어나면 올라, 매도자 측에서 계약금을 물어주면서까지 계약을 해지하는 사례가 종종 발생되기도 하였다. 2008년 종부세, 양도세 부과와 LTV, DTI 규제가 시작되기 직전까지도 사람들은 집값이 계속 오를 것이라고 기대하며 집을 구매하고 있었다. 하지만 정보에 빠른 사람들은 LTV, DTI 규제가 나오기 전 이미 집을 모두 처분하고, 꼭대기에서 상투를 잡은 사람들만 하우스푸어로 내몰려

사회적으로 심각한 문제가 발생하게 된다.

참여정부에서는 집값을 때려잡겠다고 각종 세금 규제와 대출 규제를 통해 부동산을 적으로 몰아갔지만, 정작 그 부동산 폭등의 혜택을 가장 많이 누린 정부이기도 하다. 주택 가격의 상승으로 늘어난 세수를 복지 및 서민 정책에 적극 사용하였고 젊은층 및 386세대의 전폭적 지지를 받을 수 있었다.

반면 이명박 정부가 들어선 시점에는 집값이 너무 올라 있는 상태이고 주택 거래가 실종 수준으로 떨어지다 보니 세수가 감소하는 상태가 만들어진 것이다. 그렇다고 집값을 올리는 정책을 펴기에는 주택 가격이 너무 올라 있어, 이명박 정부의 정책은 집값을 떨어뜨리더라도 현실화하려는 전략을 펴기 시작한다. 아울러 서민들에게는 행복주택을 제공해 집이 있는 자와 없는 자로부터 동시에 불만을 해소하고자 하였다.

집값을 떨어뜨리기 위한 전략으로 나온 것이 저렴한 보금자리주택의 공급이었다. 당시 서울의 아파트 가격은 30평형대(전용 $84m^2$) 아파트가 대부분 5억 원을 넘어간 시점이었으며, 강남의 아파트 가격은 10억 원을 넘어가던 시점이었다. 이때 이명박 정부는 서울의 집값 안정화 대책으로 서울 근교의 그린벨트를 풀어 보금자리주택을 공급하기 시작한다. 문제는 보금자리주택의 분양가가 너무 저렴했다는 것이다. 강남 지역의 그린벨트를 풀어 토지 조성원가 수준에 분양 아파트와 임대 아파트 가격을 책정하니 평당 1,000만 원 수준에 아파트 공급이 가능해졌다. 그러다 보니 전 국민을 상대로 대박의 꿈을 심어 주게 되는 결과가 초래되었고, 사람들이 더 이상 기존주택을 매입하기 보다는 무주택으로 버티며 강남 우면, 내곡, 세곡지구 등의 청약에 목을 매기 시작한다.

집값을 잡기 위한 정책은 이뿐 만이 아니었다. 임대주택에 국민주택규모 초과(40평형대 이상) 주택을 적용하는가 하면, $84m^2$(30평형대) 아파트를 확대 공급한다. 또한 임대 아파트에 아트윌을 적용하며 일반 분양 아파트 수준까지 품질을 높여가니 부동산에 조금이라도 관심이 있는 사람들이 과연 기존주택을 구매하려는 동기가 생길 수 있었을까? 그린벨트에서 풀린 노른자위 땅에 너무도 양질의 저렴한 아파트가 공급되다 보니 기존의 아파트 가격은 턱없이 비싸 보인 것이다. 따라서 사람들은 주택을 사지 않고, 기존주택시장은 점점 더 침체되어갔다. 누군가는 2009~2012년의 주택 침체가 리먼 사태의 여파라는 해석을 하지만, 사실 리먼 사태와 우리나라 집값의 상관관계보다는 바로 이명박 정부의 보금자리주택 정책이 아파트 가격 하락의 핵심이었다고 생각된다.

이어서 이명박 정부는 과도하게 오른 집값을 현실화하는 정책을 펼치기 시작한다. 이는 바로 초저금리 전세자금 대출의 확대와 활성화이다. 정책의 취지는 돈이 없는 사람도 대출을 통해 초저금리로 아파트 전세를 살 수 있도록 해준다는 것이었으나, 사실 이 정책의 본질은 극도로 올라 있는 아파트 매매가를 현실화하려는 것이었다. 당시 주택 가격의 폭등으로 매매가 대비 전세가의 비율은 30% 정도에 불과하였으며, 주택을 구매하여 임대를 통한 수익을 올린다는 것은 불가능한 일이었다. 이에 이명박 정권은 초저금리의 전세자금 대출을 활성화하였으며, 이는 부동산 임대 시장에 시중 자금을 최대한도로 풀어 국내 아파트 전세가를 폭등시키는 시발점이 되었다. 전세자금 대출의 효과는 빠르게 나타났다. 물론 매매거래량이 감소하면 전세가는 상승하는 속성을 가지고 있다. 그러나 이명박 정부는 이를 시장에 맡기기 보다는 전세자금 대출이라는 방식으로 유동성을 늘리면서 전세금의 상승을 가속화한다. 이에 2009년부터 전세가가 급등하기 시작하여, 7년이 지난 현재 시점에는 매매가 대비 전세가 비율이 지역별로 차등은 있겠지만 약 80% 수준까지 올라와 있는 상황이다.

과거에도 제1기 신도시 개발 시점과 제2기 신도시 개발 시점에 비슷한 현상들이 나타났다. 노태우 정권에서 제1기 신도시를 만들 때 집값이 폭등했으며, 주택 가격의 폭등으로 집값 대비 80%에 육박하던 전세금은 30%대까지 떨어졌다. 당시 사람들은 이제 대한민국에서 부동산으로 돈을 번다는 것은 불가능하다며, 집을 구매하는 사람들을 바보 취급하였다. 그 시점에서도 상투를 잡은 사람들은 많은 고통을 당했으며, 특히 일산은 준공이 된 아파트의 50%가 입주가 되지 않아 일산을 중심으로 분양을 받은 사람들 중에 극단적 선택을 하는 사례도 많이 발생해 사회적 이슈가 되기도 하였다.

현실로 돌아와 이제는 잊혀져가는 그 많던 하우스푸어 기사와 논란들을 생각해보자. 불과 5~7년 전 일이다. 하지만 지금은 더 이상 하우스푸어 논란이 없다. 왜인가? 그 당시 하우스푸어로 눈물 짓던 다주택자들이 전세금 폭등으로 이제는 은행 빚 다 갚고 경제적으로 여유가 생겨나고 있기 때문이다. 역사는 반복되고 경제는 주기를 가지고 있다. 다만, 주택 가격의 반등이 전세가의 상승에 떠밀려 올라가는 상승이냐, 아니면 과거처럼 다시 전세가 대비 집값의 수준이 2~3배수 이상 오를 수 있는 상승이냐 하는 것은 예상하기 어렵다. 왜냐하면 이미 주택시장에 전세자금 대출로 시중 자금이 너무 몰려있기 때문이다. 이를 극복하기 위한 과제가 경제의 활성화를 통한 개인 및 가계의 소득증대인데, 경제가 활성화되기 위해서는 새로운 모멘텀이 필요하다. 일부에서는 경제 활성화를 위한 모멘텀은 죽었다고 주장하지만, 그렇게 이야기하는 사람들에게 15년 전 휴대폰을 1인당 1개 이상 가지고 다니는 시대를 예상이나 했는지 물어보고 싶다.

| 박근혜 정부가 보내온 시그널 그것만 알았어도… |

이명박 정부의 부동산 정책은 포퓰리즘적 성격이 매우 강했다. 하지만 이러한 포퓰리즘 정책은 사실 소수만을 위한 포퓰리즘 정책이었으며, 이로 인해 많은 비판을 받지 않을 수 없었다. 역대 대통령들이 지켜온 그린벨트를 풀고 국민의 세금을 써가면서까지 국민들에게 청약 로또의 꿈을 키워준 것이다. 이는 사실 당첨된 소수를 위해 국가가 지향해온 대도시 확장 억제 정책을 버린 것이며, 서민을 위해 공급해야 할 임대주택의 혜택 범위를 중산층에게까지 넓혀준 것으로써 진정 서민을 위한 주거복지를 추구했다고 보기는 어렵다.

그리고 2013년 이명박 정부의 바통을 이어받은 박근혜 대통령은 사실 집값 상승에 대한 신호를 너무도 많이 보낸 대통령이다. 그만큼 대한민국의 기존주택시장은 침체되어 있었고, 분양시장마저 얼어붙어 건설업계가 고사 위기에 몰려있는 상황이었다. 이에 박근혜 정부는 부동산 매수 심리를 회복시키기 위한 여러 가지 조취를 취한다.

첫째, 양도세 면제 분양 아파트(2013년 분양권 시장 냉각으로 일시적으로 미분양 아파트 매수시에 양도세를 면제해 주도록 한 제도)가 탄생한다.

둘째, 민간택지 아파트에 대한 분양가 상한제를 철폐한다.

셋째, 재건축 초과이익부담금 부과를 3년간 유예한다.

넷째, 재건축·재개발 등에서 과거 1가구에 한해 1조합원 분양권을 인정해주던 것을 최대 3주택까지 인정한다.

다섯째, 현재 계획되어 있는 택지개발지구 및 신도시 외의 추가적인 택지 개발을 지양한다.

정부에서 직접 집값을 부양하기 위한 정책들을 펼친다는 것은 어찌 보면 주택 가격이 바닥을 찍었다는 반증이 되기도 한다. 따라서 2013년을 부동산가격의 바닥으로 바라보는 전문가들이 많이 등장했으며, 당시 그런 전문가들이 일반인들에게 많은 지탄(?)을 받았다. 그러나 현실은 어떠한가? 따라서 부동산에 대해 관심을 갖고자 한다면, 앞으로 정부에서 보내오는 신호는 꼭 짚고 넘어가야 할 것이다.

5

대한민국 부동산은 버블인가?

　우리나라는 근 10년간 부동산 버블 논쟁이 있어왔다. 하지만 지금 뒤돌아보면 너무 과도한 버블론의 공포에 휩싸였던 것은 아닌지 생각하지 않을 수 없다. 물론 지금의 상승세가 낮은 금리로 인한 유동성 장세가 이어지고 있다는 점에서 일시적이라는 반론 역시 가능하나, 과연 대한민국의 부동산이 폭락론자들의 주장처럼 하락만을 지속해왔는지 그리고 시장은 왜 하락을 향해 흘러가지 않았는지 짚어볼 필요가 있을 것이다.

　시장에 대한 지식을 토대로 자신의 관점을 세움으로써, 다시 한 번 대한민국에 공포스러운 버블론이 대두되더라도 군중심리에 휩싸이지 않고 올바른 의사결정을 할 수 있을 것이라 생각된다. 지금까지 부동산 버블론 혹은 폭락론을 외치던 사람들이 놓친 것은 무엇이며, 그들이 몰랐던 지점은 무엇인지 알아보자.

| 서울의 1인당 대지면적은 대도시 중 열악 |

경영학 혹은 경제학을 전공하지 않은 사람이라도 누구나 다 알고 있는 경제의 가장 기초적인 상식 중 하나는 바로 시장의 가격은 수요와 공급에 의해 결정된다는 것이다. 수요가 많은데 공급이 적다면 해당 재화의 가격은 올라갈 것이고, 공급이 많은데 수요가 적다면 가격은 하락할 것이다. 하지만 우리는 왜 다른 나라의 부동산과 우리나라 부동산시장을 비교함에 있어 이러한 사실을 간과하는 것일까? 하나의 도시를 다른 도시와 비교하여 공급과 수요를 검토하는 기사는 어디에서도 찾아볼 수 없으며, 어떤 연구기관에서도 발표한 것을 본 적이 없다.

앞으로 이 책 전반에 걸쳐 우리나라 특히 서울 및 경기도의 집값이 왜 떨어지지 않고 있는지를 밝힐 것이며, 다시 한 번 우리나라 부동산의 활황기가 올 수 있다는 주장을 펼칠 것이다. 그리고 그 이유를 찾기 위해 필요한 자료를 제시하고, 분석을 해나갈 것이다. 많은 이들의 부동산 폭락이 올 것이라는 예상이 상존하는 한편으로 아포유는 왜 집값 상승을 예견하는지 여러분이 읽고 판단해 주기를 바란다.

서울의 대지면적은 약 182백만 평이다. 반면 인구수(거주자 기준)는 1천

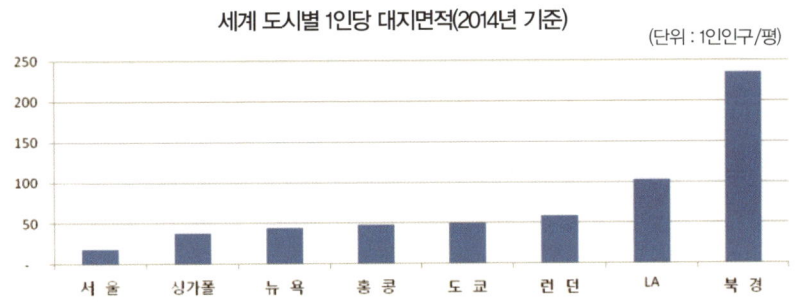

구분	면적(평)	인구 수(명)	1인인구/평
서울	182,180,625	10,007,651	18.20
싱가폴	210,842,500	5,567,301	37.87
뉴욕	366,932,500	8,224,910	44.50
홍콩	334,050,750	7,000,000	47.72
도쿄	661,767,150	13,297,629	49.77
런던	474,925,000	8,173,194	58.11
LA	390,406,500	3,792,621	102.94
북경	4,964,372,500	21,150,000	234.72

만 명에 육박한다. 다른 국가의 대도시에 비해 인구수가 매우 많으며, 땅은 상대적으로 매우 적다. 이를 1인당 평균 대지면적으로 환산해보면 서울시민 1명 기준 평균 18.2평의 땅을 사용하고 있는 것이다. 자, 그렇다면 우리가 그렇게 공포스러워하는 일본의 수도 도쿄는 어떠한가? 오히려 서울에 비해 상당히 쾌적하다. 1인당 평균 49.8평의 땅을 사용하고 있다. 우리가 오해하고 있는 사실 중의 하나는 일본은 인구밀도가 높아 어마어마하게 복잡하고 사람에 치여 살기 힘들다는 인식인데, 사실은 도쿄보다 서울이 훨씬 열악한 주거 환경을 가지고 있는 것이다. 인구밀도가 높아 살기 힘들다는 홍콩과 싱가폴도 서울에 비하면 2배 이상 쾌적하다.

　그렇다면 우리는 서울(위성도시 포함)을 떠날 수 있을까? 떠날 수 없다는 답은 명백히 나와 있다. 귀농이 아니라면 우리는 결국 어딘가에 소속되어 있으며, 그 소속된 곳은 바로 서울을 비롯한 수도권이 대부분이기 때문이다.

　그럼 끊이지 않는 버블론에도 불구하고 서울의 집값이 폭락하지 않는 이유는 무엇일까? 물론 저금리로 인한 집값 부양이라는 요인도 분명 있으나, 수요과 공급을 통해 충분히 읽어낼 수 있지 않을까? 다주택자들은 전셋값 폭등으로 은행 빚을 모두 청산하고 현금 유동성이 풍부해지고 있다. 안타까운 사람들은 미래를 예측하지 못하고 집값이 20% 이상 떨어진 시점에 매수 매도를 한 서민들이며, 자신의 경제 사정에 맞지 않는 과도한 대출로 인해 손실을 볼 수밖에 없었던 사람들이다.

빚을 얻었다면 남들보다 소비를 줄여 빚을 상환하는데 우선 초점을 두어야 한다. 금리는 언젠가 다시 오를 수밖에 없다. 빚내서 부동산 투자에 성공한 사람들을 보며 부러워하지 말고, 자신이 얼마나 많은 정보를 가지고 시장을 읽을 수 있는 시야를 갖추고 있는지부터 자문해봐야 할 것이다. 빚을 내서 부동산 투자를 하는 것은 정말 확실한 정보와 판단이 있을 때 가능하며, 그 확실한 정보가 당신의 노력에 의한 것이 아니라 남의 귀뜸에 의해 얻어진 것이라면 더욱이 피해야만 한다.

| 대한민국 아파트의 83%는 1주택자 소유 |

우리나라의 부동산 버블론에 대한 논쟁이 8년째 지속되고 있다. 버블론을 주장하는 사람들의 말을 믿고 집을 사지 않은 사람들의 기회비용 손실은 이루 말할 수 없다. 시중의 유동성은 풍부해지고 하우스푸어들은 사라지고 있다. 8년 전부터 버블론을 주장해온 사람들은 이제 자신들이 틀렸다는 것을 알면서도 입장을 바꿀 수 없는 상황이다. 자신들을 믿고 부동산을 구매하지 않은 사람들에게 버림받지 않기 위해 몸부림을 치는 듯 보인다. 아울러 더 이상 일본의 부동산 장기 불황과 같은 이야기도 나오지 않고 있다.

얼마 전 OECD에서 발표한 통계 자료에 따르면, 우리나라의 인구감소에 대한 위험도가 일본과 비교가 되지 않을 정도로 양호할 것이라는 분석이 나왔다. 일본의 장기침체는 인구감소와도 연계되는 문제점을 가지고 있는데 반해, 우리나라는 일본만큼 심각한 정도는 아닌 것이다.

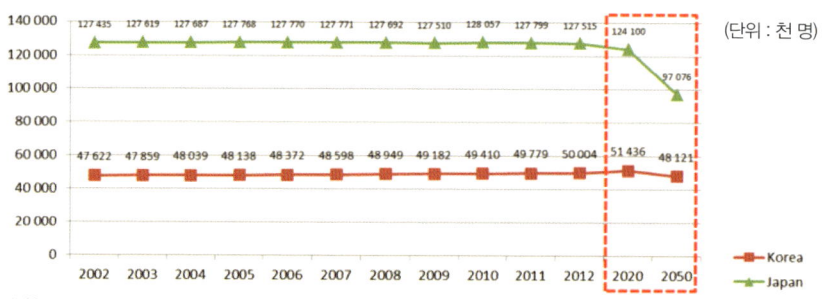

다음은 우리나라 주택 보유자들의 평균 보유주택수에 대한 통계이다. 통계청에서 밝힌 2012년 기준 대한민국의 추계 인구는 50,004,441명이며, 가구수는 17,950,675가구이다. 그중 대한민국의 아파트 총수는 8,308,021채이다. 총 가구수 대비 46.3%에 해당한다(통계청에서 제공하는 국내 아파트의 총수는 2012년 기준 자료가 가장 최근 자료로 2012년 기준으로 분석).

과거 일부 언론사들에서는 대한민국 부동산 투기의 광풍이 아직 끝나지 않은 것처럼 말하며, 경기가 나빠질 경우 주택 매물이 급속하게 늘어나 부동산 거품이 터져 시장이 붕괴될 것처럼 이야기했다. 그러나 대한민국 아파트의 83%는 1주택자들이 소유하고 있으며, 그들은 경기가 나빠

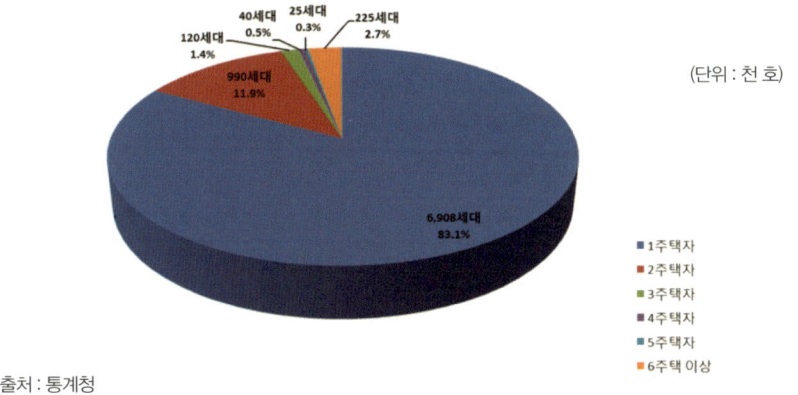

출처 : 통계청

진다고 하여 집을 팔 수 있는 사람들이 아닌 것이다.

아울러 최근 세대는 임대이든 자가이든 신혼생활의 시작이 아파트가 아니면 결혼 자체를 미루는 형국이다. 신혼부부가 생겨나는 만큼 아파트의 공급이 따라줘야 하는 현실인 것이다. 그렇다면 혼인으로 인하여 발생하는 주택 수요는 얼마나 될까? 2012년 기준 혼인으로 인하여 발생한 가구수는 327,073가구이며, 아파트 준공 실적은 193,561세대에 불과했다. 2013년에는 322,807가구가 새로 발생했고, 아파트 준공 실적은 235,232세대에 불과했다. 이에는 멸실 주택은 포함되지 않았다는 점을 감안하면, 수급의 불일치가 더 커진다는 점은 전문가가 아니더라도 쉽게 알 수 있다. 여기서 한 번 물어보고 싶다. 금리 인상이 부동산에 더 큰 영향을 미칠까? 아니면 주택의 수급이 더 큰 영향을 미칠까?

| OECD 통계로 본 대한민국 주택 가격은 저평가 |

2013년 우리나라 주택 가격이 국민의 소득에 대비해 너무 비싸다며, 부동산 폭락론자들은 대한민국 아파트 가격이 거품이라고 주장한 바 있다. 하지만 최근 그들의 주장이 사라지기 시작했다. 이유는 그들의 주장에 따르면 대한민국 주택 가격은 OECD 국가 중 가장 저렴한 축에 속한다는 결론에 도달하기 때문이다.

아래 자료는 OECD에서 발행한 자료로써, 각국의 주택 거품을 진단하는 척도로 아래 PIR지수(Price-to-income ratio)와 PRR지수(Price-to-rent

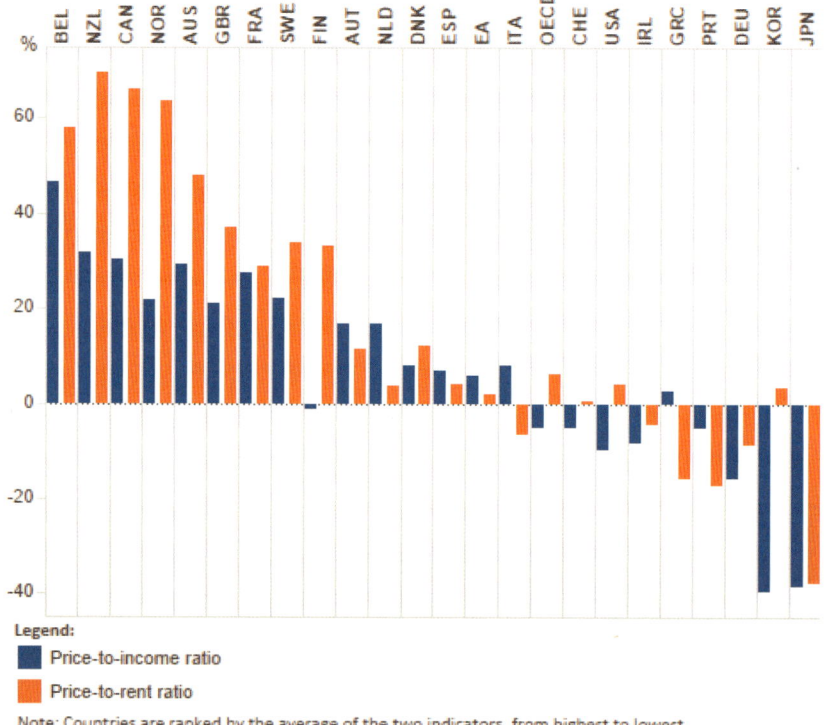

OECD 국가 주택 가격 비교

ratio)를 사용한다. PIR지수(Price-to-income ratio)는 국민의 소득 대비 주택 가격을 나타낸 지표로써, PIR이 높으면 그만큼 소득 대비 주택 가격이 높은 것을 의미하며, PIR이 낮다는 것은 그만큼 저평가되어 있다는 것을 의미한다. PRR지수(Price-to-rent ratio)는 해당 주택으로 발생되는 임대수익 대비 주택의 적정가치로, 역시 높으면 고평가 낮으면 저평가를 뜻한다.

위의 자료는 주택의 정상가격 기준을 "0"으로 맞추어 주택 가격이 고평가되어 있는 순으로 나열한 차트이다. 너무도 뜻밖의 결과가 나타난다. 우리나라의 주택 가격은 OECD 국가 중에서 2번째로 저평가되어 있는 나라로 분류된다. 그리고 주택 가격이 너무 높다는 일본의 경우는 가장 저평가되어 있는 국가로 분류된다. 2015년, 일본 도쿄 주택시장을 해외 자본이 빠르게 잠식해간다는 뉴스를 접했던 바 있다. 그 원인이 무엇이었는지 위의 차트를 통해 밝혀지는 듯하다. 바로 주택 임대수익률이 매우 높게 나타나고 있기 때문이다. 그것도 빈집이 넘쳐나는 일본에서……

우리나라의 주택 가격은 임대수익 대비 기준(PRR)으로는 정상치에 가까우며, 국민소득 대비 주택 가격(PIR)은 일본보다 저평가되어 있다는 결과가 나타난다. 물론 위의 자료는 단순하게 숫자를 배경으로 만들어진 정량적 결과에 불과하며, 주택시장에 대한 정성적 부분은 가미하지 못한 자료이기는 하다. 그럼에도 해외에서 바라보는 우리나라 주택의 시장가격은 저평가되어 있다는 점은 우리가 너무 편협하고 거짓된 정보에 익숙해져 있었던 것은 아닌지 생각하게 만든다.

6

서울시 아파트 가격 상승의 배경은?

2011년 무상급식을 막겠다며 서울시장 자리를 걸었던 오세훈 시장의 시대가 막을 내리고, 서민을 위한 정책을 펼쳐나가겠다는 박원순 시장이 자리에 오르게 된다. 박원순 시장은 주택 정책과 관련하여 아파트 위주의 개발보다는 단독주택가를 정비하여 아파트와 같은 커뮤니티 시설을 늘리고 텃밭과 같이 자연친화적 공간을 늘리겠다는 선거공약을 내걸었다. 당시 이는 두꺼비주택이라 불리었다.

그리고 서울시장으로 당선되고 혁신적인 부동산 정책을 펼쳐나가니, 바로 전임 서울시장들이 벌려놓았던 뉴타운에 대한 수습이었다. 그러나 그 수습의 내용은 개발이 되도록 지원을 해주는 것이 아닌 정비구역 지정 해제 절차를 밟아나가는 것이었다. 뉴타운만이 아닌 재개발, 재건축 지역까지 해제대상으로 선정하여 당시 정비예정구역 1,300여곳 중에서 무려 610개 구역의 지정을 취소하는 절차를 밟아간다. 하나의 정비구역

당 대략 1,000세대라고 가정할 경우 무려 61만 세대의 추가 공급 예정 지역들의 공급을 막은 것이다.

이는 국계법에 의거 지자체장이 주민의 의견을 수렴하여 취소할 수 있는 권한을 가지고 있다는 점에서 법적 하자는 없다. 토지 등 소유자들의 30% 이상이 취소를 원할 경우 해당 지역은 바로 재정비구역 지정이 취소되는 구조였기 때문이다. 이에 국토부에서는 즉각 반발했다. 5~7년 후, 서울시의 주거난이 가중될 수 있다는 주장을 펼치며, 서울시장으로서 독단적 결정을 지양해 주기를 희망했다. 반면 서울시에서는 현재의 단독주택들을 다세대 및 연립으로 증축하여 해당 주거 부족 문제를 해결할 수 있다는 주장을 내세웠다. 하지만 이는 아파트 선호 현상이 강화되는 추세에 역행하는 정책일 수밖에 없었다.

결론적으로 그 당시 말한 시점이 2016년이니, 국토교통부의 예측이 정확히 들어맞았다고 볼 수 있다. 현 서울시장의 정책상 오류를 인정하지 않을 수 없는 대목인 것이다. 현재 서울시 아파트 전세가 폭등에 대한 부분이 전적으로 현 서울시장의 정책에 기인한다고 보기는 어려우나, 일정 부분 영향을 끼쳤고 앞으로도 끼쳐나갈 것이라는 점은 부정하기 어렵다. 현 서울시장은 재정비사업을 지양하고 박원순 시장식 마을공동체 만들기를 주창하였다. 그러나 마을공동체 만들기로 무엇이 개선되었는지는 찾아보기 힘들다.

본론으로 돌아가 해당 시점에 사업성이 좋은 양질의 사업장 역시 많이 뒤집히게 된다. 사업성에 대한 평가를 두고 의견이 갈릴 수 있겠지만, 1,500세대 규모 개발에 조합원 수는 불과 600명밖에 되지 않는 구역 역시 재개발이 해제되었다. 당시 이 지역을 재정비하기 위해 수년 전부터 착공 허가 제한구역으로 묶어 두어 지분 쪼개기를 차단시켰기 때문에 가능한 일이었다. 이런 양질의 사업장이 당시 서울에 100여 곳에 달했던 것이 사실이다. 뉴타운의 시행착오 이후 만들어진 조치 때문이었다. 하지만 서울시에서는 양질의 사업장에 대한 사업성에 대해서는 관심이 없었던 듯하다. 재정비사업 취소를 목적으로 주민설명회를 진행하고 84m^2 기준 턱없이 낮은 분양가(주변 10년 된 아파트 실거래가를 분양가로 가정)로 잡고 사업수지를 돌리니 예비조합원들조차 아파트 개발을 포기하게 된다.

2012년에는 아파트 가격이 상승할 것이라 누구도 예측하기 힘들었다? 그렇다면 필자는 어떻게 해당 시점에 향후 주택 가격이 상승할 것이라 확신하고 추가로 신규 아파트를 분양받았을까? 전문가와 비전문가가 바라보는 시각은 다를 수 있으며, 비전문가인 서울시장의 의지에 따라 일방적 정책을 펼쳐나간 부분은 상당히 위험한 결과를 초래할 수 있다. 사람은 누구나 비전공분야가 있다. 서울시장에 막 취임하신 분께서 국토교통부의 서울시 주택부족 가중 현상에 대한 의견에 귀를 기울여야 하지 않았을까?

아무튼 결론적으로 현 서울시장 덕분에 서울 근교 신도시들은 분양호조를 누릴 수 있었으며, 서울의 기존주택시장 역시 어느 정도 높은 가격 상승을 유지하게 된다. 그러나 역시 아이러니하게도 서민을 위하겠다던 서울시장이 다시 한 번 서민들을 더욱 힘들게 만들고 부자들의 배를 불려 주었다는 사실은 곰곰이 생각해볼 필요가 있을 것 같다.

7

정치와 정책은 부동산의 나침반이다!

정치가 무엇인지 생각해보려면, 국회와 정부의 기능에 대해 먼저 생각해봐야 할 듯하다. 사실 정부와 국회는 하는 일과 성격 자체가 무척 다르다. 정부의 행정이 현실과 이상 간의 간극을 줄이는 실질적 활동이라면, 정치는 이상을 만들어가는 과정이라 할 수 있다. 이에 정부와 국회는 친해지기 어려운 불편한 관계인 것이다.

행정기관의 수장인 대통령과 입법부인 국회는 서로 존중하며 현실과 이상 간의 간극을 줄여가기 위한 노력이 필요하다. 그러나 이는 동화 속에서나 나올 법한 얘기이고, 진보와 보수 그 사이에는 상당한 간극이 존재하며, 정치인들은 그 간극을 이용하여 국민들을 상대로 한 쇼를 지속적으로 펼쳐나가기에 이에 환멸을 느끼는 대중들이 적지 않은 것이다. 하지만 보수가 정권을 잡든, 진보가 정권을 잡든 그들이 지향하는 바는 동일하다. 대한민국의 경제발전과 민생안정 이 두 가지를 부정하는 정당은 존재하지 않을 것이다.

보수성향의 사람들은 야당이 집권하면 대한민국이 위기에 봉착할 것이라는 생각에 사로잡혀 있으며, 진보성향의 사람들은 여당이 지속적으로 집권해가면 부의 불평등이 점점 더 가속화될 것이라 생각한다. 이 두 세력 간의 간극은 누구도 줄여나가기 어렵다. 그렇기 때문에 진보와 보수 간의 논쟁이 있을 때, 흥분해가며 서로를 강하게 비판 혹은 비난하는 대중들이 많이 존재한다. 또한 사람들의 이러한 심리를 이용한 언론사들의 대립 구도, 즉 조중동 대 한겨레·경향의 구도도 강하게 나타난다. 이 과정에서 대중들은 피로감을 느끼고, 정치에 대한 관심을 놔버리는 사람들이 다수 발생한다. 그러나 부동산에 관심을 갖고 있는 사람이라면 이 나라의 정치 흐름을 결코 놓쳐서는 안 된다. 정치란 바로 대한민국 부동산의 미래를 향한 지도이기 때문이다.

많은 사람들이 잘못 생각하는 부분이 있다. 이는 보수 정권인 현재의 여당이 집권하면 집값이 오르고, 반대로 야당이 정권을 잡게 되면 부동산가격이 떨어질 것이라는 생각이다. 그러나 이는 우리의 관념일 뿐, 현실에서는 이러한 상황이 발생되기 어려운 것이 사실이다.

앞서 언급한 바와 같이 실제 부동산 경기의 부양을 통해 경제를 살리고자 했던 것은 김대중 정권과 노무현 정권(단, 노무현 정권은 서울의 부동산만을 잡길 희망했으며, 지방의 부동산가격 상승은 희망했다는 사실을 부정하기 어려움)이었다. 오히려 부동산 시장을 한 템포 죽이고 가려했던 것이 이명박 정권이며, 부동산에 대해 관심 없는 듯 은근히 부동산을 부양시키고 있는 것이 박근혜 정부이다. 부동산 경기가 죽으면 내수를 부양할 수 있는 마땅한 수단이 없기에 어떤 정치 진영이 정권을 잡더라도 부동산을 죽이는 정책을 펴는 자충수를 두는 정부는 단연코 없을 것이다. 우리의 관념에 비추어 역설적이게도 최근 20년간의 역사를 되짚어봤을 때, 확률적으로 현재의 야당이 정권을 잡아야 부동산이 상승할 가능성이 더 높은 것이 사실이다.

여기서 반론이 가능할 것이다. 결국 어떤 정당이 정권을 차지하든 부동산의 가치 상승은 지속되는 것 아닌가라는? 하지만 깊이 생각해봐야 할 부분이 있다. 바로 기득권의 교체라는 측면이다. 사실 정치를 정의와 불의의 싸움이라 여기고 자신이 지지하는 정당이 정의라 믿는 맹신론자들도 있지만, 한 번 더 깊이 들어가 보면 첨예한 이권 다툼의 결정체가 바로 정치인 것이다. 정권이 바뀐다면 적어도 내가 얻을 것이 무엇이고, 잃을 것이 무엇인지를 생각해보고 그에 따라 나의 소중한 한 표를 던지는 것이 당연한 과정이다.

그럼 예를 하나 들어보도록 하자. 바로 대한민국 부동산에 있어 태풍의 핵과도 같은 역할을 할 수 있는 것이 청와대와 국회의 세종시 이전이다. 이 사안은 말할 것도 없이 바로 중대 이슈가 될 것이다. 과거 참여정부 시절 노무현 대통령은 대한민국의 균형 발전을 지향하며, 세종시로 수도를 옮기는 절차를 밟아갔다. 물론 헌재의 위법 판결로 수도 이전은 할 수 없었지만, 정부관계 부처의 핵심인 청사들을 모두 세종시로 이전시킴으로써 수도 이전의 기반은 세울 수 있었다. 이후 이명박 정부에서 이러한 것들을 원천 무효화하기 위해 세종시를 행정도시가 아닌 기업도시와 교육도시로 바꾸기 위한 방안을 추진하나, 당시 박근혜 현 대통령의 반대로 세종시 수정안은 막을 내리게 된다.

그리고 현재 세종시는 대한민국의 핵심 행정부처를 모두 거느린 세종특별자치시로 승격되기에 이르렀다. 그러나 행정부처와 대통령이 떨어져 있고, 행정을 감시해야 할 국회와 행정부처가 떨어져 있다 보니 이로 인해 발생되는 물리적인 낭비가 점점 더 부각되고 있는 상황이다. 그리고 벌써 차기 대권주자에 포함되기 위한 정치인들의 발빠른 움직임이 만들어지고 있다. 여당 중진 중 한 사람인 남경필 경기도지사는 야당에서 먼저 언급하기도 전부터 국회와 청와대의 세종시 이전을 주장하고 있는 것이다.

세종시로 국회와 청와대가 이전하게 되면 어떤 현상이 발생할까? 이러한 것들이 부동산에 관심을 갖고 있다면 정치와 정책의 흐름을 알아야 하는 이유이다.

부동산가격은 상승한다. 하지만 권력과 부의 이동에 따라 부동산이 침체를 맞이하는 곳도 있을 것이고, 새롭게 성장하는 곳도 생겨날 것이다. 강남도 처음 개발될 당시에는 사람들로부터 외면받는 지역이었던 것이 사실이다. 즉, 정치와 정책은 미래 부동산 및 권력과 부의 움직임에 대한 이정표인 셈이다. 따라서 부와 권력의 이동 그리고 그것이 부동산에 미치는 영향을 분석하여, 올바른 경제 행위를 해나가는 것이 현명한 자세일 것이라 생각된다.

8

야당이 정권을 잡으면 아파트 가격이 하락할까?

이번 최순실 게이트 이후에 '과연 지금의 야당이 정권을 잡으면 집값에 어떤 영향을 미칠 것인가'에 대한 질문을 많이 접하게 되었다. 차기 정부에서 정권교체가 이루어질 가능성도 높다 보니 이런 생각을 하는 것이 당연하게 느껴진다.

현재 야당의 기조는 정부의 경제 활성화 대책들을 대부분 반대하고 있고, 더욱이 단기적으로 집값에 부정적 영향을 미칠 수 있는 전월세 상한제와 계약갱신청구권 등을 주장하고 있다. 또한 11.3 부동산 대책에 대해서도 LTV, DTI 등의 규제가 빠진 것을 비난하고 있으니, 야당은 경제 활성화보다는 친서민적인 정책에 방점을 두고 있어 경제에 부정적 영향을 미치지 않을까 우려하는 것이 당연한 듯이 보인다.

그러나 야당이 정권을 잡더라도 결코 부동산을 가라앉히는 정책을 펼치지는 못할 것이라 생각된다. 그렇다면 야당은 왜 이렇게 무리한 정책들을 발표하거나 경제 활성화에 배치되는 주장들을 지속하고 있는 것일까? 다소 정치적 이슈가 담긴 내용이지만, 부동산과 관련된 이야기여서 이 책에 담아보고자 한다.

정권이 교체되더라도 집값은 유지될 것이며, 기업들이 경제활동을 잘 해나갈 수 있도록 경제정책을 펼칠 것이다. 이는 이미 국민의 정부와 참여정부를 통해서 입증된 사실이다. 물론 지금 야당은 정부의 경제 활성화 정책들을 쉽게 동의해주지 않고 있다. 자신들이 주도하지 않는 경제 활성화에 대해 부정적인 인식을 갖고 있는 측면 또한 분명 존재한다.

영국의 브렉시트 국민투표가 시사하는 바가 적지 않다. 영국의 경제가 분명 나빠질 것을 알면서도 국민들은 브렉시트 찬성에 투표를 했다. 브렉시트는 보수당인 데이비드 캐머런이 총리 당선을 위해 내뱉은 공약사항에 불과했다. 다만 데이비드 캐머런 역시 브렉시트를 원했던 것이 아님은 자명한 사실이다.

지금 야당에서 집값을 하락시키기 위한 발언들을 많이 하고 있다. LTV·DTI 규제, 전월세 상한제, 계약갱신청구권 등이 모두 단기적으로 집값에 안 좋은 영향을 미칠 대책들이다. 그러나 야당이 정권을 잡는다 해도 이런 정책들을 펴나가는 것은 결코 쉽지 않다.

한 가지 예를 들어보자면, 과거 미국과 한미FTA 비준 협의를 강행했던 것은 참여정부였다. 그리고 광우병을 최초로 문제 삼은 것은 그 당시 집권당이 아닌 한나라당이었다. 한나라당에서 광우병을 거론하며 한미FTA를 반대했던 것이다. 한나라당에서는 반대를 위한 반대를 한 것이다.

다만 한나라당이 집권하자 바로 한미FTA를 추진하기에 이른다. 그리고 자신들이 기존 정권의 정책을 반대하기 위해 내놨던 광우병의 덫에 걸려든 것이다. 다소 아이러니컬한 이야기이지만 이는 분명한 사실이다. 광우병에 대한 공포가 처음 대두된 것이 2004년이며, 한나라당 고경화 의원에 의해 대한민국에 알츠하이머 공포론이 만들어졌다. 하지만 한나라당이 집권하고 광우병 때문에 한미FTA 체결을 못하겠다고 했었던가?

더군다나 광우병 알츠하이머는 의학적으로 검증되지 않았다고 주장하던 열린우리당이 2008년 광우병 공포로 인한 한미FTA 반대 시위에 동참하는 모습을 보며 쓴웃음이 나지 않을 수 없었다.

이처럼 지금의 야당이 대한민국의 정권을 잡는다고 기업의 법인세를 올리고, 부동산 대출에 높은 LTV, DTI 비율을 적용시켜 부동산을 잡을 수 있을까? 그것보다는 기업들의 경영 활동을 지원할 수 있는 정책들을 내놓고, 부동산도 돌발적 하락을 이끌 정책들을 만들지 않을 가능성이 훨씬 높다.

다만 정권 교체 여부와는 무관하게 차기 정부에서 부동산 시장이 한번 정도 가라앉을 요인은 충분하다고 생각된다. 즉, 이미 공급과 수요, 투자 심리의 변화 등 아파트 가격에 영향을 미칠 불안 요인들이 나타나기 시작하고 있으며, 그러한 불안 요인들이 보다 심화된다면 집값이 하락할 수 있다. 결론적으로 정권이 바뀌어서 집값이 떨어진다기보다는 현 박근혜 정부에서 부동산을 의도적으로 너무 많이 부양시킨 것에 대한 시장의 자정 효과로 인해 조정될 가능성이 높다고 할 것이다.

어떤 정당이건 대한민국 경제를 침체시키는 정책을 펴나갈 정당은 없다. 다만 정치적 신념도 중요하지만 더 이상 반대를 위한 반대를 해야 정권이 교체될 수 있다는 생각이 통용되지 않는 사회가 되기를 희망해본다. 최순실 사태로 헬조선이라는 표현이 사회에 만연하고, 대한민국에 더 이상 희망이 없다는 이야기들이 자주 들린다. 이 시점에서 프랑스의 역사학자 에르네스트 라비스(Ernest Lavisse)가 국가에 대한 언급한 대목을 떠올려본다.

"어떤 정부도 하루아침에 수립되지 않았다. 정치조직과 사회조직들이 확립되려면 수백 년이 걸린다. 봉건제도는 자체의 법칙을 확립하기 전까지 수백 년간 허술하고 혼란스러운 상태에 머물렀다. 절대군주 체제도 정규적인 통치방법을 완비하는 데 수백 년을 소비했다. 그런 기다림의 시절은 극도로 파란만장했다."

대한민국 민주주의의 역사는 몇십 년 되지 않았다. 그럼에도 불구하고 대한민국의 민주주의는 성숙해가고 있고, 더욱 성숙해져갈 것이다. 그리고 현재의 계기가 전화위복이 되어 우리 후손들이 살아갈 대한민국은 더욱 행복한 나라가 될 것이라 기대한다.

2장

아파트 면적과 구조에 대한 이해

1

m²가 뭐죠?
그리고 84m²(국민주택규모 아파트)란?

아파트의 구조를 이해하는 데 있어 가장 먼저 알아야 하는 것은 m^2이다. 과거에 우리는 흔히 평이라는 면적 단위를 사용하였으나, 우리나라의 면적 단위를 국제적 기준에 맞추기 위해 2007년부터 평이라는 단위의 사용을 법적으로 규제하기 시작하였다. 이에 현재는 주택의 면적에 있어 더 이상 평을 사용하지 못한다. 물론 아직도 우리는 평이라는 면적 단위에 익숙해 여전히 26평 아파트, 34평 아파트라는 명칭을 사용하고 있으나, 20년 후에는 아마도 평이라는 용어 자체가 사라질지도 모를 일이다. 그렇다면 m^2와 평의 차이는 무엇일까?

$1m^2$ = 가로 1m×세로 1m의 넓이이며,
1평 = 가로 1.8m×세로 1.8m의 넓이로 보면 된다.

면적으로 따지면, 10㎡가 3.025평으로서, 우리가 흔하게 접할 수 있는 84㎡의 아파트를 평으로 환산하는 방법은 해당 면적에 0.3025를 곱해주면 나오게 된다. 『84.99×0.3025 =25.7평』

국민주택규모 아파트란 전용면적 84㎡ 이하의 아파트를 말한다. 흔히 85㎡라는 표현을 쓰기도 하는데, 85㎡란 전용면적 25.7평으로 실제 우리가 말하는 30평형대 아파트(약 33~36평)가 이에 해당한다.

그러나 아직도 많은 일반인들이 분양 관련 기사나 견본주택을 볼 때 불편해하는 경우가 있는데 이를 정리하면 다음과 같다. 국민주택규모 이하의 아파트는 크게 3가지로 분류된다.

> 59㎡ : 전용면적 18.1평으로, 공급면적 기준 약 23~28평 아파트를 말한다.
> 60~83㎡ : 전용면적 19~24평으로, 공급면적 기준 약 29~32평 아파트를 말한다.
> 84㎡ : 전용면적 25.7평으로, 공급면적 기준 약 33~36평 아파트를 말한다.

59㎡ 미만의 아파트도 많이 있지만, 민간분양분 중에서는 거의 사라지고 임대 아파트에서 많이 공급되다가 최근 서울의 재개발 아파트들을 중심으로 59㎡의 민간 아파트가 다시 등장하고 있다. 아울러 국민주택규모 초과 아파트는 85㎡를 초과하는 모든 주택을 말하며, 국토교통부에서 나누는 분류는 아래와 같다.

국민주택규모 초과 아파트 중에서도 전용면적 245㎡(74.1평)를 초과하는 주택에 대해서는 고급주택으로 분류되어 취득세가 중과세(4배)된다. 그

> 85~102㎡ : 공급면적 기준 약 37 ~ 40평형대
>
> 103~135㎡ : 공급면적 기준 약 41 ~ 49평형대
>
> 135㎡초과 : 공급면적 기준 약 50평형대 이상

렇기 때문에 국내에서 전용 74.1평을 초과하는 주택을 분양하는 경우는 극히 드물다. 그리고 전용면적 74.1평을 초과하는 주택을 분양하더라도 일반인은 그 소식을 접하기 어렵다(극상류층의 마케팅은 매우 비밀스럽기 때문에). 국민주택규모 이하 아파트와 초과 아파트의 가장 큰 차이는 VAT가 붙느냐의 여부이다. 입주자 모집공고를 자세히 보면 분양가는 토지비와 건축비로 분류되며, 토지비에 대해서는 VAT가 붙지 않지만 건축비에 대해서는 VAT가 포함된다. 단, 국민주택규모 이하의 아파트들에 대해서는 VAT가 면제된다.

물론 국민주택규모 초과 주택까지 알아두면 좋지만 최소한 견본주택에서 $59m^2$, $60~83m^2$, $84m^2$는 바로 숫자만 보고 구분할 수 있으면, 아파트 면적을 이해하는데 효과적일 것이다. m^2는 스퀘어미터(square meter)라고 발음하면 되며, 견본주택에서도 상담할 때 평을 쓰지 말고 스퀘어미터라고 말하면 상담사가 대하는 자세가 달라질지도 모를 일이다. 건설업계에서는 square meter를 헤베라고 부르기도 하는데, 헤베라는 표현은 일제의 잔재로써 정말 관련 업계 종사자가 아닌 이상 상담사는 물론이요 부동산 중개소에서도 못 알아들을 수 있다.

2
전용면적, 공급면적, 계약면적은 어떻게 다른가?

앞서 m^2를 설명하며 전용면적과 공급면적에 대해 언급하였다. 하지만 전용면적과 공급면적을 정확하게 이해하고 있는 사람은 많지 않다. 입주자 모집공고나 계약서를 보면 아파트에 대한 면적표가 나온다. 이때 아파트 면적표를 유심히 본 사람이라면 전용면적, 공급면적, 계약면적에 대한 구분이 가능할 것이다.

하지만 대부분의 사람들은 입주자 모집공고나 계약서에 큰 관심을 갖지 않는다. 그만큼 우리나라 사람들이 아파트에 대해 맹신하기 때문일까? 관심이 없더라도 적어도 내가 분양받은 집의 면적이 어떻게 구성되어 있는지 알아둘 필요가 있지 않을까? 그렇다면 전용면적, 공급면적, 계약면적의 차이를 알아보자.

| 전용면적 |

실제 현관에서부터 집을 구성하고 있는 모든 면적을 말한다(단, 발코니 면적은 포함되지 않음).

전용 84㎡ 기준 3Bay 아파트의 평면도

바로 위 그림에서 하얀색 점선 안쪽의 면적이 전용면적이며, 서비스면적인 발코니 면적은 전용면적에 포함되지 않는다. 물론 최근 분양 아파트들은 대부분 발코니 확장이 진행되는데, 사실 이렇게 확장으로 인해 늘어난 면적의 총량은 아직까지 어떤 건설사에서도 알려주지 않는 것이 현실이다.

즉, 내가 분양받는 아파트의 확장 후 면적이 얼마나 되는지 그 누구도 알려주지 않으며, 관심을 갖는 소비자도 많지 않다. 그러다 보니 지속적으로 불공정 계약이 이루어지고 있는 것이 사실이다. 물론 건설사에서 발코니 확장대상 면적을 공개해 주기도 한다. 그러나 이는 단순 확장대상 면적을 중심선 치수를 기준으로 측정해 제공해주는 것으로, 전용면적에 건설사에서 알려주는 확장대상 면적을 더하더라도 절대 확장 후 전용면적이 되는 것은 아니다.

사실 발코니 면적은 서비스면적으로 시공사에서 제공해줘도 그만 안 해줘도 그만인 면적이어서 발코니 면적에 대해서는 소비자들의 관심이 상대적으로 적었던 것이 사실이다. 그러나 2006년 발코니 확장이 합법화된 이후부터는 실제 주택의 면적으로 사용하는 공간에 발코니 확장 면적이 포함되는 것이니 만큼 최소한 확장 후 전용면적은 알아야 하지 않을까 싶다.

이에 필자는 아포유 카페를 통해서 지속적으로 확장 후 전용면적을 공개해 나가고 있다. 물론 아직은 인기 단지에 한해 그 면적과 치수를 공개해 나가고 있으나, 조만간 전국의 모든 분양 아파트를 대상으로 공개하기 위해 노력할 예정이다. 하지만 이러한 전용면적은 우리가 보통 '나는 몇 평 아파트에 살아.'라고 말할 때의 공급면적(=분양면적)과는 다른 개념이다.

| 공급면적 |

공급면적은 분양면적이라고 말하기도 한다. 같은 의미이니 크게 혼동할 필요는 없다. 우리가 일반적으로 '너희 집 몇 평이야?' 하고 말할 때 사용하는 면적이 바로 공급면적이다.

공급면적은 전용면적+주거공용면적으로써 주거공용면적은 계단실, 복도, 아파트 공동현관의 면적을 가리킨다. 실제 전용면적이 같다면 공급면적이 32평이든 36평이든 의미 없는 숫자에 불과하다. 전용면적이 25평으로 같다는 전제하에 분양면적이 32평형이면 주거공용면적이 7평인 것이며, 36평은 주거공용면적이 11평이라는 말인데, 실제로 복도가 넓거나 길다고 더 좋은 아파트는 아닐 것이다.

| 계약면적 |

차라리 분양면적보다는 계약면적이 중요하다. 계약면적은 공급면적+기타공용면적+주차장면적을 말하는데, 기타공용면적이란 아파트의 기계실, 설비실, 정화조 등이 포함된 면적을 말하며, 주차장 면적은 말 그대로 아파트 주차장 면적을 말한다.

계약면적이 중요하다고 말한 이유는 어차피 기타공용면적은 대부분 큰 차이를 보이지 않으며, 차지하는 면적도 넓지 않다. 반면 주차장 면적은 아파트의 고급성을 따지는데 중요한 요소이다. 물론 사업승인을 받을 때 법적으로 정해져 있는 주차대수가 있으나, 최근의 추세는 법정 주차대수 이상의 면적 제공을 통하여 아파트의 고급화를 시도하기도 한다.

실제 시공사가 브랜드를 중시하는 아파트일수록 주차장 면적을 법정 주차대수보다 넓게 제공하며, 브랜드 가치가 낮은 아파트일수록 시공원가를 줄이기 위해 주차면적을 법정 주차대수에 근접하게 맞추려 한다. 주차면적이 넓으면 넓을수록 주차 쾌적성이 좋고, 누가 내 차를 긁고 갈 가능성 또한 낮아지지 않겠는가? 같은 조건의 아파트를 비교할 때 주차면적을 고려해야 할 필요성에 공감이 갈 것이다.

3

서비스면적에 대한 이해

　서비스면적은 우리가 흔히 알고 있는 발코니 면적을 말한다. 그러나 앞서 전용면적을 설명하며 서비스면적은 전용면적에 포함되지 않는다는 사실을 언급했다. 그럼 발코니 면적인 서비스면적은 공급(분양)면적에 포함될까?

　일반인들은 서비스면적이 공급(분양)면적에 포함된다고 생각하지만 서비스면적은 어떤 면적에도 포함되지 않는, 순수 면적표와는 별개로 추가 제공되는 면적을 말한다. 따라서 아파트를 구매하는 사람들로서는 보다 넓은 서비스면적을 선호할 수밖에 없는 것이다. 같은 전용면적이더라도 서비스면적이 얼마나 되느냐에 따라 실제 사용하는 아파트의 면적이 달라지는 것이니 당연한 결과이다.

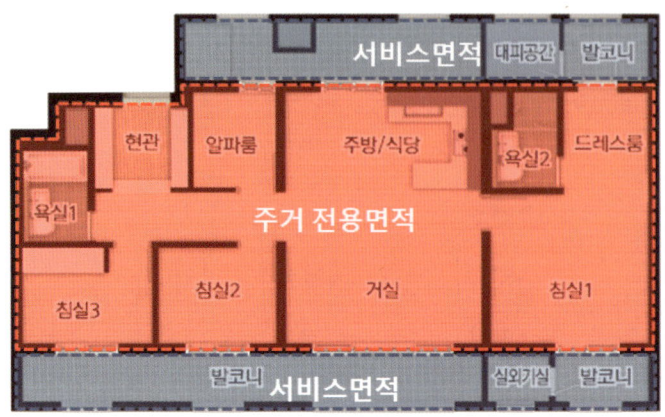

위의 평면도에서 붉은색 점선 안의 공간이 바로 주거전용면적이다. 우리가 $84㎡$, $70㎡$, $59㎡$ 하고 부르는 면적인 것이다. 그리고 파란색 선 안쪽의 공간들이 바로 서비스면적이다. 아울러 서비스면적은 발코니의 면적을 말하는 것이고, 말 그대로 서비스로 제공되는 면적으로써 분양계약서 어디에도 나와 있지 않은 면적이다. 즉 줘도 그만 안줘도 그만인 면적인 것이다.

이에 2006년 이전에는 발코니 확장이 불법이었다. 하지만 사람들이 더 넓은 주거공간을 사용하고 싶은 욕구에 많은 세대에서 불법으로 발코니 확장 시공을 하였고, 정부에서도 단속 방법 등이 부재하여 음성화되어 있던 발코니 확장을 양성화하기 위해 2006년 발코니 확장을 합법화한다. 이러한 과정을 거쳐 현재는 시공사에서 입주 전에 대부분 발코니 확장공사를 해준다. 다음의 도면이 바로 위의 서비스면적을 확장하여 만들어진 도면이다.

아울러 아포유에서는 전용면적과 확장면적을 포함한 면적을 실사용면적이라 부르며, 전용면적에 확장면적 비확장면적을 모두 포함시켜서 총사

용면적이라고 한다. 그렇다면 발코니 면적이 넓으면 넓을수록 집이 더 커질 것이다. 하지만 발코니 면적은 법적 규제가 있어 마음대로 시공할 수 있는 것은 아니며, 법적으로 건물 내벽의 중심선으로부터 발코니 끝선까지 1.5m로 정해져 있다.

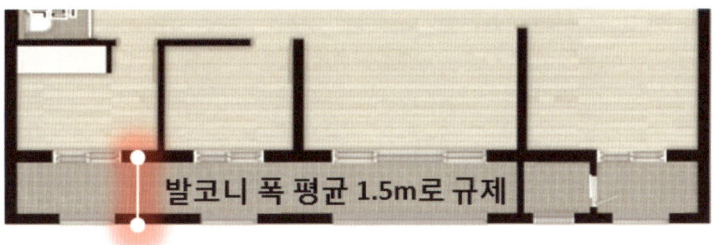

따라서 상식적으로 생각해보면 집이 좌우로 길어질수록 서비스면적이 늘어나는 것을 알 수 있다. 이러한 이유로 2Bay보다는 3Bay, 3Bay보다는 4Bay가 선호되는 것이다. 실제 2Bay보다 3Bay 집이 더 넓으며, 3Bay보다는 4Bay 집이 더 넓은 것이다. 자, 그럼 좌우로만 길어지면 서비스면적이 최대로 나올 수 있을까?

 꼭 그렇지만은 않다. 최근에는 신평면 개발로 3면 발코니까지 등장했기 때문이다. 3면 발코니와 2면 발코니의 차이는 약 1.5~2평 정도 발생된다. 물론 3면 발코니가 더 넓다는 점은 별도의 설명이 필요 없을 듯하다.

4

안목치수가 뭔가요?

오래된 아파트들을 보면 30평형대 아파트가 전용면적은 $84m^2$로 같은 데도 불구하고 2000년대 이후에 지어진 아파트들 보다 작은 느낌이 든다. 혹시 이런 생각을 해본 사람은 훌륭한 공간감각을 지닌 사람이다. 맞다. 실제로 2000년대 이전에 지어진 아파트가 작은 것이 사실이다. 그 이유는 무엇일까? 바로 안목치수의 차이 때문이다. 안목치수는 벽의 면적을 뺀 실사용공간만 계산한 치수로 1998년 10월에 법제화되어 해당 시점 이전의 아파트는 전용면적에 벽체가 포함된 면적으로 계산되었으나, 이후의 아파트부터는 전용면적에서 벽체의 면적이 빠지게 되어 보다 넓은 면적을 사용할 수 있게 된 것이다.

해당 치수의 적용으로 늘어나게 되는 면적은 대략 1~3평 이상이 될 수도 있다. 1평의 크기가 성인 한명이 대자로 누웠을 때 나올 수 있는 공간(1.8×1.8m)이라는 점을 감안했을 때 결코 무시할 수 없는 면적이라 할 수

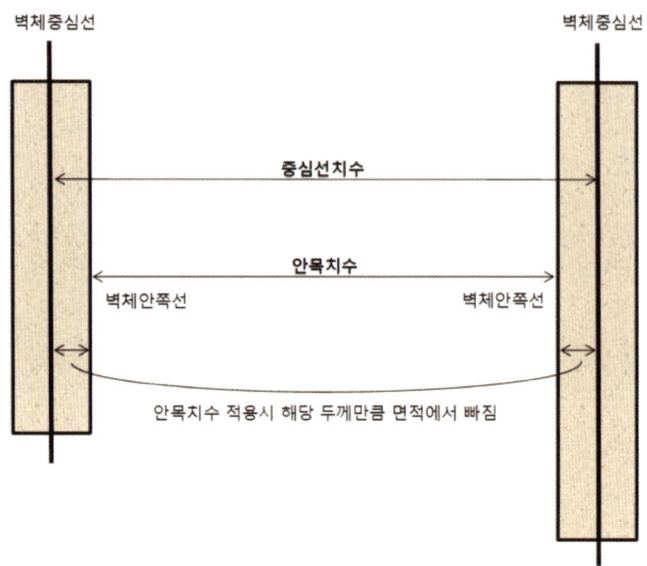

있다. 여기서 설명한 안목치수 적용 아파트와 비적용 아파트의 범위에 대해서는 뒤에서 알아보도록 하자.

5

2Bay, 3Bay, 4Bay 아파트 평면의 진화

Bay의 사전적 의미는 구역, 구간으로 벽과 벽 사이 우리가 사용하는 공간을 말하며, 거실을 중심으로 옆으로 나있는 방의 수에 따라 2Bay, 3Bay, 3.5Bay, 4Bay, 5Bay 등으로 구분한다. 2Bay는 전통적으로 국민주택규모 이하에서 만들어진 형태이며 옆의 그림과 같은 구조의 아파트를 말한다.

일단 이 평면도는 $84m^2$의 아파트(일반적인 30평형대 아파트)이다. 앞에서도 설명한 바 있지만 거실에서 침실까지의 폭이 9m에 불과하다 보니 발코니 제공 면적이 좁다(발코니 폭은 건축법상 평균 1.5m로 제한되어 있기 때문에 아파트의 폭에 따라 발코니의 면적이 제한된다).

2000년대 중반까지도 84㎡에서 2Bay 구조의 아파트를 분양하였으나, 현재는 임대 아파트를 제외한 일반 분양 아파트에서는 거의 사라지고 있다. 단, 59㎡의 아파트에서는 아직도 종종 쓰이고 있으나, 상품적 가치는 높지 않다. 2Bay가 불리한 것이 아파트 폭보다 거실에서 주방까지의 직선 길이가 길다 보니, 향후 리모델링을 하더라도 상품적 가치가 매우 떨어진다는 것이다. 이유는 리모델링을 한다고 하더라도 아파트의 폭이 넓어지는 것이 아니라, 거실에서 주방까지 직선 길이만 넓힐 수 있어 안 그래도 남북으로 긴 아파트가 더 길어져, 채광에서도 불리하고 통풍에서도 불리해질 수밖에 없기 때문이다.

위의 좌측이 앞서 설명한 2Bay 구조의 아파트이고 우측이 3Bay 구조의 아파트이나, 실질적으로 전용면적은 동일한 84㎡ 아파트이다. 즉 위

의 두 아파트는 전용면적이 84㎡로 동일하나, 실제 크기는 단연 우측의 3Bay 구조가 훨씬 넓어 보인다(좌측의 평면도는 과거 1998년 10월 이전에 분양한 안목치수 미적용 아파트 기준임). 앞서 설명한 2Bay 아파트는 아파트의 폭이 9m에 불과했지만 3Bay로 바뀌며 11m로 길어졌다(물론 아파트의 폭은 현장마다 상이할 수 있다). 아울러 서비스로 제공되는 발코니 면적이 매우 늘어나게 된다.

과거 3Bay 구조는 국민주택규모 초과 방 4개 이상의 아파트에 시공되었다. 국민주택규모 아파트에 적용된 것은 IMF 이전 신동아건설에 의해 개발된 것으로 알려져 있다. 3Bay 평면은 2Bay에 비해 공사비가 많이 늘어나며 아파트의 용적률 및 건폐율, 사선제한상 아파트 최대 공급 세대수를 채우기에 불리하여, 처음에는 2000년 전후반 토지대가 낮은 지방사업장(특히 택지)에서 시공되기 시작했다. 서울에서는 2000년대 초반 강북을 시발점으로 공급되기 시작하였으며, 현재는 거의 일반적인 구성이며, 이보다 더 넓은 서비스 면적을 제공하는 아파트들도 등장하고 있다.

먼저 3.5Bay 아파트이다. 좌측의 평면이 앞서 설명한 3Bay 구조의 아파트이고 우측이 3.5Bay 구조의 아파트이다. 실제 눈으로 봐도 더 넓어졌다는 것이 한눈에 느껴진다. 그러나 여전히 동일한 전용면적 84㎡ 아파트라는 사실은 변함없다.

3.5Bay 아파트는 그냥 단순하게 보더라도 왜 3.5Bay 아파트라고 명명하는지 알 수 있다. 거실 양 옆으로 방이 3개가 있으나 한 개의 방이 발코니가 반밖에 차지하지 않고 있어 3.5Bay라 불린다. 아울러 이미 설명한 바와 같이 아파트의 폭이 3Bay 대비 약 1.5m가 더 길어졌다. 그렇다면 4Bay는 얼마나 더 길어질까?

현재 설명하고 있는 4개의 평면은 모두 전용면적이 84㎡로 같다. 단 발코니 제공 면적은 점점 늘어만 간다. 오른쪽 도면은 아파트 폭이 약 14.8m로 상당히 길게 뽑았으며, 서비스면적은 최소 10평 이상이 나올 것으로 보인다. 같은 아파트라도 발코니 면적이 넓어짐으로써 생활공간은 훨씬 넓어진다. 그럼 이상의 4개 평면들을 함께 비교해보면 상당한 면적의 진화가 느껴질 것이다.

　자, 위 4개의 평면도는 모두 동일한 전용면적 $84m^2$(30평형대) 아파트이다. 더욱이 현재는 발코니 확장이 조건부(대피실 및 실외기실 설치) 합법화되어 발코니 확장까지 감안한다면, 현존하는 아파트들의 면적에 대한 재정립이 필요하지 않을까?

6

신구 아파트에 대한 3단계 분류

　예전 아파트와 현재의 아파트를 어떤 기준으로 구분할 수 있을까? 앞서 2Bay, 3Bay, 3.5Bay, 4Bay도 다루어봤으나 신구 아파트를 단순히 Bay로 나누기에는 무리가 있다. 아직까지도 서울에서는 2Bay 아파트가 분양이 되고 있으며, 반면 신도시에서는 5Bay 아파트까지 선보이고 있다. 이에 단순히 Bay로 신구 아파트를 나눌 수는 없을 것이다. 따라서 법의 개정을 기준으로 신구 아파트를 나누는 것이 가장 적합하지 않을까 생각된다. 실사용 면적의 변화는 법 개정에 따라 가장 크게 나타난다. 그럼 필자의 기준으로 신구아파트를 3단계로 구분해 보도록 하겠다.

　1. 안목치수 미적용 아파트(1998년 10월 이전 분양)
　2. 안목치수 적용 But 발코니 확장 미적용 아파트(1998년 10월~2006년 분양 아파트)

3. 안목치수 적용 & 발코니 확장 적용 아파트(2007년 이후 분양 아파트)

이렇게 3단계로 나눠봤는데, 건축이나 설계와 관련한 분야에서 일하는 사람들은 쉽게 수긍이 갈 것이다. 하지만 해당 분야 종사자가 아닌 일반인들은 이해하기가 쉽지 않을 것이다. 그럼 하나하나 알아보자.

| 안목치수 미적용 아파트 |

아파트 전용면적을 적용함에 있어 과거에는 중심선치수라는 개념을 사용하였다. 먼저 중심선치수라는 개념을 이해하려면 앞서 언급한 전용면적을 기억하고 있어야 한다.

위의 평면도는 발코니 확장 전의 3Bay 평면도인데, 바로 하얀색 점선 안쪽이 전용면적이라는 사실을 기억하고 있을 것이다. 그러나 달라진 것이 있다. 바로 안목치수 미적용 아파트냐 적용 아파트냐의 차이인데, 위의 평면도에서 하얀 점선은 바로 중심선치수로 전용면적이 표기되어 있는 것이고, 해당 면적에는 벽체의 면적이 일부 포함되어 있다. 그러나 현재는 안목치수로 적용되어 벽체 면적이 전용면적에서 빠지게 된 것이다. 안목치수란 벽과 벽 사이, 즉 내벽치수를 기준으로 측정하는 것을 말한다. 그렇다고 주택 내부 벽체까지 빼서 안목치수가 만들어지는 것은 아니고, 외벽에 대해서만 안목치수가 적용된다. 즉 외벽과 외벽 사이의 면적을 안목치수로 적용하는 것이다. 아래 그림을 참고해 보면 이해가 쉬울 것이다.

중심선치수 적용 아파트   안목치수 적용 아파트

좌측의 평면이 중심선치수 적용 아파트의 평면이고, 우측이 안목치수 적용 아파트의 평면이다. 중심선치수는 벽체의 중간을 기준으로 면적을 측정하기에 전용면적에 벽체의 면적이 일부 포함되어 있고, 안목치수는 외벽 벽체 안쪽의 면적만 인정되기에 실제 동일한 전용면적의 아파트끼리 비교를 하더라도 안목치수가 적용된 평면은 비적용 평면 대비 약 1~3평 정도 더 큰 면적이 나온다.

결론적으로 안목치수 적용 아파트가 실제 중심선치수 적용 아파트보다 1~3평 더 넓다고 보아도 무리가 없다. 과거 1980~1990년대에 준공된 아파트가 최근의 아파트들보다 더 좁아 보인다는 느낌은, 더 좁아 보이는 것이 아니라 실제로 좁은 것이다. 발코니 확장을 하지 않더라도 말이다.

아파트에 안목치수를 적용시키는 법안이 1998년 10월에 적용되었고, 따라서 1998년 10월 이전 분양 아파트와 이후 아파트 간에는 같은 전용면적이라 하더라도 실제 우리가 사용하는 면적은 약 1~3평 정도 차이가 난다고 보면 된다. 공사기간 대략 28개월 가정 시, 2001년 4월 이전에 준공된 아파트는 안목치수 미적용, 2001년 4월 이후에 준공된 아파트는 안목치수 적용 아파트로 보면 될 듯하다.

| 안목치수 적용 But 발코니 확장 미적용 아파트 |

두 번째로 발코니 확상 미적용 아파트에 내해 살펴보자. 2006년 이전에는 발코니 확장이 불법이었다. 그러나 2000년대 들어서면서 같은 전용면적이더라도 집을 좀 더 넓게 쓰고자 하는 욕구가 점점 커졌고, 2000년대 초반에 발코니 확장 붐이 일어난다. 그러나 엄연히 불법이었다.

불법 시공이 발각되면 벌금과 함께 원상복구를 해야 하는 위험부담이 있었음에도 많은 사람들이 불법으로 발코니 확장을 진행했다. 원인은 발코니 불법 확장 시공에 대해서 정부가 단속할 수 있는 근거가 없었기 때문이기도 하다(과거부터 우리나라의 법은 다소 '안 들키면 지키지 않아도 그만'이라는 정서가 팽배했던 듯하다).

그러나 불법 발코니 확장은 안전 등 여러 가지 위험을 수반하였기에 정부에서는 몇 가지 단서 조항을 붙여 발코니 확장을 합법화한다. 여기서 단서 조항이란, 과거 발코니 바깥쪽으로 설치되던 에어컨 실외기를 서비스면적 내부에 설치토록 의무화하고, 대피실을 만들어 화재시 대피할 수 있는 법적 의무 공간을 마련토록 한 것이다. 바로 현재 분양하는 아파트에서 발코니 확장시 의무적으로 들어가는 에어컨 실외기실과 대피공간이 그것이다.

그러나 2006년 이전에 발코니 확장 공사를 진행한 주택에 대해서는 결코 매수를 권장하지 않는다. 이 시기에 개인적으로 발코니 확장을 진행한 집주인들의 경우 매도시에 아무런 언급 없이 몰래 해당 주택을 팔고 나오는 사태까지 벌어진다. 무슨 말인가 하면 바로 단열에서 발생되는 문제를 숨기고 판다는 것이다. 그 당시 일반적으로 건축 지식이 없는 개인들이 인테리어업자들의 영업에 현혹되어 발코니 확장공사를 하게 되고 그것도 보통 여름에 공사를 진행하였다. 그러나 겨울 한철만 지나보면 발코니 확장공사를 한 것을 후회하게 된다. 그 이유는,

첫째, 발코니 확장시 안쪽 발코니 새시만 떼버려 바깥쪽 창 하나로 버티려니 단열이 잘 안 된다.

둘째, 안쪽 발코니 새시를 떼내서 바깥쪽 새시 쪽에 이전공사를 하더라도, 발코니 바닥 난방공사를 할 가능성이 낮다.

셋째, 과거에는 발코니라는 공기층을 계산해서 현재와 같이 단열성이 뛰어난 페어유리를 사용하지 않았다.

넷째, 발코니 확장공사를 하게 되면 발코니 측 벽면의 두께가 두꺼워져야 한다. 즉, 해당 벽면의 단열공사를 해야 하는데, 인테리어 업자가 이런 단열공사를 시공하는 사례는 드물다.

일반적으로 건설사에서도 발코니 공간을 없애고 확장을 할 때에는 자연적으로 외벽을 두껍게 공사한다. 이는 바로 집안의 단열 역할을 해주는 공기층이 하나 사라짐으로써 단열효과가 떨어질 수밖에 없으며, 이에 해당 벽에 단열재를 추가하여 시공해야 확장 전 수준의 단열이 가능하기 때문이다. 만약 벽체 단열공사를 진행하지 않았다면, 겨울철 결로를 안고 살아야 할 가능성이 높다. 결론적으로 발코니 확장이 제대로 이루어지기 위해서는 새시 자체가 교체되어야 하고, 발코니 바닥 난방공사가 이루어져야 하며, 벽면 단열공사가 진행되어야 한다. 그래야만 어느 정도 단열이 유지될 수 있다. 그러나 이러한 공사 방법은 단가가 많이 높아져, 과거에 이런 방법으로 제대로 확장공사가 이루어진 사례는 많지 않다. 따라서 2006년 이전에 준공된 아파트인데 발코니 확장이 되어 있다면, 이러한 문제가 있을 것이라는 사실을 감안해야 한다.

☞ 전실이란?

2000년 이후부터 2007년까지 준공된 아파트들 중에서는 현관 외에 별도로 전실이라는 공간이 마련된 아파트들이 있다. 이 공간은 당초 공용 공간인 복도 공간에 임의로 현관의 위치를 옮겨달아 불법적으로 개인이 점용하는 공간이다. 다만 이런 전

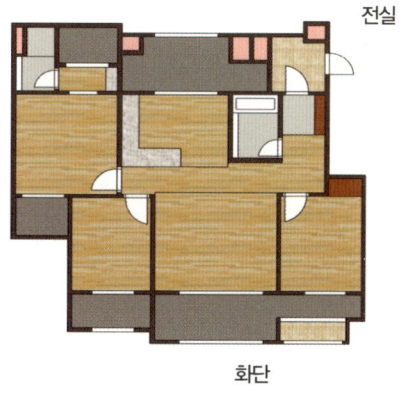

실의 경우 대부분 시공사 측에서 제공해 주었고, 전실의 면적을 잘 뽑은

곳들은 해당 공간의 면적만 2평까지 나오기도 한다. 전용면적 외에 추가적으로 2평의 공간이 늘어나니 소비자의 선호도는 당연히 높아지고, 전실이라는 것이 한 동안 붐을 일으키기도 했다.

다만 2007년까지는 이런 전실의 사용이 지자체로부터 묵인되어 왔으나, 2006년 국토교통부에서 전실에 대한 관리감독을 철저히 하도록 지자체에 권고하였고, 이에 따라 2007년 이후부터는 전실이라는 개념이 거의 사라지게 된다. 물론 현재도 전실은 공용 공간을 개인이 임의로 점거한 공간으로써 불법이다. 그러나 이러한 불법을 묵인해준 지자체의 행정적 책임도 있다 보니 기존 전실이 설치된 주택에 대한 제재는 불가능한 상황이다.

☞ 광폭발코니란?

이 또한 김대중 국민의 정부 시절에 풀린 것인데, 아파트에 제공되는 발코니의 폭은 1.5m로 제한되어 있다. 발코니가 시작되는 부분의 중심선으로부터 발코니 외벽치수까지의 길이가 1.5m로 제한된 것인데, 아파트가 너무 천편일률적으로 성냥갑 아파트라는 오명을 쓰다 보니 아파트에 디자인을 입히자는 취지로 광폭발코니가 입법되었다. 발코니 면적 외에 화단의 공간을 추가할 수 있도록 법을 개정해준 것이다. 이에 발코니 폭이 2m까지 나오는 광폭발코니가 선을 보이게 되는데, 이 역시 대부분의 사람들이 해당 공간을 화단으로 사용하기보다는 화단을 없애거나, 다른 용도로 사용하면서 취지가 무색해졌다.

실제 화단이 적용된 아파트들을 가보더라도 화단의 위치에 꽃이나 나무를 심은 세대는 거의 찾아볼 수 없다. 그러다 보니 당초 취지가 무색해져 이 또한 2007년부터 허용해주지 않게 되었다. 노파심에 언급하자면, 여전히 광폭발코니에서 화단을 없애는 행위는 불법이며, 화단을 유지하더라도 화단 바깥쪽으로 새시를 설치하는 것 역시 법적 불이익을 받을 수 있다는 점은 알아두어야 할 사항이다.

| 안목치수 적용 & 발코니 확장 적용 아파트 |

어찌 보면 2006년 발코니 확장 합법화 이후 큰 틀에서 아파트의 면적에 영향을 미치는 법개정은 없었다고 할 수 있다. 따라서 2006년 이후에 분양한 아파트와 현재 아파트 간에 적용되는 법적 기준에는 큰 차이가 없다고 볼 수 있다. 그러나 발코니 확장이 합법화된 이후 2009~2013년 아파트 분양 침체기를 거치며 건설사들은 자구책으로 꾸준히 아파트 평면 개선을 위한 노력을 하고, 이에 현재는 4Bay에서 5Bay 평면까지 선을 보이게 된다.

사실 상품적인 측면에서 전실과 광폭발코니가 적용된 2000~2007년에 준공된 아파트들이 2007년 이후에 분양된 아파트들보다 우수한 것이 사실이다. 전실과 광폭발코니 적용 아파트의 총 사용면적이 넓을 수밖에 없기 때문이다. 이에 건설사들에서도 더 넓은 서비스면적을 제공하기 위한 경쟁에 돌입하며 현재에 이른 것이다.

현재는 주상복합에서나 볼 수 있었던 3면 발코니가 일반 아파트에도 적용되며, 30평형대 아파트(전용 84m^2)가 과거 40평형대보다도 넓은 아파트들도 많이 탄생하고 있다. 그러면서 국민주택규모 초과 아파트 시장이 영향을 받게 된다. 특히 1998년 10월 이전에 분양한 국민주택규모 초과 아파트들이 실제로 가장 큰 타격을 받게 되었는데, 현재도 재건축 이슈가 없다면 굳이 1998년 10월 이전에 분양한 국민주택규모 초과 아파트를 선택할 타당성은 높아 보이지 않는다. 그러다 보니 이 아파트들의 가격이 매우 낮아졌고, 입지가 우수하거나 재건축 이슈가 아니라면 현재 분양하는 $84m^2$ 아파트보다 가격이 낮은 국민주택규모 초과 아파트가 늘어나게 된 것이다.

☞ 2008년 이후 서울시 분양 아파트

문제는 2006년에 발코니 확장이 합법화되자, 서울시에서는 2008년 디자인 입면 조례를 만들어 $60m^2$ 이상(약 28평 이상) 주택에 대해 법적으로 남측에 자리한 하나의 방에 대해서 발코니 한 면을 설치하지 못하도록 제도화한다. 취지는 천편일률적으로 만들어지는 성냥갑 아파트를 없애겠다는 것이었으나, 한편으로는 서울의 국민주택규모 초과 구주택을 보호하기 위한 조치가 아니었나 생각이 들기도 한다.

앞서 언급한 바와 같이 발코니 면적, 즉 서비스면적은 내벽 중심선으로부터 발코니 끝선까지의 길이를 1.5m로 제한하여 서비스면적의 제공을 법적으로 규제하고 있는데, 방 하나에 발코니를 설치할 수 없도록 서울시가 조례를 만들어버림으로써 서울의 분양 아파트는 경기도에서 분양하는 아파트에 비해 약 1평 또는 그 이상의 손실을 보게 된 것이다.

단, 2008년 이전에 사업계획승인을 받은 아파트는 이런 조례 제한을 받지 않지만, 그 이후에 승인을 받은 아파트들은 서울시 조례의 적용을 받고 있다. 이런 조례가 서울시 아파트의 상품성 자체를 낮추고 있어 언젠가는 해당 조례가 철폐될 가능성이 높아 보인다. 그렇게 되면 그 시점에 다시 서울시 신규 아파트와 구 아파트 간의 구분이 만들어지게 되는 것이다.

더욱이 현재 서울시에서 분양되는 아파트들이 대부분 3Bay가 적용되고 있다는 점을 감안한다면, 경기도에서 분양하는 $59m^2$ 아파트가 서울에서 분양하는 $84m^2$의 아파트보다 실사용면적이 더 넓은 아파트의 탄생 역시 가능하다. 그런 면에서 현재 서울시 디자인 입면 조례 중 발코니 설치 제한에 대한 부분은 조속히 폐지되어야 할 악법이 아닐 수 없다. 잘못된 조례는 빨리 다시 바로잡는 것이 좋지 않을까?

7

판상형 VS 타워형

　일반적으로 판상형 아파트는 한일자의 모습을 하고 있는 아파트를 말하며, 평면도상 복도를 중심으로 남북 간 공간의 분리가 명확하고 남북 간 공간이 창으로 개방되어 있어 통풍에 유리한 구조이다. 타워형(탑상형) 아파트는 탑을 쌓듯이 ㅁ자 모양으로 위로 쭉 뻗은 아파트를 말하며, 주택의 발코니 구조가 'ㄱ'자 혹은 'ㄴ'자로 이루어져 있어 주방과 거실의 분리가 명확하지 않고 통풍에 있어서도 판상형에 비해 상대적으로 불리한 요소를 가지고 있다.

　이에 사람들은 타워형에 비해 판상형을 선호하는 현상이 강하며, 이러한 사람들의 선호 현상이 아파트 가격에 미치는 영향을 알아보고자 한다. 일단, 입주 2년차 아파트들의 거래가는 현실 가치가 반영되어가는 단계이어서 최소 4년 이상은 지나야 평면별 호불호가 나타나기 시작한다고 볼 수 있다. 즉, 입주시점까지는 분양가에 더 큰 영향을 받고 입주 이후로는 점차 시장의 원리에 따라 가격의 차등이 발생하기 시작한다. 사례를 통해 판상형 아파트와 타워형 아파트의 가격 차이를 알아보자. 첫 번째 샘플로 뽑은 아파트는 잠실 엘스이다. 총 5,678세대로 단일 단지로는 대한민국에서 열손가락 안에 들어가는 규모를 자랑한다.

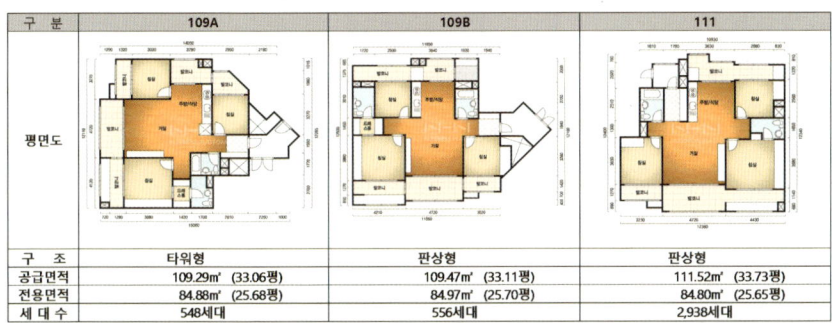

● 잠실 엘스

구 분	109A	109B	111
평면도			
구 조	타워형	판상형	판상형
공급면적	109.29㎡ (33.06평)	109.47㎡ (33.11평)	111.52㎡ (33.73평)
전용면적	84.88㎡ (25.68평)	84.97㎡ (25.70평)	84.80㎡ (25.65평)
세 대 수	548세대	556세대	2,938세대
2016년 실거래가 분석 (1~7월 전수조사 기준)			
총거래가	2,749,300만원	2,400,600만원	12,002,750만원
거래량	27건	23건	117건
평균거래가	101,826만원	104,374만원	102,588만원
회전률	4.93%	4.14%	3.98%

위의 사례 중 109A타입만 타워형이고 나머지 타입들은 판상형의 평면이다. 그러나 109A타입의 경우 판상형의 형태를 갖춘 타워형이다 보니 가격 격차가 심하게 발생되지는 않지만 여전히 타 평면에 비해 저렴한 거래가가 형성되고 있다. 2016년 1~7월 거래된 사례로 비교해 보면 타워형인 109A와 판상형인 109B 간에 발생되는 거래가 차이는 25.5백만 원으로 109A가 약 2.4% 저렴하게 거래되며, 109C 간에 발생되는 거래가 차이는 7.6백만 원으로 약 0.7% 저렴하게 거래되고 있다.

두 번째 샘플로 뽑은 아파트는 강동 롯데캐슬 퍼스트이다. 총 3,662세대 규모의 단지이며, 해당 단지는 평면도상 타워형과 판상형의 구분이 뚜렷하게 나타난다. 그 차이가 거래가에 미치는 영향은 어떠할까?

● 강동 롯데캐슬 퍼스트

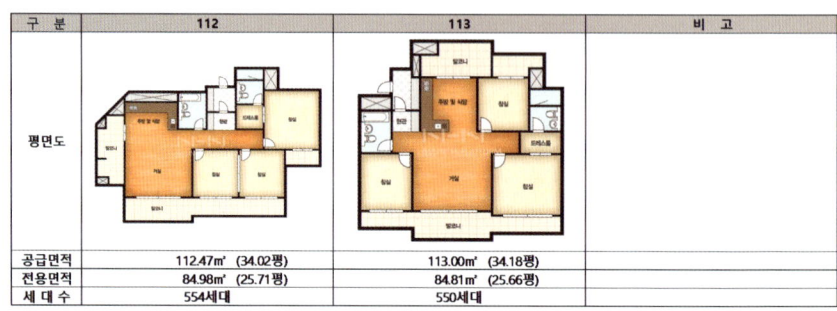

일단 롯데캐슬 퍼스트의 112타입은 타워형이며, 113타입은 판상형이다. 그런데 강동 롯데캐슬 퍼스트의 경우 일반적인 타워형과 판상형의 가격 격차보다 더 크게 나타난다. 원인은 해당 단지가 매도 우위냐 매수 우위냐에 따라 판상형과 타워형의 가격 격차는 더 줄어들 수도 있고 커질 수도 있는 것이다.

이 아파트의 경우 2016년 상반기의 흐름을 보면 매물이 많았던 반면, 매수 세력이 약하다 보니 선호도가 낮은 타워형의 가격과 선호도가 높은 판상형의 가격 격차가 높게 나타나는 것으로 파악된다. 2016년 1~7월까지의 평균 거래가를 보면 타워형인 112타입은 603백만 원 수준에 거래가 이루어지는데 반해, 판상형인 113타입은 648백만 원 수준에 거래되고 있어 그 차이만 약 46백만 원이 발생하고 있다. 즉, 타워형의 평균 거래가가 판상형의 평균 거래가 대비 93% 수준으로 약 7%나 거래가 차이가 발생하였다.

세 번째 샘플로 뽑은 아파트는 상암DMC 래미안이편한세상이다. 앞서 설명한 강동 롯데캐슬 퍼스트와 그 평면의 차이가 거의 흡사하다. 그럼에도 불구하고 해당 아파트 타워형과 판상형의 가격 격차는 그렇게까지 심하게 나타나지 않는다.

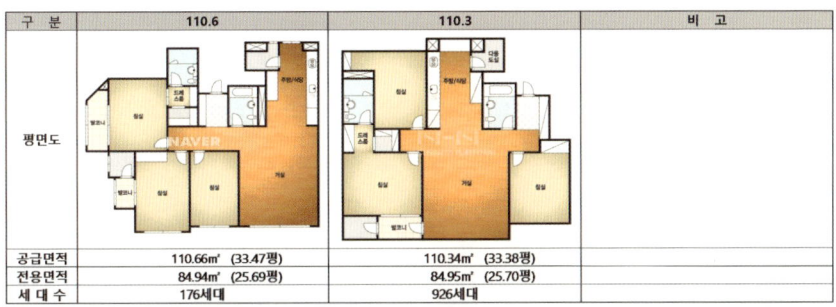

● DMC 래미안이편한세상

타워형인 110.6타입과 판상형인 110.3타입 간의 거래가 차이는 불과 천만 원밖에 발생되지 않고 있다. 판상형 대비 타워형의 가격이 약 98.2% 수준에서 거래되고 있는 것이다. 그 이유는 첫째, 해당 아파트 단지의 경우 아직 준공 4년차의 단지로 시장에 의해 만들어지는 거래가 보다는 분양가의 영향을 더욱 많이 받고 있다. 둘째, 2016년 상반기에 사람들의 관심이 집중되면서 매수세가 강하게 따라 붙으며 판상형, 타워형 구분 없이 매수세가 이어졌다. 그러나 해당 단지 역시 시간이 갈수록 타워형과 판상형의 가격 격차는 점차 벌어질 가능성이 높아 보이며, 투자이든 실주거이든 타워형 보다는 판상형이 보다 유리하지 않을까 생각된다.

결론적으로 판상형과 타워형의 가격 격차는 약 2~3% 수준으로 나타나고 있으며, 이 이상의 거래가 격차가 발생한다면 타워형에 대한 매수 역시 나쁘지 않은 선택으로 보여진다. 다만 판상형보다 타워형의 거래가가 높게 나타나는 지역도 분명 존재한다. 이유는 조망권 및 채광에 따라 타워형이 판상형에 비해 높은 평균 거래가가 나타나는 경우도 있으니, 평면은 아파트 구매시 마지막 요건으로 남겨 두고 조망, 채광 등을 우선적으로 고려하는 것이 중요하다. 최종적으로 판상형과 타워형의 가격 격차를 고려하여 아파트를 매수하는 전략을 갖는 것이 필요해 보인다.

3장

아파트 분양,
그것이 알고 싶다

1
모델하우스 안에서는 어떤 일들이 벌어질까?

2005년 1월 건설사에 입사하여 처음으로 받은 보직은 분양과 관련한 업무를 수행하는 부서였다. 분양과 관련한 업무에는 사업 수주시 해당 사업지의 분양성 조사와 더불어 분양 시점에 지자체에 입주자 모집공고 승인 신청과 그에 따르는 분양보증, 중도금 대출은행 섭외, 분양대행사 및 광고대행사 선정 그리고 분양가 책정, 분양계획 수립 등의 업무가 포함된다. 필자 역시 그 이전에는 건설과 관련해 어떠한 이해도 없었으나, 현업을 해 나가면서 다양하고 재미있는 경험을 많이 하게 되었다. 이에 그때 경험한 분양시장에 대한 여러 가지 이야기를 공유해 보려고 한다.

우리가 분양을 받을 때 필히 거쳐가는 모델하우스, 과연 그곳은 어떤 곳일까? IMF 이전에는 모델하우스에 있는 직원들 대부분은 시공사 직원이었다. 시공사 직원이 직접 분양상담과 접수 및 계약을 진행하였고, 거리 홍보 또한 시공사 직원들이 어깨띠를 둘러매고 전단지를 나누어주며 홍보하고 다녔다. 물론 그 당시에는 대학생이어서 정확히는 알 수 없으나, 이 이야기는 선배 직원들의 술자리에서 꼭 빠지지 않는 단골 소재의 하나였다.

지금의 모델하우스는 사뭇 달라졌다. 더 이상 모델하우스에서 시공사 직원은 찾아보기 힘들며, 눈에 띄는 관련 종사자들은 분양대행사 직원 2~3명 및 프리랜서 상담사들, 그리고 전문 모델회사에서 파견한 도우미들, 전화상담 전문 인력들, 마지막으로 열심히 신발 정리와 주차 도우미를 하는 알바생들이 전부이다.

분양대행사의 매출은 대부분 성공 보수로 분양 세대당 150만~250만 원의 수수료를 받는다. 아울러 지급 시점 또한 매월 정산을 해주는 개념이니만큼 어쩌면 해당 현장의 분양을 가장 소원하는 곳 중의 하나가 분양대행사이기도 하다. 그럼 먼저 분양대행사 직원의 역할을 알아보자. 분양대행사 직원 또한 계약자와 직접 상담을 진행하지는 않는다. 그들은 대부분 전략을 수립하는 역할을 담당하며, 모델하우스를 총괄 지휘하는 역할을 한다. 아울러 모델하우스 운용인력은 모두 분양대행사에서 관장한다. 따라서 시공사에서는 분양대행사 선정에 심혈을 기울이며 대부분 PT를 통해 분양대행사를 선정한다(이 또한 보여주기에 불과하기는 하다. 실제 시공사 직원이 직접 이런 역할을 수행할 수 있으나, 하지 않는 이유는 별도로 존재한다).

선정된 분양대행사는 모델하우스 건립 전부터 인터넷 및 지역 부동산, 언론사들을 상대로 영업을 진행하며 우리가 부동산 카페에서 흔하게 접하는 광고성 그래픽 파일들이 이들에 의해 유포된다고 봐도 무방하다. 분양대행사의 전략 중 재미있는 것의 하나는 모델하우스 내에서 약간의 꼼수를 쓰기도 한다는 것이다. 가끔 모델하우스에서 내부의 공간에 여유가 있음에도 불구하고 고의적으로 줄을 세우는 경우가 있다. 이유는 주변 동네의 홍보 효과를 극대화하기 위한 목적과 동시에 분양대행사 측에서 협상에 우위를 점하기 위한 목적이 있다. 즉, '지금 사람들이 이렇게 몰리고 있으니 청약을 신청해야 손해를 보지 않는다.'라는 이미지를 심어줌과 동시에 예비수분양자의 청약을 계약으로 안정적으로 이끌기 위한 수단인 것이다(단, 정말 사람이 몰리는 경우에는 안전상의 목적이 더 큼).

또한 모델하우스의 붐업을 위해 인력을 고용하기도 하는데, 인력 고용은 양로원 및 상황에 따라서는 전문 회사를 통해 진행된다. 이들의 역할은 모델하우스를 돌아다니며 해당 상품의 강점을 노출하는 역할을 진행하거나, 줄을 서서 마치 사람이 매우 많은 것처럼 연출하는 것이다. 만약 혼자서 온 사람이 연신 감탄하며 돌아다닌다면, 이는 한 번 의심해 볼만 하다. 모델하우스는 거의 대부분의 사람들이 혼자서 오는 경우는 극히 드물다는 점을 고려하면, 이 말에 대해 이해가 쉬울 듯하다(분양이 어려울 것으로 예상되는 현장에서 주로 사용됨). 또 하나 재미있는 것은 예상외로 모델하우스 붐업이 잘 될 경우 이렇게 고용된 인력을 경쟁 모델하우스로 보낸다는 것이다. 그곳에서 그들의 역할은 상품에 대한 트집을 잡는 것이다. "아~ 여기 이거 너무 촌스럽다. 이거 고장났네." 등등. 가끔 모델하우스 내의 품목들을 고의로 훼손시키는 경우도 있으니, 일반인들이 느끼는 것 이상으로 분양시장은 지저분하다(특히, 동시분양 현장에서 이런 상황이 종종 연출됨).

그럼 여러분이 만나는 상담사의 역할은 무엇일까? 그들의 역할은 사람들을 분양이 어려울 것으로 보이는 평형대로 유인하는 것이다. 하지만 그

들은 영업의 선수들로서 티 나게 그런 발언을 하지는 않는다. 은연 중 사람들이 해당 평형으로 마음을 먹게끔 유도하기 때문에 본인이 당하고서도 당한 사실을 인지하지 못하는 경우가 거의 대다수일 듯하다. 그들은 마치 자신이 시공사 직원인 듯이 명함을 파고 당신을 유혹할 테지만, 시공사에서는 그런 명함 사용을 승인해준 적이 없다. 다만 시공사에서는 암묵적으로 묵인하며, 해당 명함은 분양대행사에서 제작하여 상담사들에게 배포해준 것이다.

마지막으로 모델하우스 도우미가 있다. 그들은 모델 회사에서 공급하며, 중간에 모델하우스 전문 브로커들이 존재한다. 바로 도우미 실장으로 불리는 사람으로, 이 역할을 하는 사람 대부분이 여성이다. 해당 실장은 건설회사 혹은 분양대행사에 영업을 통해 선정되며, 도우미 1명당 하루 일당 약 20만 원 중 30~50%의 수수료를 챙긴다. 하나의 현장에서 약 10

명의 도우미를 고용하니 10일을 일할 경우 40%만 적용해도, 8만 원×10명×10일이니 10일간 발생 수익으로 약 800만 원을 챙기는 고수익 업종이다.

여러분은 이런 일련의 과정 속에서 모델하우스를 둘러보게 되며, 마치 상담사를 자신의 아군으로 착각하고 분양을 받게 된다. 정말 상담사에게 당하고 싶지 않다면 견본주택 내에서는 필요한 최소한의 질문만 하고 절대 어떤 평형이 반응이 좋은지, 어느 위치가 좋은지 등을 질문해서 정보를 취득하기보다는 직접 공부하는 것이 더 큰 도움이 될 것이라 확신한다.

2

시행사란 무엇인가?

아파트를 분양받을 때, 시행사가 어디인지를 따지는 사람은 거의 없다. 하지만 시행사는 매우 중요한 역할을 하는 실질적인 사업의 주체이다. 예를 들어 '나는 푸르지오 아파트 분양받아.'라고 말하지만 푸르지오는 시공사인 대우건설의 브랜드이며, 대우건설은 시행사로부터 도급을 받은 시공사로서 아파트를 시공하는 것 외에는 다른 역할은 하지 않는다.

계약자 관리, 입주관리, 민원 처리 등 모든 사업의 업무는 시행사가 진행하며 분양계약서상의 갑은 시공사가 아닌 시행사로 적혀 있을 것이다. 아울러 과대광고, 허위광고 등으로 민원을 넣더라도, 해당 업무는 시행사에서 진행하였기 때문에 시공사는 법적인 책임이 없으며 계약자 관리 또한 시공사에 전화를 걸어도 직접 진행하지 않는다. 물론 시행사와 시공사가 동일한 경우는 시공사가 모든 관리를 하며, 때로는 분양 및 입주관리 업무를 시행사가 시공사에게 위탁하는 경우도 있는데 이를 제외하고는 모두 별도의 법인인 시행사가 업무를 진행한다.

그럼 시행사는 무엇인가? 토지매입부터 시작하여 사업구상, 설계, 지구단위계획, 인허가, 시공사 선정, 분양 승인, 분양 진행, 공정관리, 준공관리, 입주관리 등 아파트가 완성될 때까지의 모든 업무를 수행하는 실질적인 디벨로퍼이다. 아울러 아파트의 마감재 수준까지 결정하는 곳이 시행사이다.

지금까지의 설명만 들어보았을 때, 시행사라는 곳이 정말 '돈이 많은 회사겠구나'라는 생각을 할 수도 있겠지만, 우리나라 대부분의 시행사들은 자본금 10억 안팎의 회사들이며, 직원 수도 10명 이상의 규모면 상당히 큰 시행사라 할 수 있다. 그런 회사가 어떻게 1,000억 원이 넘는 사업을 수행할 수 있는 것일까? 대부분의 시행사는 금융권으로부터 PF(프로젝트 파이낸싱) 대출을 받으며, 해당 대출은 시공사의 연대보증 혹은 책임준공보증으로 이루어진다. 시행사라는 개념은 1990년대 중반 DJ정권 시절부터 정립이 되었으며, IMF 이후 1997년부터 어마어마한 성장을 하게 된다. 시행 사업으로 떼돈을 버는 시절이 바로 1997~2006년 사이로 보면 될 것 같다. 토지만 확보하면 인허가를 받는 과정에서 주변 집값이 올라가고, 분양 승인만 받으면 돈방석에 앉을 수 있었으니 우리나라 시행업계의 황금기로 볼 수 있다.

시행사들이 무너지기 시작한 것은 2007년부터이다. 과거처럼 집값이 계속 오를 것을 예측하고 높은 가격에 토지를 확보했다가 집값이 정체되고, 주변 아파트 거래가 수준에 분양가를 맞추다 보니 사업수지가 낮아져 대출 원리금도 갚기 힘든 상황이 되어 의도적으로 회사를 부도내 버리고 형무소행을 택하는 시행사 사장들이 생겨나기도 했다.

시공사들 또한 빨간불이 켜지기 시작한 시점이다. 2007년 이후 시행사들이 무너지다 보니, 해당 대출에 대해 보증을 서준 시공사들의 신용도가 낮아지고 부도, 기업회생 혹은 워크아웃을 진행하게 되어 2007~2014년까지가 우리나라 시행사 및 건설업계의 암흑기로 보면 될 것 같다.

지금은 건설회사가 계열사로 시행사를 두는 경우도 많다. 이유는 건설회사가 할 수 없는 업무들을 처리하고 또한 경쟁률 높은 택지를 분양받을 때 낙찰 가능성을 높이기 위해서이다. 최근 급성장한 호반건설, 반도건설 등은 약 수십 개의 시행사들을 자회사로 두고 있다는 후문이 있으나 확인해 보지는 못하였다. 이러한 시행사의 역사까지는 알 필요가 없겠으나, 최소 아파트를 분양받을 때 시행사가 어떤 역할을 하는지 정도는 이해하면 도움이 될 것이다.

3

신문기사, 부동산면은 그냥 찢어버려라!

신문을 펼칠 때 부동산면은 아예 보지 않는다. 경제면에 부동산 관련 기사가 나와도 한숨만 나온다. 이 부분을 이해하려면 먼저 신문사의 수익구조를 알아야 한다. 신문사의 수익구조는 대부분 광고 매출에 의존하고 있으며, 구독자들이 납부하는 신문 대금은 신문사들의 제작 및 유통원가에도 미치지 못한다. 그럼에도 신문사들이 판매부수를 늘리기 위해 필살의 노력을 기울이는 것은 부수에 따라 광고 수수료율이 달라지기 때문이다. 그럼 신문광고 중에서 가장 비싼 광고는 어떤 광고일까? 삼성의 기업광고보다 비싼 것이 바로 아파트 광고이다. 같은 지면 같은 위치라도 아파트 광고라고 하면 신문사들이 부르는 광고료가 적게는 2배에서 많게는 수배로 올라간다.

또한 지역별로 신문사들 간 암묵적 광고 비율이 존재한다. 예를 들어 경상도에서 분양을 한다면, 광고 배분 비율은 XX신문사 ○○%, ○○신문사 ○○%, △△신문사 ○○% 등이다. 만약 내가 해당 지역 분양소장으로서 ○○신문사에는 광고 주기가 싫어 해당 비율을 무시하고 ○○신문사를 배제하고 광고를 진행한다면 큰 문제가 발생한다. ○○신문사에서 해당 현장의 문제점을 파고들어 기사화하기 때문이다. 각종 하도급 비리, 고분양가 논란, 특혜 시비 등 찾아내려면 얼마든지 찾을 수 있다. 결국은 분양에 영향을 미치기 때문에 건설사에서는 해당 비율에 맞춰 신문사들에게 광고를 진행하게 되는 것이다.

아울러 사람들이 신문기사는 무척 신뢰하기 때문에, 시공사 측에서는 신문기자들을 상대로 각종 접대를 하기도 한다. 일반적으로 분양을 시작하기 전에 지역 부동산들을 상대로 현장설명회를 진행하는데, 신문기자들에 대한 현장설명회는 일반적으로 골프장에서 이루어신다. 물론 시공사가 직접 기자들을 상대하는 것은 아니고 진행은 광고대행사가 맡는다(김영란법 시행 전의 이야기임). 광고대행사 본부장급이 부동산 담당 기자들에게 골프 접대를 하고 촌지를 나누어 주기도 한다(촌지 또한 신문사 등급별로 금액이 다르다).

자, 그럼 기자가 사무실에 들어와서 과연 신문기사를 좋게 써줄까? 아니다. 신문기자는 건설업체에 대해서 절대적인 "갑"이다. 일단 해당 신문에 기사가 노출되기 위해서는 건설사에서 광고를 의뢰해야 하며, 광고 의뢰가 들어오고 난 후에 신문기자는 건설사의 광고를 대행하는 광고대행사에 전화해서 기사를 작성해줄 것을 요청한다. 광고대행사에서는 '○○월 ○○일 몇 면에 나갈 기사'라면서 기사 초안을 잡아 시공사의 승인을 받는다. 그럼 해당 월일에 시공사가 승인한 신문기사가 토씨하나 틀리지 않고 그대로 나가는 것이다.

신문에서 분양성이 좋다고 써져 있는 기사는 결국 이처럼 아파트를 공급할 시공사에서 작성한 자료인 것이다. 지금 말하고 있는 내용은 부동산 특집면을 얘기하는 것이 아니다. 부동산 특집면은 말 그대로 시공사에서 작성하는 광고이며, 앞에서 언급한 내용은 부동산면에 있는 ○○○ 기자가 썼다고 나오는 일반적인 기사를 말하는 것이다.

신문의 부동산면은 그렇다 치고 경제면의 부동산 관련 기사는 어떠할까? 부동산부 기자보다는 경제부 기자가 그나마 양심적이다. 그들은 사회 현상을 보고 해당 현상이 과열되면 기사를 싣는다. 하지만 항상 늦는 것이 문제이다. 일반적으로 부동산 관련 전문가들의 예측보다 늘 3~6개월 늦게 기사가 나가며, 이미 누구나가 다 알고 느끼는 현상에 대한 내용만 기사에 실린다. 따라서 어느 지역이 유망하다고 해서 기사를 보고 투자를 한다면, 상투를 잡게 될 가능성이 높은 것이다. 누구나가 다 아는 내용은 이미 가치가 과열되어 있거나, 가격 반영이 다 이루어져 있기 때문이다.

어떤 신문사에서는 자사의 이름을 내건 추천 매물을 매주 기사화해 올린다. 하지만 과연 무료로 올려줄까? 결코 아니다. 이 또한 기사를 가장

한 광고이다. 건물주가 신문사에 일정 광고료를 지급하고 매각을 진행하는 것이기 때문에 주변 부동산 시세 대비해 높은 가격에 올라와 있는 것이 대부분이다.

마지막으로 부동산 정책 관련 기사는 어떠한가? 가끔 부동산 정책 기사를 읽다보면 신문사별로 문구 자체가 매우 유사한 경우가 있다. 같은 소재라 비슷한 내용의 기사가 나오는가 싶어 다시 읽어보면 문구들이 조사만 틀리고 내용과 순서가 거의 일치한다. 이유는 국토교통부 보도자료를 조사만 바꿔 그대로 올리기 때문이다. 차라리 남들보다 1, 2분이라도 먼저 정책 관련 기사를 접하고 싶다면, 그냥 국토교통부 홈페이지를 접속해서 보도자료를 읽어보면 된다. 앞으로 신문기사를 접할 때 어떻게 느낄 것인가? 신문기사의 달콤한 말에 속기 보다는 스스로 연구해서 판단하는 것이 가장 현명한 선택일 것이다.

4

들어는 보셨습니까?

| 떼분양 |

일반인 중에 떼분양이라는 말을 들어본 사람은 거의 없을 것이다. 건설업계에 발을 들여 놓은 이래 경험해본 마케팅 방법 중에 가장 인간의 허영과 욕망을 이용한 악독한 마케팅 수법이었다. 이런 마케팅 수법이 현재는 분양시장의 호황으로 잠잠해졌지만, 분양시장이 악화되는 시점에는 다시 등장하게 될 것이기에 알아두고 대응하는 것이 필요해 보인다.

떼분양은 당초에는 상가분양에 많이 이용되었지만, 2009~2011년까지는 악성 미분양 아파트 현장에서도 종종 이용된 방식이다. 그렇다면 떼분양이란 무엇인가? 최근에는 떼분양이 다른 많은 방식으로 진화하였으나, 최초에는 텔레마케팅에서 시작되었다. 부동산의 마케팅 방법 중에 텔레마케팅이라는 방법이 존재하는데, 대부분 정상적인 부동산을 판매하는 것이 아니라 미분양 상가나 기획부동산에서 판매하는 개발 불가능한 토지를 판매할 때 종종 사용하는 마케팅 수법이다.

이러한 마케팅은 계약 성사가 무척 어려운데, 이유는 텔레마케팅 업체에서 확보한 개인정보(대부분 불법)를 이용해 불특정 다수를 상대로 무작위 전화로 계약을 이끌어내기 때문이다. 이에 텔레마케팅에는 상당한 노동비가 투입되어야 하는 반면, 노동력의 투입 대비 계약의 성사 가능성은 낮아 알선 수수료율이 매우 높다. 따라서 이처럼 상당한 비용을 들이면서까지 매도를 해야 하기 때문에 판매가 잘 되는 좋은 물건은 애당초 텔레마케팅을 통해 나오지 않는다고 봐도 무방하다. 대략적으로 수수료율은 판매가 대비 약 5~20% 수준으로 다양하다. 예를 들어, 5억 원짜리 주택 한 채만 팔아도 수수료율이 10%일 경우 5,000만 원이 떨어지는 것이다.

떼분양의 시초는 바로 텔레마케팅이었다. 일반적인 텔레마케팅 업체는 5~20명의 소수정예로 움직이는데 반해, 떼분양 업체는 약 100~300명의 텔레마케터들을 동원한다. 또한 기존의 텔레마케팅은 그나마 전문성(?)이 있는 집단에 의해 조직이 구성되고, 자신들이 하는 업의 성격을 알고 있는 사람들로 이루어졌다. 이에 반해 떼분양 업체에서는 취업공고를 내고 신입사원으로 채용한 상태에서 간단한 교육을 마치고 바로 영업 현장에 투입한다. 영업 현장이라고 해봤자 다닥다닥 붙어있는 0.5평도 안 되는 좁은 공간에 있는 책상 하나, 전화기 한 대가 전부이다.

이때 떼분양에 투입되는 인력들은 대부분 취업준비생들로서, 취업에 수차 낙방하고 인터넷상 떼분양 마케팅 업체의 취업공고를 보고 찾아오는 사람들이 주를 이룬다. 아울러 떼분양 마케팅 업체에서는 각종 감언이설로 이들이 업무를 진행하도록 유도한다. 대표적인 유인책이 여기서 실적 쌓으면 시행사 직원으로 채용시켜 준다는 것과 연봉 1억 원 이상 벌 수 있다는 것이다. 모두 현실성 없는 내용들이나, 힘든 취업으로 몸과 마음이 지친 취업준비생들은 미끼에 속아 영업 현장에 나서게 되는 것이다. 또한 처음에는 연봉제인 것처럼 이야기를 하지만, 결국은 모두 성과급제로 돌려 버린다.

그렇게 영업 현장에 몰려진 신입 텔레마케터들은 신세계를 경험한다. 자신의 눈앞에서 한달만에 1~2억 원씩 벌어가는 사람들을 직접 목격하게 되기 때문이다. 사실 이는 떼분양 마케팅 업체의 연출일 뿐이다. 텔레마케팅 업체에서는 매주 혹은 격주로 최고의 성과를 낸 팀에게 전 사원이 모인 앞에서 포상을 해주며, 최고 실적을 올린 사원에게는 포상금(약 1,000만원 이상)을 지급한다. 아울러 가끔은 명품백, 명품시계, 외제차 등을 보너스로 걸고 최고 판매 사원에게 해당 보너스를 선사하여 직원들의 경쟁심을 자극한다.

자, 그럼 그들의 조직구성은 어떤 방식으로 이루어져 있나? 사장은 있으나 사원들은 사장의 얼굴을 알지도 못한다. 아울러 그 아래에 본부장이 있다. 본부의 인력은 약 30명 수준으로 많게는 10개 본부까지 운영한다. 그 밑으로 팀장이 존재하며, 팀은 약 3~6팀으로 구성되어 있다. 여기서 팀장의 역할은 직접 전화로 영업을 하는 것이 아니라 팀원들을 교육시키는 것이 주이다. 전화를 걸 때 어떤 말을 써야 하며, 어떤 말을 피해야 하는지부터 시작하여, 설득의 심리학, 언어의 악센트, 말의 속도, 완급조절 등 처음에는 나름 전문성(?)을 배양시켜준다. 그러나 어느 정도 시간이 지나도 실적이 늘지 않으면 팀장은 팀원에게 주변 지인을 통한 마케팅을 종용한다. 처음에는 누구나 그렇게 시작하는 것이고, 한 건이라도 실적을 올리면 다음부터는 자연스럽게 계약이 따라온다는 등 마치 직원 자신을 위한 조언인 양 압박을 진행해 간다. 또한 상품의 가치가 정말 높아 지인에게 팔더라도 나중에 고맙다는 이야기를 들을 것이라며 개개인의 허영에 부채질을 한다(만약 안 되더라도 팀장이 직접 피받고 전매를 해준다는 거짓말이 포함됨). 그러면 어느 정도 설득된 신입사원은 부모를 포함하여 일가친척들을 상대로 해당 부동산을 팔기 시작한다. 세상 물정을 잘 모르는 부모들 또한 아들 혹은 딸이 취업한 것에 기뻐하며, 자녀가 추천하는 물건에 대해서 남도 아닌 자식인데 설마라는 생각을 하며 쉽게 계약을 체결해 주고, 부모들이 오히려 주변에 자신이 부동산 투자한 것을 자랑하며 사람들을 끌어 모은다. 결과는 누구나 알 것이다.

아울러 실제 판매를 진행한 사원들은 큰돈을 만지지도 못한다. 총 매출액 대비 판매 사원에게 떨어지는 것은 약 1% 수준에 불과하다(5억 원 판매 기준 약 500만 원). 나머지 90%(4,500만원)는 팀장, 본부장, 그리고 사장 선에서 나누어 먹는 구조이다(단, 팀장도 큰돈을 만지지 못하며, 실제 본부장급 이상이 돈을 버는 구조이다). 그러다 보니 본부장급은 명품옷에 수억 원을 호가하는 외제차를 몰고 다니며 직원들에게 과시하고, 사원들은 나도 미래에 저런 사람이 되어야지 라는 헛된 꿈으로 더욱 상품 판매에 열을 올리게 되는 것이다. 이와 같은 떼분양으로 과연 판매가 잘 이루어질 수 있을까 의문이 드는 사람들도 많을 것으로 예상되나, 마케팅 전문성을 가진 사람들의 감언이설은 일반인의 상상을 초월하며, 한 번 걸려들게 되면 그들이 심어준 상상의 세계에서 헤어 나오게 되는 순간 자신이 써준 계약서에 대한 대가를 치러야 한다. 물론 지금은 부동산시장 호황기가 도래해 이런 떼분양 업체를 찾는 건설사들도 사라졌다. 하지만 다시 한 번 부동산시장에 불황이 도래하거나 상품성이 좋지 못한 부동산을 팔아야 할 때는 떼분양이 동원될 것이다. 이런 떼분양의 속성을 알고 현명히 대응해야 할 것이다.

| 통매각 |

통매각이라는 용어 또한 매우 생소할 것이다. 하지만 부동산 관련 금융권 및 부동산 고수들 사이에서는 한때 통매각이라는 방법으로 매우 높은 고수익을 달성했던 것이 사실이다. 통매각이 무엇이며 어떤 방식으로 이루어지는가를 알고 나면, 부동산을 바라보는 시각이 한층 높아질 것이다.

필자는 항상 경기 사이클을 강조한다. 특히 부동산의 경우 가치가 올라가는 일이 생기면 반드시 내려오는 일이 생기며, 내려가는 일이 생기면 반드시 다시 올라간다. 이러한 원리는 해방 이래 70여 년간 변함없이 이어져 왔으며, 앞으로도 이어져갈 것이므로 해당 사이클을 의심할 필요는 없을 듯하다. 2007년부터 2012년까지 약 5년간은 대한민국 부동산의 암흑기였다. 물가는 매년 2~3%씩 올랐으나 아파트 가격은 2~3%씩 떨어졌으니, 그 누구도 아파트에 손대려 하지 않았으며 이 시기에 분양을 진행한 건설사들은 고전을 면치 않을 수 없었다.

이때 이러한 건설회사의 약점을 이용하는 세력이 발생했는데, 이들이 바로 통매입 세력이다. 처음 시작은 강남 부자들 간에 계와 같은 형식으로 아파트 미분양 사냥에 나선 것이다. 준공 시점 미분양분 수백 세대를 일시에 인수하는 것으로, 인수 조건은 분양가 대비 40~60% 할인한 상식적으로 이해할 수 없는 거래를 제안해 나갔다. 이러한 거래가 상식선에서는 이루어질 수 없는 거래이나, 당시 건설사들이 유동성 위기로 부도가 나느냐 마느냐의 상황에서는 물불을 가릴 형편이 아니었으며, 통매입 세력은 건설회사의 이러한 약점을 공략한 것이다. 이후 이 세력에 강남의 일부 부유층과 제2금융권까지 합류하게 되었다. 제2금융권은 한술 더 떠서 부동산 리츠를 통해 합법적으로 양도세를 줄이는 구상까지 만들었으니, 참으로 대단한 대한민국인들이다(해당 리츠 또한 최소 투자 단위가 20억 원 이상이었던 만큼 강남권 일부 지점에서만 이루어진 것으로 알고 있다).

이 시기에 통매입을 한 사람들은 케이스별로 다르겠지만, 5년간 투자로 약 200% 이상의 고수익을 실현했을 것으로 보인다. 다행히도 필자가 속한 회사는 자금력이 튼튼한 회사여서 통매각을 진행해 본 사례는 없으나, 일반인들이 익히 아는 아파트 브랜드 중의 상당수는 해당 통매각 경험이 있을 것이다. 통매입으로 주택을 매입한 세력은 주택임대사업자 등록을 통해 장기 보유를 진행한 곳도 있고, 1~2년간 보유하다 매각한 곳도 있었다. 장기로 통매입 아파트를 보유한 매입 세력은 그나마 부동산시장에 영향을 많이 끼치지는 않았으나, 단기로 매각을 진행한 매입 세력은 해당 지역 부동산시장을 초토화시키는 역할을 했음은 굳이 설명하지 않아도 알 수 있을 것이다. 통매입은 준공 전 분양권 매입으로 국토교통부 실거래가 조회에 뜨지 않았으나, 그들이 해당 물량을 약 20% 할인된 수준에 시장에 재매각할 때는 준공 후 시점으로 실거래가가 조회되어 해당 지역은 부동산가격 폭락에 대한 공포가 몰아치고 주변에 아파트를 가진 사람들조차 두려움에 자신의 집을 매물로 내놓으니, 나비효과와 같이 해당 지역의 부동산시장을 혼돈으로 몰아넣은 것이다.

이런 현상은 2008~2010년 횡횡했으니, 당시의 부동산 폭락은 어쩌면 당연한 수순이었는지도 모른다. 다만 이러한 내막을 알지 못하고 공포에 휩싸여 덩달아 아파트를 매물로 내놓은 사람들은 지금 땅을 치며 통곡할 노릇일 것이다. 단, 지금 언급한 것이 부동산 폭락의 주된 이유는 아니겠지만 국지적으로는 부동산 폭락에 상당한 역할을 한 점은 부정하기 어려울 것이다.

그럼 지금도 이런 일이 벌어지고 있을까? 다행스럽게도 현재는 대부분의 부실 건설사들이 정리되어 가고 있으며, 3~5년 전부터 통매각을 진행한 현장은 감지되지 않고 있다. 또한 분양 주체들이 2009년에서 2012년까지만 해도 분양가를 무조건 주변 아파트 시세와 맞추거나, 아니면 주변 시세보다 싸게 공급해야 한다는 강박관념이 강했으나, 2년 전부터는 해당 공식이 완전히 무너지고 부동산 경기는 활황기였다. 하지만 앞서 언급했다시피 부동산이 상승하면 다시 하락의 시점이 올 것이고, 그 하락의 시점이 도래될 때 이런 통매각은 대한민국 부동산시장에서 다시 재연될 수도 있을 것이다.

5

대한민국 부동산 전문가를 말하다

 회사에 사표를 제출하고 나오는 시점에 그동안 친하게 지낸 상사와 술자리를 가졌다. 왜 회사를 그만두려 하냐는 질문에, B to C 컨설팅을 기획하고 있으며, 대한민국 최고의 부동산 전문가가 되고 싶다는 포부를 밝혔다. 돌아온 대답은 "너도 사기꾼 대열에 합류하려는 거냐?"였다. 그렇다. 건설회사에서 부동산 전문가들을 지칭해서 하는 말이 사기꾼이다.

 여러분은 어떻게 생각할지 몰라도, 건설회사에서 부동산 업계를 바라보는 시각은 명확하다. 대한민국에는 일반인을 위한 부동산 전문가는 없다고 봐도 무방하다. 그나마 대한민국의 부동산 산업을 연구하는 기관으로 건설산업연구원과 주택산업연구원이 있으며, 주택의 수요와 공급 그리고 주기에 대해 연구를 하여 나름 내공을 갖추고 있다. 그러나 그들은 여러분을 위해 일하는 존재들이 아니다. 그들은 한국주택협회와 대한건설협회에 소속된 연구기관이며, 해당 협회의 돈줄은 건설회사들이 쥐고 있다. 아울러 그들은 충실하게 건설회사들을 위해서 일해야 하는 존재들이다. 따라서 되도록 건설회사들의 구미에 맞는 연구보고서가 만들어지며, 일반인들을 위해 필요한 객관적 자료들은 기대하기 어렵다.

　부동산 전문가들은 어떠한가? 일례로, 대한민국 최고의 부동산 전문가로 이름을 날렸던 사람이 있었다. 국토교통부 부동산 자문위원을 할 정도로 높은 위치에 오른 사람이며, 언론사들의 사랑을 받았던 입지전적 인물이었다. 또한 현재도 정부기관의 자문위원을 맡고 있다. 이 사람의 부동산 노선은 선대인씨와는 정반대의 노선으로 항상 부동산이 상승한다고 주장한다. 더 재미있는 것은 이 사람의 과거 전력은 통신회사 부장 출신이라는 점이다. 그렇다면 어떻게 대한민국 최고의 부동산 전문가라는 자리에 올랐을까? 이 사람이 이용한 것은 바로 대한민국 언론사였다. 이 사람은 신문지상에서 못지않게 화류계에서도 유명했던 인물이다. 메이저 신문사 부동산 담당 기자치고 이 사람과 술을 마시지 않은 사람이 없을 정도라는 정평이 나있으며, 촌지와 술상무로서의 역할은 가히 타의추종을 불허한다는 평이 있었다. 메이저 신문사 수습기자에게조차 돈 봉투와 함께 90도 인사를 하는 등 그의 성공을 위한 열정은 대단하였으며, 그 결과 부동산에 관심 있는 사람치고 이 사람의 이름을 모르는 사람이 없다고 해도 과언이 아니다.

　부동산에 일면식도 없는 사람이 갑작스레 부동산 전문가로 탈바꿈해 신문지상에 이름이 오르내리며, 2000년대 초 한때 강부자들 사이에서 부동산업계의 배용준이라는 칭호를 붙이고 다니기도 하였다. 아울러 대한민국 팔도를 돌며 무료로 부동산 강연회를 열고 다녔으며, 그의 강연을 듣기 위해 수백, 수천 명의 사람들이 모였다. 하지만 정말 무료였을까? 그의 부동산 강연을 듣는 사람들은 물론 무료로 그의 강연을 들었다. 하지만 그의 입장에서는 한 번 강연할 때마다 적게는 수천 많게는 억 단위의 사례금을 받으며 강연을 하고 다닌 것이다. 필자 또한 해당 인물에게 수천만 원의 거금을 들여 강연회 스폰서가 되어준 적이 있었다. 그 조건은 부동산 강연을 하면서 우리 회사 매물을 홍보해 달라는 것이었으며, 그는 부동산 강연 도중 유망 부동산 매물로 우리 아파트 미분양 현장을 홍보해 주었다. 결과는 탁월했다. 그의 강연 덕분에 미분양 적체 물건 수십 채가 한꺼번에 나갔기 때문이다. 이것이 여러분이 알고 있는 대한민국 부동산 전문가의 현주소이다.

지금도 유명세를 타기 위해 부동산 전문가들은 어떻게든 언론사 기사와 친분을 만들어보고자 각종 술 접대와 돈 봉투를 준비하고 있다. 그리고 술자리 몇 번 갖고 나면, 신문사들은 그 전문가들이 작성한 기사를 그대로 신문지상에 올려준다. 물론 그 전문가의 이름에 대한 홍보는 필수적이다. 더욱이 2000년대 중반 이후에는 분양대행사 사장들이 부동산 전문가라고 신문지상에 이름을 올리기 시작하니, 건설회사 실무자들 입장에서는 기가 찰 일인 것이다. 실무를 진행하면서 시장조사하는 방법도 몰라 사원 대리급에게 쪼인트 당하며 시장조사를 배웠던 분양대행사 사장들이 어느새 신문에 이름을 올리고 방송을 타고 있는 것이다.

자, 그럼 정말 대한민국에 부동산 전문가들은 없는 것인가? 물론 대한민국 최고의 전문가들은 존재한다. 하지만 그들이 있는 곳은 바로 건설회사 혹은 회계사, 컨설팅사 등이다. 필자가 근무했던 건설회사의 사장은

2012년 부동산 바닥론을 정확히 예측하였으며, 2013년 청라의 부활을 예측하였다. 그리고 그가 예측한 부동산 시황은 대체로 현실로 나타났다.

그들이 미래를 예측할 수 있는 근거는 무엇일까? 경험이다. 연간 수만 가구를 매도하고, 전국의 부동산 동향을 몸소 체험하며, 불황기 및 호황기의 부동산 변화를 모두 경험하였다. 그리고 그런 자료들을 모두 데이터화 시켜놓고 있다. 아울러 수억 원의 연봉을 받으며 이곳저곳의 대표로 팔려 다닌다. 일반인들이 부동산에 대한 정확한 정보를 얻을 수 없는 이유가 바로 그것이다. 여러분에게 무료로 고급 정보들을 공유해 줄 사람은 없다. 바로 정보의 불평등은 돈에서 발생되기 때문이다. 하지만 대다수는 부동산 정보를 얻기 위해 돈을 지불할 여유가 없으며, 무료 정보를 얻다 보니 결국은 위에서처럼 이용해 먹기 위한 저급한 정보들만 접하게 되고, 그러한 저급 정보들을 바탕으로 부동산이라는 어려운 퍼즐을 맞추려다 보니 그 퍼즐은 맞을 수 없는 게임이 되는 것이다.

이제 부동산 전문가들을 바라보는 시각을 어떻게 가져야 할지 고민해 보자. 과연 내가 가지고 있는 정보는 나를 이용해 먹기 위한 제3자에 의해 가공된 자료는 아닐까? 이를 판독하는 방법은 한 가지 밖에 없을 듯하다. 바로 나의 능력을 키우는 것, 그리고 스스로 현명한 선택을 할 수 있도록 지적 수준을 끌어올리는 것, 이것이 바로 아포유가 지향하는 첫 단계이다.

6

견본주택 마감재의 진실

2005년경에 근무했던 회사에서 있었던 실화를 다소 각색해서 이야기해 보고자 한다. 지방의 한 현장에서 동시분양으로 현진종합건설과 붙은 적이 있었다. 그러나 놀랍게도 결과는 대참패였다. 이에 사장으로부터 불호령이 떨어졌다.

"아니 도대체 왜 현진 따위한테 깨진 거야?"

공부가 되지 않은 설계본부장이 우선 당장을 모면코자 어설픈 변명을 한다.

"현진종합건설의 세대내 마감 수준이 우리에 비해 우월합니다. 웬만한 곳이 대리석 시공이며, 실크벽지보다는 보드마감, 그리고 과감한 빽페인트글라스를 적용하여 시공단가가 우리에 비해 우월합니다."

그 말을 들은 사장은 설계본부가 아닌 구매본부장에게 지시한다.

"구매본부장, 당신이 현진 마감리스트 구해서 우리 거랑 단가 비교해봐. 마감 수준은 우리가 업계에서 높은 수준 아니었어? 마케팅팀장, 너는 주부모니터단 준비해서 현진의 모델하우스 전부 돌아봐. 그리고 평가점수 뽑아. 이상 2주후 영업회의까지 결과 정리해서 보고해."

2005년 현진에버빌 브랜드는 전성기를 맞이하던 시점이었다. 다만 회사는 항상 예측을 벗어난 행보를 이어갔는데, 단적인 예가 회사의 얼굴이 되어주는 모델의 기용이었다. 당시는 최고의 미녀 배우들을 모델로 하여 마케팅을 펼치던(푸르지오/김남주, 자이/이영애, 래미안/장서희 등) 시점이었는데, 현진종합건설에서는 탤런트 노주현을 내세워 광고를 진행하여 놀랍게도 마케팅 효과가 상당히 높게 나타난 것이다. 이를 보고 따라한 것이 바로 경남기업 배용준, 대주건설 정준호, 신구건설 신구 등이다(단, 남자 배우를 기용한 회사 중에 지금 남아있는 곳이 별로 없다. 건설업계에서 남자 모델을 기용하는 것은 금기시 되고 있다). 또한 기존과는 다소 다른 평면으로 분양시장에서 센세이션을 일으키니, 웬만한 지방 시장을 석권해 나가기 시작했다.

이처럼 사장의 언짢은 심기가 임원들까지 긴장시켰고, 이에 마케팅팀 전원과 구매본부는 2주간 철야에 돌입하기 시작한다. 구매본부는 하도급 업체들을 닥달하여 현진에버빌과 동일한 마감재 리스트를 만들고, 불안해진 설계본부장 역시 가만있지 못하고 나름 별도로 스터디를 시작한다. 마케팅팀은 전국에 있는 현진 모델하우스들을 파악해 버스를 대절해서 주부모니터단을 이끌고 무작정 모델하우스로 쳐들어갔다. 사장의 명을 받은 지 2주가 되어가는 시점에 다소 놀라운 결과가 나타났다. 마케팅팀의 분석 결과는 예상대로 우리 회사의 완패였다. 주부모니터단은 현진의 마감 수준을 훨씬 고급스럽다고 높게 평가했으며, 당사에 대한 만족도는 6.8점으로 나타난 반면 현진의 마감 점수는 8.6점으로 현진종합건설의 완승이었다. 설계본부 역시 평면 등을 비교해가며 현진이 더 높은 시공단가가 발생될 수밖에 없다는 정당성을 확보해 놓았다.

그러나 구매본부의 조사 결과는 모두의 예상을 뒤엎었다. 당사의 마감재 수준이 현진의 마감재 수준보다 월등하게 높게 나타났기 때문이다. 현진에서 시공한 대리석 타일들은 대부분 대리석이 아닌 폴리싱타일이었으며, 폴리싱타일 중에서도 저렴한 타일을 적용시킨 것이었다. 또한 강화마루 역시 당사의 품질보다 2단계 정도 낮은 제품을 사용하고 있었으며, 새시 역시 브랜드 제품을 사용하고 있었으나 브랜드 중에서도 저렴한 수준의 새시를 사용하는 것으로 나타났다. 이로 인해 설계본부장이 경질될 것은 피할 수 없는 일이 되었다. 그것도 건설회사에서 십수 년을 근무해 왔던 사람들조차 현진종합건설의 마감 수준이 더 높다고 판단했는데, 직접 마감재 리스트를 뽑아 대조해본 결과는 그들의 경력을 부끄럽게 만들었으니 놀라운 일이 아닐 수 없었다.

결과론적으로 전문가도 잡아내지 못하는데, 과연 일반인들이 모델하우스 잠깐 돌아보고 마감재가 어디가 더 우수한지 구분해낼 수 있을까? 새시도 여러 단계로 나뉘며, 마루·벽지·타일 대부분이 등급이 나뉘어져 있으며, 일반적으로 시공사에서 제공하는 수준은 중급 혹은 그 이하의 등급을 사용한다. 가전제품 역시 LG나 삼성 등을 사용하는 경우는 극히 드물며, 동양매직 혹은 쿠스한트 등 아파트 전문 공급업체들의 제품을 사용한다(단, 추가적으로 돈을 받고 제공하는 옵션 항목들은 고급 브랜드 사용). 즉 1~10단계까지 있다면 대부분 5~6등급 수준의 마감재를 사용하는데, 이를 소비자가 눈으로 보고 어떤 것이 더 고급이라고 판단한다는 것은 불가능에 가깝다. 더욱이 사람들이 현진에버빌의 견본주택을 보고 더 고급스럽다고 느낀 이유는 다른 곳에 있었다. 우리가 견본주택을 볼 때, 마감재가 고급이다 아니다를 구분하는 기준은 무엇인지부터 되돌아봐야 할 듯하다.

　대부분의 사람들은 여기저기 많은 아트월이 적용되어 있으면 고급이라고 인식하는 경향이 있다. 또한 도배지보다 인테리어 필름을 이용한 데크 시공을 고급이라 판단한다. 거실의 우물천장을 보기도 하며, 거실 천장등, 주방 천장등의 모양을 살피기도 한다. 혹은 벽지의 재질 및 색상을 살피기도 하며 고급에 대해 논한다. 한술 더 떠 몰딩까지 보는 소비자들이 있는데, 여기까지 보는 소비자라면 스스로 자신의 안목이 높다고 자부할 것이다. 천장과 벽 사이에는 몰딩이 들어가는데, 그 몰딩의 두께가 두껍고 많은 문양이 들어갈수록 단가가 비싸진다.

　현진에버빌의 경우 현관 복도에서부터 자체적으로 아트월을 제작해서 시공을 해주었고, 주방과 복도 사이의 벽들에도 문양이 있는 데크를 시공함으로써 상당히 고급스럽게 표현을 하였다. 또한 거실 아트월에는 폴리싱타일이 시공되었으나, 대리석 타일과 구분이 어려울 정도로 수준 높게 설치되어 있었다. 특히 거실 바닥과 주방 바닥을 대리석 타일(?)로 시공함으로써 고급스러움을 한층 높였으며, 거실 천장에는 화려한 엔틱형 크리스탈등을 설치하는 등 일반적인 건설회사에서 보여주는 정도 그 이상을 구현하였다. 여기에 천장과 벽의 이음새를 연결해 주는 화려한 몰딩으로 사람들의 시선을 사로잡았으니, 누가 봐도 현진의 마감 수준이 높아 보이기 마련이었다.

그럼 마감재에 대해 알아보자. 우선 가장 덩어리가 큰 부분은 단연 새시라 할 수 있다. 새시는 아파트 마감재 중에서 가장 고가의 마감 사양이며, 새시가 아파트의 단열과 방음을 책임지고 있다고 해도 과언이 아니다. 일반적으로 40~70억 원 사이의 고급빌라(한남동, 청담동, 성북동 등)에 적용되는 새시는 발코니 한 곳당 들어가는 비용만 수천만 원씩 소요되기도 한다. 2000년대에는 리모컨으로 새시의 개폐를 조절하는 전동 새시가 나왔는데, 이제는 음성인식을 통한 개폐조절까지 가능하다고 하니 새시의 등급 격차에 대해서는 누구도 부정하지 못할 듯하다. 물론 공동주택을 만들면서 그런 고급 새시를 사용하는 곳은 없을 것이다.

공동주택에 적용되는 새시에는 등급이 있다. 그렇다면 일반인이 해당 등급을 구분할 수 있을까? 사실 등급은 있지만 그 등급이 새시 자체의 등급이 아니라 바로 새시를 구성하는 소재들에 대한 등급이기에 일반인들은 그 등급을 알 수 없다고 단언할 수 있다. 또한 새시의 경우 OEM 생산방식으로 대부분 지역 대리점에서 직접 생산하는 경우가 많으며, 대기업에서 생산하는 것이 아니기에 일반인들이 생각하는 것과 차이가 있다.

새시의 제조 공정은 프레임(유리고정대) 커팅 작업을 거쳐 필름지 래핑 후 다시 조립작업을 하는데 LG나 KCC, 한화 등과 같은 대기업의 역할은 바로 프레임을 제공해주는 것이다. 즉, 새시를 제작하는 업체는 개인사업자 차원에서

아파트에 납품되는 새시를 제작하는 대리점의 전경

제작이 이루어지고, 대기업은 단지 새시의 프레임만 팔고 브랜드를 붙여주는 것이 전부이다. 따라서 새시는 브랜드보다 대리점의 역량이 품질을 좌우한다. 즉 경험이 많고 숙련된 공장일수록 제조단가가 올라가며, 경험이 적고 불량률이 많은 대리점일수록 제조단가가 낮아진다. 따라서 새시는 싸게 공급받는다고 좋은 업체일 수 없다. 하지만 일부 회사들의 경우 이러한 과정에 신경 쓰지 않고 단가만 낮추려다 보니, 새시 제조 공정 기간은 짧아지고 짧아진 제조 공정 기간만큼 정밀도는 떨어져 새시의 틈이 벌어지고 단열 및 방음 역시 상대적으로 떨어지게 되는 것이다.

이러한 새시의 적정 시공 여부를 검증하는 방법은 새시를 모두 잠근 상태에서 손잡이와 반대편 창틀을 잡고 좌우로 흔들어보면 나타나는데, 이때 이격 간격이 거의 느껴지지 않는다면 시공이 매우 양호한 수준이며, 이격의 느낌이 많이 나타난다면 다소 등급이 떨어지는 것으로서 단열 및 방음이 상대적으로 떨어질 수 있다. 실제 건설회사에서 하도급업체의 시공수준을 검증할 때 사용하는 방법이기도 하다(단, 이는 마감 수준의 지표에 불과하며 불량은 아님).

위의 사항을 사전에 검증하는 방법은 실제 모델하우스 시공시에 해당 아파트를 시공하게 될 대리점에서 새시를 제작해 와 모델하우스에 시공하기에 견본주택에서 위의 검증법을 미리 시행해 보는 것도 나쁘지는 않을 듯싶다(단, 업체마다 모델하우스 시공에 대해서는 차이가 있을 수 있어 100% 적용 가능한 검증법이라고 말하기는 어려움).

아울러 고급 주거 타운에는 한화, LG 지인, KCC창호 등의 제품이 사랑을 받고 있지 못하다. 반면 이건창호 등 다소 생소한 업체들이 고급 주거 타운을 석권하고 있으며 한남동, 성북동, 청담동 등의 고급 주거 타운에서는 해외 새시를 직접 수입해서 사용하기도 한다. 즉 LG, KCC, 한화 새시 등이 대한민국 고급 주거 시장에서는 인정받지 못하는 브랜드라는 것을 단적으로 보여주는 사례이다.

그럼 새시의 등급은 어떻게 나뉠까? 새시의 프레임 즉 유리고정대의 종류(알루미늄, 하이새시, 시스템창호)에 따라 등급이 나뉘며, 유리의 두께에 따라 다시 등급이 나뉜다. 아울러 손잡이 디자인과 같은 경우 옵션에 불과하기에 핸들디자인을 보고 새시의 고급 여부를 판단한다는 것은 어불성설이다. 유리는 다시 18mm, 22mm, 24mm, 35mm 페어유리로 숫자가 점점 높아지는데 해당 숫자가 높아질수록 방음 및 단열도가 올라간다. 18mm 페어유리는 5mm 유리창 두 개의 사이 공간(공기층)이 8mm가 들어가게 되어 총 18mm가 되는 것이며, 22mm 페어유리는 6mm의 유리 두 장 사이에 10mm의 공기층을 두고 있는 것으로써, 유리의 두께와 공기층이 넓어지면 넓어질수록 고급새시에 속하게 된다. 그런데도 일반인들이 마감을 평가하면서 새시는 보지도 따지지 않고 몰딩, 아트월에 집착하고 있으니 소비자들의 권리는 그만큼 줄어들고 있는 것이 아닐까? 눈에 보이는 것보다 눈에 보이지 않는 것이 오히려 삶에 더 밀접한 관계가 있다.

앞으로 견본주택에 방문한다면, 새시의 유리 두께 정도는 물어봐 주는 센스를 가져보자. 못 알아듣더라도 그냥 물어보는 것만으로도 세상은 바뀔 수 있다. 적어도 시공사 입장에서 긴장을 하게는 될 테니 말이다. 일단, 내측 유리 기준으로 22mm의 페어유리라 하면 기본 수준(거의 대부분 22mm 수준 예상)이라 생각하면 될 것이고, 그 이상의 두께로 들어갈수록 고급이라 볼 수 있다. 아울러 하이새시보다는 시스템창호가 비싸다고 보면 된다. 또한 일반적으로 고층 주상복합의 새시가 일반 아파트에 비해 훨씬 가격대가 높아진다는 점(사업 승인 조건이 보다 까다롭기 때문)은 상식으로 알아두고 있어도 좋을 듯하다. 또한 새시업체 즉 한화, LG, KCC는 유리를 제공해 주지 않는다. 유리는 새시업체에서 제공해주는 것이 아닌 대리점에서 유리 판매 업체로부터 별도로 납품받아 시공한다. 새시 프레임이 중요하지만, 유리가 어떤 것이 사용되었는지도 관심을 가져보자.

다음으로 타일에 대해서 알아보자. 한때 대리석 타일이 선풍적인 인기를 끌었던 적이 있었다. 그래서 아파트 바닥 전체를 대리석 타일로 시공해주는 사례도 빈번히 발생했는데, 어느 순간부터 대리석 시공이 사라지고 다시 강화마루 추세로 돌아왔다. 이유는 바로 사람들의 대리석에 대한 불신 때문이다. 대리석 타일은 훌륭하다. 일반인들이 생각하는 것처럼 미끄럽지도 않으며, 온돌마루보다 열전도율이 높아 집이 빨리 따뜻해지며, 더 낮은 난방비로 더 따뜻한 집의 유지가 가능하다. 그런데 왜 대리석 타일이 사라졌을까? 바로 건설업체들이 바닥에 대리석 타일이 아닌 폴리싱타일을 제공해 주면서 분별력이 떨어졌기 때문이다. 예상외로 사람들은 대리석 타일과 폴리싱타일의 차이점에 둔감했으며, 이에 시공사에서는 대리석 타일보다 열전도율이 떨어지고 미끄러운 폴리싱타일을 사용하기 시작했다. 그나마 폴리싱타일을 사용한 곳은 양반이라고 할 수 있었다. 일부 몰지각한 업체들에서는 벽면 장식용으로 나온 폴리싱타일을 바닥에 시공한 사례(바닥 폴리싱타일이 벽면 폴리싱타일에 배해 2배 이상 비쌈)까지 생기면서 바닥이 쉽게 갈라지는 부작용이 나타났으며, 바닥에 물 몇 방울만 떨어져 있어도 미끄러 넘어지는 사례가 발생되어 이슈가 된 적도 있었다.

따라서 바닥에 대리석 모양의 타일이 많이 깔렸다고 고급스럽다고 평가할 수는 없는 것이다.

세 번째로 인테리어 필름이 과연 고급인지 아닌지 알아보자. 우리는 흔히 합판 위로 무늬목 모양의 인테리어 필름 마감이 많이 적용된 곳을 고급이라 생각한다. 일부 소비자들 중에는 인테리어 필름을 보며 실제 원목이라 믿는 경우도 있는데, 나무 모양의 느낌이 나는 재질이 있다면, 99% 인테리어 필름이라고 보면 된다. 인테리어 필름지의 단점은 한 번 접합 부위가 떨어질 경우 재접합이 어렵다는 점이다. A/S를 통해 재접합이 되었다 하더라도 다시 떨어지는 경우가 많아 인테리어 필름지 마감이 무리하게 많이 들어간 경우 오히려 필름지 때문에 스트레스를 받는 상황에 놓일 수도 있다(필름지 하자가 많이 발생되는 부위는 붙박이장, 펜트리의 문짝 모서리 등임).

또한 하도급업체의 숙련도에 따라 불량률의 차이가 크게 벌어지며, 하자가 발생된 부분이 필름지 접합의 문제가 아니라 합판 재단에서 잘못된 경우 A/S는 거의 합판을 교체하는 것이 아닌 땜빵 수준에 불과하기에 저가의 아파트에 인테리어 필름 시공 비율이 너무 높다면 다소 조심스럽게 바라볼 필요도 있다.

마지막으로 인테리어 필름 적용에 있어 마감의 내용이 원목이라면 고급이 맞다. 그러나 원목 흉내를 낸 필름지 접합을 보고 고급이라 하지는 않는다. 일부 고급 주거 타운에서 살아본 사람들은 오히려 우리가 고급스럽다고 느끼는 인테리어 필름지를 싼티 난다며 배척하는 경우도 있다. 이에 40억 원 이상의 고가주택을 매각하기 위해 판넬들을 모두 제거하고 그 위를 도배지로 다시 시공하는 웃지 못할 일이 발생된 적도 있었으니, 고급스럽다고 느끼는 부분이 결코 모두에게 고급스럽게 보이는 것만은 아닐 수도 있다.

인테리어 필름에 대해 너무 가볍게 접근하는 것 같은데, 사실 필름지는 매우 고급스러운 마감재 중 하나이며, 고급 오피스에서도 자주 사용될 정도로 인테리어 필름은 광범위하게 사용된다. 하지만 아파트에 적용되는 필름지의 경우 거의 업계에서 매우 낮은 등급의 필름지를 사용하기에 여러분이 필름지 마감을 보고 고급스럽다는 표현을 쓰게 된다면 오히려 격을 떨어뜨릴 수도 있다는 것이다. 즉, 견본주택을 돌아보며 "여기가 고급스럽네."라고 말하기보다는 "여기가 디자인 감각이 뛰어나네."라고 하는 것이 더욱 적절한 표현이 될 수 있다.

네 번째로 강화마루에 대해 살펴보자. 우리가 일반적으로 강화마루라고 호칭하는 나무형 조립식 마루의 종류에는 원목마루, 온돌마루(합판마루), 강화마루, 강마루 등이 있다.

원목마루 : 표면 나무의 마감 두께가 약 2mm 이상 들어간 제품을 원목마루라 하는데 위의 4가지 종류 중에서 가장 고가이다.

온돌마루 : 표면 나무의 마감 두께가 약 0.5mm 안팎의 제품을 온돌마루(합판마루)라 한다.

강화마루 : 표면층이 나무가 아닌 시트지로 마감되어 있어 원목마루나 온돌마

> 루에 비해 표면의 내구성이 강하다. 다만 강화마루의 단점은 나무는 기본적으로 온도 및 습도에 따라 팽창과 수축이 반복되는데, 나무 위 시트지 마감으로 인한 들뜸 및 벌어짐 현상이 있다. 또한 열전도율이 떨어지는 단점이 있어 난방 비용이 상승한다.
>
> 강마루 : 이러한 강화마루를 보완하고자 나온 제품이 강마루로써 하부구조를 합판으로 사용하여 수축 팽창 등을 기술적으로 방지하고, 열전도율을 상당부분 개선시킨 제품이다. 표면처리의 경우 강화마루와 같은 필름지 마감을 통해 나무 느낌으로 연출하여 외관상 강화마루와 강마루를 구분하는 것은 쉽지 않다.

원목마루는 채산성이 맞지 않아 공동주택에서는 시공되지 않으며, 온돌마루, 강화마루, 강마루 3가지를 혼용하여 사용하는데, 가격은 온돌마루〉강마루〉강화마루 순으로 보면 된다. 다만, 시공사의 경우 가격이 저렴하고 상대적으로 시공이 간편한 강화마루를 선호한다. 또한 이에 따른 가격 차이도 상당하다. 일단, 여러분이 진정 마감에 관심이 있다면, 아트월이나 벽의 필름지 마감을 보며 고급스럽다는 판단을 하기 이전에 마루의 시공이 강마루인지, 강화마루인지를 먼저 알아보는 것이 훨씬 유익한 일이 아닐까 싶다(가끔 견본주택 도우미들에게 물어보는데 정확하게 답변하는 비율이 낮으며, 상담시에 상담사에게 물어 보면 시공사 직원에게 확인해 답변을 해주니 되도록 개별 유닛에 있는 도우미에게 묻지 말고, 상담석에 앉아 있는 상담사에게 물어보기를 권한다). 똑똑한 소비자들이 늘어날수록 소비자의 권익 또한 더욱 발전해 나갈 수 있을 테니.

비교해야 하는 것은 이것들만이 아니다. 우선 당장 듣고 공감할 수 있을 내용만 잡아본 것이며, 실제 아파트 공사에 포함되는 원가 부분의 비교 항목을 나열하자면 수십 가지 혹은 수백 가지로도 늘어날 수 있다. 이러한 수백 가지 항목 모두 좋은 제품을 사용하면 좋겠지만, 한정된 재화로 공사를 진행함에 있어 선택과 집중은 발생할 수밖에 없다.

앞서 말한 현진의 성공 전략은 선택과 집중이었던 것이다. 눈에 보이지 않는 곳에는 경제적인 가격대의 제품을 사용한 반면, 눈에 띄는 곳에는 아낌없는 투자를 한 것이다. 현진만이 아니라 월드메르디앙 역시 그러한 마케팅에 능숙했다. 즉, 투자자 측면에서는 최상의 선택이었으나, 실거주 차원에서는 오히려 다른 브랜드 아파트들에 비해 만족도가 떨어졌을지도 모를 일이다. 사실 현진이나 월드건설에서 진행하는 공사 현장 인근의 사업장에서는 입주 예정자 측에서 시공사 직원들에게 현진, 월드건설의 아파트와 마감자재 비교를 하며 클레임을 걸어 당황스러운 경우가 많이 발생했다.

혹시 아직도 자신의 눈으로 어떤 아파트가 더 고급스러운지 찾을 수 있다고 생각하는가? 눈에 드러나는 것은 일부에 불과하다. 그리고 그 일부가 특화되어 있다면 다른 일부가 줄어들 수밖에 없는 것이다. 즉, 눈에 드러나는 부분은 여러분의 감성을 자극하지만, 수억 원짜리 주택을 구매하는데 있어서는 감성보다 이성이 앞서야 하지 않을까?

거의 대부분의 건설사들은 모델하우스 품평회를 진행한다. 대표가 직접 모델하우스 품평회에 참석하며 애착을 보이는 곳이 있는 반면, 설계본부장을 주축으로 품평회가 진행되는 곳들도 있다. 현장이 큰 곳일수록 사장이 직접 찾아다니며 챙기고 현장이 작아지면 팀장들끼리 진행하거나 생략되는 경우도 있으니, 아무래도 규모가 큰 현장일수록 시공사에서 보다 신경을 많이 쓰는 것은 자명한 사실이다.

이에 현업에 있을 때 경험한 재미있는 일화를 다소 각색하여 소개해 보고자 한다. 견본주택의 마술은 건설회사 대표도 속아 넘어갈 수 있다는 것이다. 모델하우스 품평회를 앞두고 영업본부장이 설계본부장에게 다가가 조용히 말을 건넨다.

"이번에는 절대 퇴짜 맞으면 안 됩니다. 입주자 모집공고 협의까지 거의 마무리 단계인데, 지금 설계변경이 되어서 사업계획승인을 다시 들어가게 되면 경쟁업체들이 먼저 치고 들어오기 때문에 분양성 악화는 물론이고 사업성마저 무너집니다."

설계본부장은 묵묵부답 아무런 반응을 보이지 않는다. 속으로는 영업본부장을 한대 쥐어박고 싶은 심정이었으리라. 실제로 모델하우스 품평회는 코에 걸면 코걸이, 귀에 걸면 귀걸이라고 할 정도로 평가를 위한 객관적 지표가 없으며, 해당 현장의 경우 특히 분양성이 검증되지 않아 대표 역시 분양이 잘못되었을 경우를 대비하여 좋은 소리보다는 쓴 소리를 할 것이 명확해 보였기 때문이다.

역시나 사장은 견본주택을 방문하자마자, 마케팅팀장의 현장에 대한 브리핑을 무시하고 바로 견본주택 유닛으로 걸어 들어간다. 견본주택 도우미들이 다급히 버벅거리며 유닛 설명을 시작하자, 사장은 시끄럽다는 눈빛 하나만으로 도우미의 입을 막아버린다.

그리고는 옆에 있는 설계본부장에게

"야 설계본부장, 방을 왜 이렇게 작게 뽑았어? 책상 하나 달랑 들어가네. 침대는? 너 이거 팔아먹을 수 있어?"

"수납은 왜 이렇게 부족해! 야, 마케팅팀장, 주부모니터링에서는 뭐래?

모니터 똑바로 하고 있는 거 맞아?"

"마감재 이 정도 밖에 못해주나? 마감재 싹 다 교체해."

여기서 대답을 잘못했다가는 몇 배로 욕을 먹을 수 있기에 모두 함구하고 분위기마저 숙연해진다.

"야, 난 이런 물건 팔 자신 없으니까 3일 내로 내가 말한 것들 반영시킬 수 있으면 모델하우스 품평회 다시 하고, 안될 것 같으면 분양 연기해."라는 말을 남기고 품평회를 시작한지 20분 만에 사장은 모델하우스를 떠나버린다.

갑자기 분양 연기에 대한 모든 책임이 설계본부장에게 전가되는 순간이었다. 특히 해당 견본주택 오픈일을 맞추기 위해 며칠 밤낮을 새운 설계담당 대리는 망연자실해지기에 충분했다. 웬만한 부분은 경미한 설계변경 정도로 사업계획승인을 다시 받아야 할 상황은 아니나, 방의 크기를 키운다는 것은 평면도가 모두 바뀌고 하다못해 설계 입면까지 변경되는 중대한 사안으로 사업계획승인 변경을 받고 진행해야 하는 사항인 것이다. 이에 다시 분양시점을 잡을 때까지 몇 개월이 지체될 수도 있는 사안이기 때문에 분양 연기는 불가피한 상황이 되었다. 영업본부장이 이미 상황을 알면서도 설계본부장의 책임이라는 것을 못 박기 위한 발언을 남긴다.

"이렇게 되었으니 어쩔 수 없네요. 분양성이 낮아지기는 하지만 사장님을 설득하는 것이 힘들듯싶으니 분양 시점을 연기하죠."

이에 모두 체념하는 분위기 속에서 불도저라는 별명을 가지고 있는 설계팀 김 과장이 조심스럽게 운을 뗀다.

"실제 평면도 및 마감 사양은 모두 사장님께 컨펌 받은 내용으로 견본주택이 만들어졌고요, 얼마 전 ○○동에서 분양을 한 현장과 동일한 평면 및 마감 수준입니다. 그렇다고 지금 와서 사장님 명을 받들어 평면 및 마감을 바꿔봤자 원가가 오른다고 다시 꾸지람 받을 수밖에 없는 상황이니, 제게 이틀만 주면 재품평회를 할 수 있도록 마무리 짓겠습니다."

설계본부장은 모든 책임이 자신에게 몰려있는 위기의 상황에서 바로 김 과장에게 전권을 위임한다. 이후 김 과장이 가장 먼저 한 일은 설계업체를 부른 것이 아니었다. 설계는 고정시킨 상태에서 DP(Display)업체 및 인테리어 담당자만 불러 방부터 손보기 시작한다. 먼저 각각의 침실로 있던 침실1과 침실2 사이의 벽을 없애고 가변형 벽체로 설계한다. 아울러 벽은 터놓은 상태에서 선택의 기회는 소비자에게 넘긴다. 그러면서 동시에 통합침실을 진행할 경우 한쪽 면적에 펜트리를 적용시켜 원가는 증가시키지 않는 상태에서 마감 사양을 높여버린다. 즉, 기본형일 경우 기존과 변함이 없으나, 통합침실 선택시 펜트리가 적용되는 구조로 펜트리 시공 단가는 분양가가 아닌 옵션 비용에 포함시켜 지자체의 분양가 규제에서 자유롭게 빠져나간다.

이러한 방법으로 사장 요구사항 중에 가장 어렵게 느껴졌던 첫 번째 지적을 해결함과 동시에 두 번째 지적마저 보완시켰다. 하지만 마감재 작업은 상황이 달라진다. 업체로부터 일일히 견적을 다시 받아야 하며 과정마다 재품의를 해야 하는 경우도 발생되어 이틀 내에 마감 목록을 변경시킨다는 것은 불가능할 뿐만 아니라 무의미하기까지 해보였다. 이에 김 과장은 마감재는 그대로 놔둔 상태에서 모든 DP들을 교체한다. 물론 DP업체 자체가 교체되었고 새로운 DP업체는 당일 달려와 작업을 함께 시작해 나간다. 2박3일간의 마술이 시작되었다. 기존 DP 물품들을 모두 꺼내

창고에 보관시킨 후, 침대는 현재 수준보다 무조건 작은 것으로 교체하고 가변형 벽체로 튼 보조침실에는 침대를 2개 배치시켜 놓고 상당히 넓은 공간임을 강조한다(하지만 현실에서는 해당 공간에 침대 2개가 들어가지 아니함). 책상은 DP전용 책상을 가져다 놓아 실제 기능상 정상 기능을 발휘할 수 없는 작은 크기의 책상에 의자만 끼워놓은 형국으로 방이 넓어 보이는 효과를 발휘하는데 성공한다.

침실의 벽면은 밋밋한 도배지를 노출시키는 것이 아닌 벽면 전체에 조명이 달린 DP를 설치시킴으로써, 방이 실질적으로 더 넓어 보이는 효과를 연출하는데도 성공한다. 실제 빈방으로 연출하는 것보다 DP를 적절히 활용하면 해당 공간이 훨씬 넓어 보이는 착시효과 연출이 가능하다. 즉, 텅 빈 방에서는 사람들이 "우리집 책상이 얼마만큼 나오고, 침대사이즈는 어느 정도이니까" 하면서 해당 공간을 머릿속에 그리지만, 오히려 방이 DP들로 꽉 차 있으면 그런 상상에 대한 시도조차 하지 못하고 가짜 DP 그대로를 현실로 받아들이게 되는 것이다.

아울러 천장에 일반 형광등보다 몇 배 더 밝은 할로겐등을 각 모서리마다 추가 시공한다. 할로겐등의 역할은 빛의 반사 등을 이용하여 견본주택이 광채가 나는 듯한 착시효과를 줌과 동시에 천장고가 높아보이도록 만드는 효과가 있어 개방감을 준다. 실제로 같은 공간이라도 천장고에 따라 느껴지는 체감 면적은 상당히 다른 효과를 발휘하는데, 같은 천장고에서도 천장이 밝으면 멀게 느껴지는 효과가 있어 공간지각에 방해 요소로 작용한다. 그러나 전문가가 아닌 이상, 해당 연출은 고급스럽게만 느껴질 뿐이다.

자, 결과는 어떻게 되었을까? 해당 현장은 바로 그다음 주 모델하우스를 오픈하게 된다. 당시 현장 모델하우스 관리를 책임지는 마케팅 담당 직원으로서 일련의 과정을 모두 지켜볼 수 있었으며, 모델하우스의 마술이 진행되는 과정을 목격하며 그 마술에 홀릴 수밖에 없었다. 실제 해당 현장의 마감 수준이 소비자 입장에서 더 나아진 것은 없었다. 하지만 재구성 과정을 지켜보며, 소비자의 선택 권리를 가장한 연출효과(가변형 벽체 등) 및 마술과 같은 DP, 그리고 눈이 부실 정도로 달아놓는 할로겐등의 효과에 감탄을 금치 않을 수 없었다.

이에 별도로 DP업체에 따른 모델하우스 효과를 분석해 보았는데, 놀랍게도 주부모니터링단 역시 마감 수준이 높은 현장보다는 DP에 더 많은 투자가 진행된 현장을 고급스럽다고 판단하였다. 이에 견본주택의 마감자재에 대해 깊이 생각해보지 않을 수 없었다. 과연 일반인들이 견본주택만 보고 어떤 마감재가 더 높은 원가가 투입되었을지 맞힐 수 있을까? 사람들에게 정말 중요한 것은 과연 견본주택의 꾸며진 모습일까, 아니면 평면도일까? 실질적으로 아파트 내부를 비교하는 첫 번째 기준은 평면도가 될 수밖에 없으며, 견본주택을 돌아보며 어떤 아파트가 더 좋다는 감성적 비교 보다는 면적 비교를 통해 각방의 넓이 등을 꼼꼼히 따지며, 전체 실사용 면적은 얼마나 나오는지 또 어떤 옵션들이 제공되는지에 대해 확인하는 것이 더 중요한 것이 아닐까?

"여기 A아파트는 거실폭이 4.8m인데 반해 방이 2.5평 정도로 작게 나왔고, 저기 B아파트는 거실폭이 4.5m인데 방은 약 3평 정도로 크게 나왔어."

수억 원짜리 주택을 구매하는데 최소한 이 정도 비교는 해야 정상이 아닐까? 결론적으로 머리보다는 감성을 자극하려는 시공사의 마케팅에 대한민국 국민들은 당하고 있으며, 자신들이 당한다는 사실조차도 모르고 있다. 수억 원짜리 주택을 구매하는데 최소한 받아야 할 평면도조차 제공받지 못하고 아파트를 계약해야 하는 불공정 거래를 너무도 당연하게 생각하고 있는 것이다. 평면도를 제공하지 않고 분양하는 잘못된 관행을 잡아보고자 지자체 공무원에게 도움의 손길을 내밀어도 공무원은 민원으로 치부하며, 바로 잡을 생각조차 없어 보인다. 하지만 이는 소비자들이 무지하기에 발생되는 문제이며, 만약 대한민국 대부분의 소비자들이 평면도를 읽을 줄 알고 면적에 대한 개념이 바로 선다면 과연 이런 불공정 거래행위가 지속될 수 있을까? 우리 모두 한번 생각해 봐야 하지 않을까 싶다.

이상으로 '견본주택 마감재의 진실'에 대한 이야기를 마무리하며, 적어도 이 글을 읽은 사람이라면 모델하우스의 마술에 현혹되기 보다는 평면도를 보며, "A라는 평면이 B라는 평면에 비해 어떤 장단점이 있어 A라는 평면이 더 나은 상품이다."라는 결론을 내릴 수 있기를 기대해본다.

4장

분양 아파트 청약 전략

1

입주자 모집공고 보는 방법

최근 분양 아파트 시장의 호조에 힘입어 아파트 청약 전략에 대한 강의가 만들어지는 등 과거에 없던 부동산 서비스업들이 등장하고 있다. 아파트 청약을 하기 위해서는 청약통장 개설, 청약조건 및 청약절차의 확인 등 해야 할 일들이 적지 않다. 하지만 한번 해보면 너무도 쉽고 간편하다는 사실을 알 수 있다.

지금까지 몰라서 모델하우스 등에 물어보던 의문들은 사실 입주자 모집공고 안에 거의 대부분 들어있는 내용이다. 그러나 입주자 모집공고는 그 양이 너무 방대하고 딱딱한 문체, 알 수 없는 숫자와 깨알 같은 글씨로 적혀 있어 읽어볼 생각마저 들지 않게 한다. 입주자 모집공고의 로직만 알고 나면 어떤 부분을 취하고 어떤 부분을 버릴지 쉽게 판단할 수 있다. 이번 장에서는 입주자 모집공고 보는 방법에 대해 살펴보자. 일반적으로 입주자 모집공고는 다음과 같은 순서로 이루어져 있다.

1. 공급내역 및 공급금액 ➡ 2. 신청자격 및 당첨자 선정방법 ➡ 3. 신청일정 및 장소, 구비서류 ➡ 4. 당첨자 발표 및 계약 ➡ 5. 발코니 확장, 추가 선택품목 및 마이너스 옵션 ➡ 6. 기타 유의사항

거의 모든 입주자 모집공고는 이러한 순서로 되어 있으니, 순서에 따라 자신이 필요한 정보를 취득하면 된다. 하지만 많은 사람들이 입주자 모집공고나 계약서를 읽어보지 않은 상태에서 청약을 접수하는 것이 현실이다. 그리고 건설사는 그러한 소비자의 심리를 역이용하기도 한다. 하나씩 들여다보자.

| 공급내역 및 공급금액 |

먼저 '공급내역 및 공급금액' 부분에서는 면적과 분양가를 보면 된다. 아래 표 중에서 면적에 대한 부분을 집중해서 들여다보자.

아파트 코드 및 주택관리번호는 국가에서 부여하는 숫자로, 아파트를 체계적으로 관리하기 위해 부여되는 넘버이다. 중요한 부분은 주택의 면적이다. 앞서 면적에 대해 자세히 다룬 바 있어 여기서는 이에 대한 설명은 생략코자 한다. 아래 입주자 모집공고에서는 3개 면적 유형의 아파트를 분양하며, 크게 79타입 한 개 평면과 84타입 2개 평면이 분양됨을 알 수 있다. 평으로 환산하면 각각 24.1평과 25.7평이다. 두 타입 간의 전용면

I. 공급내역 및 공급금액

■ 주택 공급에 관한 규칙 제20조의 규정에 의거 남양주시 주택과-28259호(2016.10.13)로 입주자 모집공고 승인
■ 공급위치: 경기도 남양주시 다산시 공공주택지구 B-7블록
■ 공급규모: 아파트 지하2층, 지상 30층, 총 15세대, 총 1,304세대 총 일반 분양 825세대 및 개 부대복리시설 [특별공급 429세대 모험(기관추천 특별공급 129세대, 다자녀 가구 특별공급 130세대, 신혼부부 특별공급 130세대, 노부모 부양 특별공급 40세대)]
■ 공급대상

(단위: ㎡, 세대)

구분	아파트 코드 및 주택관리번호	주택형 (주거전용 면적기준)	세대별 계약면적(㎡)				세대별 대지지분 (㎡)	공급 세대수						해당동	취약층 우선 배정 세대	입주예정 시기
			세대별 공급면적			기타 공용면적 (지하주차장등)		계	특별 공급				일반 공급			
			주거전용	주거공용	소계				다자녀	신혼부부	노부모					
민영주택	2016001313-1	79.8247	79.8247	22.8809	102.7056	38.3079	141.0135	53.8067	94	9	10	10	4	61	102,110	6	2019. 06.
	2016001313-2	84.8937	84.8937	25.5632	110.4569	40.4934	150.9503	57.2235	608	60	60	60	18	410	101,103,104,105,106,107,108, 109,110,112,113,114,115	26	
	2016001313-3	84.9527	84.9527	26.1427	111.0954	40.5216	151.6170	57.2632	602	60	60	60	18	404	101,103,104,105,106,107, 109,110,112,113,114,115	24	

■ 공급금액 및 납부일정

(단위: ㎡, 천원)

주택형 (주거전용 면적기준)	약식 표기	동별 (위약형)	공급 세대수	층구분	세대수	분양가격			계약금 (10%)	중도금 (60%)						잔금(30%)
						대지비	건축비	계	계약시 2017.03.24	1회 (10%) 2017.06.23	2회 (10%) 2017.10.25	3회 (10%) 2018.03.23	4회 (10%)	5회 (10%) 2018.07.25	6회 (10%) 2018.10.25	입주지정일
79.8247	79	101동 1,2호 라인 103동 1,2,3,4호 라인	94	1층	5	165,773	218,227	384,000	38,400	38,400	38,400	38,400	38,400	38,400	38,400	115,200
				2~9층	47	165,773	227,227	393,000	39,300	39,300	39,300	39,300	39,300	39,300	39,300	117,900
				10~15층	12	165,773	239,227	405,000	40,500	40,500	40,500	40,500	40,500	40,500	40,500	121,500
				16층 이상	30	165,773	248,227	414,000	41,400	41,400	41,400	41,400	41,400	41,400	41,400	124,200
84.8937	84A	101동 1,4호 라인 104동 1,4호 라인 105동 1,4호 라인 108동 1,2호 라인 109동 1,4호 라인 113동 1,4호 라인 114동 1,4호 라인	608	1층	21	176,300	223,700	400,000	40,000	40,000	40,000	40,000	40,000	40,000	40,000	120,000
				2~4층	73	176,300	230,700	407,000	40,700	40,700	40,700	40,700	40,700	40,700	40,700	122,100
				5~15층	284	176,300	242,700	419,000	41,900	41,900	41,900	41,900	41,900	41,900	41,900	125,700
				16층 이상	230	176,300	251,700	428,000	42,800	42,800	42,800	42,800	42,800	42,800	42,800	128,400
84.9527	84B	101동 2,3호 라인 103동 2,3호 라인 104동 2,3호 라인 105동 2,3호 라인 106동 2,3호 라인 107동 2,3호 라인 109동 2,3호 라인 110동 2,3호 라인 113동 2,3호 라인 114동 2,3호 라인 115동 2,3호 라인	602	1층	22	176,422	227,578	404,000	40,400	40,400	40,400	40,400	40,400	40,400	40,400	121,200
				2~4층	70	176,422	232,578	409,000	40,900	40,900	40,900	40,900	40,900	40,900	40,900	122,700
				5~15층	264	176,422	244,578	421,000	42,100	42,100	42,100	42,100	42,100	42,100	42,100	126,300
				16층 이상	246	176,422	253,578	430,000	43,000	43,000	43,000	43,000	43,000	43,000	43,000	129,000

구분	아파트 코드 및 주택관리번호	주택형 (주거전용 면적기준)	세대별 계약면적(㎡)				세대별 대지지분 (㎡)
			세대별 공급면적		기타 공용면적 (지하주차장등)	합 계	
			주거전용	주거공용	소 계			
민영주택	2016001313-1	79.8247	79.8247	22.8809	102.7056	38.3079	141.0135	53.8067
	2016001313-2	84.8937	84.8937	25.5632	110.4569	40.4934	150.9503	57.2235
	2016001313-3	84.9527	84.9527	26.1427	111.0954	40.5216	151.6170	57.2632

적 차이는 1.6평에 불과해 서비스면적의 크기에 따라 역전도 가능하지만, 같은 아파트에서 이런 역전 현상은 일어나지 않는다. 건설사 입장에서 굳이 분양가가 낮은 작은 평형에 더 큰 서비스면적을 제공해줄 이유가 없기 때문이다. 다만 인근에 다른 건설사 아파트가 들어설 경우, 24.1평과 25.7평 사이에 역전 현상이 일어날 수도 있는 만큼 아파트의 평면을 다른 아파트들과 비교해보는 것도 필요한 과정이다.

다음으로 '세대별 공급면적 소계'는 우리가 일반적으로 일컫는 아파트 분양면적을 말한다. 하지만 분양면적은 앞서 설명한 바와 같이 크게 의미 없는 수치로 필자 역시 분양면적은 신경 쓰지 않는다. 그렇다 하더라도 일반적으로 통용되는 것은 분양면적이며, 상기 세대별 공급면적 소계에 0.3052를 곱해주면 분양면적이 계산된다. 이렇게 계산된 공급면적은 각각 31.1평, 33.4평, 33.6평이다.

오히려 신경을 쓴다면 기타공용면적이 보다 중요할 수 있다 하겠다. 기타공용면적이 넓으면 바로 그만큼 주차 쾌적성이 보장된다는 것을 의미하기 때문이다. 기타공용면적은 $84m^2$기준 $40m^2$면 법적 기준을 충족한 수준이다.

그리고 주차면적은 국민주택규모를 초과하는 대형 평형 아파트에서 보다 넓게 나타난다. 이유는 국민주택규모 이하 아파트와 초과 아파트 간 주차대수 배정에 대한 법적 기준 자체가 달라 국민주택규모 초과 아파트에 보다 넓은 주차면적을 제공하도록 되어 있기 때문이다. 따라서 소형 평형 위주의 아파트보다 대형 평형 위주의 아파트 단지가 주차 쾌적성이 높다.

마지막으로 살펴볼 부분은 '대지지분'인데, 최근 일부 언론 매체와 전문가들이 분양 아파트에서 대지지분을 꼼꼼히 살펴보라고 하지만, 신규 아파트에서 대지지분이 아파트 가격에 미치는 영향은 거의 없다고 봐도 무방하다. 분양받고 해당 아파트에서 20년 이상 거주할 것이 아니라면 크게 신경 쓸 필요 없을 것이다. 오히려 입주 초기에는 대지지분이 적은 아파트들의 가격이 고공행진을 하기도 한다. 용적률이 높은 고층 아파트들의 경우 대지지분이 적어질 수밖에 없으나, 건물 외관에서 바라보는 화려함은 고층 아파트들이 우수하기에 대지지분이 적은 아파트들이 오히려 입주 초기 강세를 나타내는 현상이 발생하기도 하는 것이다. 따라서 대지지분에 너무 얽매여 분양에 임할 필요는 없으나, 아파트 가격의 내역을 이해하는데 있어서는 대지지분에 대한 이해가 필요하다.

■ 공급금액 및 납부일정

주택형 (주거 전용 면적 기준)	약식 표기	동별 (라인별)	공급 세대수	층 구분	세대수	분양가격		
						대지비	건축비	계
79.8247	79	702동 1,2호 라인 712동 1,2,3,4호 라인	94	1층	5	165,773	218,227	384,000
				2~9층	47	165,773	227,227	393,000
				10~15층	12	165,773	239,227	405,000
				16층 이상	30	165,773	248,227	414,000
84.8937	84A	701동 1,4호 라인 703동 1,4호 라인 704동 1,4호 라인 705동 1,4호 라인 706동 1,4호 라인 707동 1,4호 라인 708동 1,2호 라인 709동 1,4호 라인 710동 1,4호 라인 711동 1,4호 라인 713동 1,4호 라인 714동 1,4호 라인 715호 1,4호 라인	608	1층	21	176,300	223,700	400,000
				2~4층	73	176,300	230,700	407,000
				5~15층	284	176,300	242,700	419,000
				16층이상	230	176,300	251,700	428,000
84.9527	84B	701동 2,3호 라인 703동 2,3호 라인 704동 2,3호 라인 705동 2,3호 라인 706동 2,3호 라인 707동 2,3호 라인 709동 2,3호 라인 710동 2,3호 라인 711동 2,3호 라인 713동 2,3호 라인 714동 2,3호 라인 715동 2,3호 라인	602	1층	22	176,422	227,578	404,000
				2~4층	70	176,422	232,578	409,000
				5~15층	264	176,422	244,578	421,000
				16층이상	246	176,422	253,578	430,000

여기서 가장 중요한 분양가가 나오며, 분양가를 대지비와 건축비로 분류하여 제시하고 있다. 먼저 79타입(약식표기 참조) 기준 16층 이상의 분양가는 414,000천 원이며, 이에 대한 대지비가 165,773천 원, 건축비가

248,227천 원이다. 이에 대지비에 대한 평당가를 알기 원한다면, 전용면적이나 공급면적이 아닌 대지지분으로 나누어보면 해당 아파트의 대지 평당가를 알 수 있다.

> 대지비 165,773,000원 ÷ (세대별 대지지분 53.8067㎡ × 평으로 전환 0.3025)

위의 과정을 거쳐 대지지분 평당가를 산출해 보면 평당 10,184,789원의 가격이 나온다. 즉, 공급면적 31.1평의 아파트를 분양받았을 경우 대지가격 평당 10,184,789원이 되는 16.3평의 땅에 대한 지분을 갖게 되는 것이다. 물론 위의 수치로 해당 아파트의 가격 적정성을 따지기에는 한계가 있으나, 적어도 내가 분양받는 아파트의 대지가격이 어느 정도인지 그리고 주변 아파트들의 대지가격은 얼마였는지, 각 분양 아파트별로 동일 지역의 아파트 대지가격이 얼마나 증가하고 있는지 등을 분석해볼 수 있는 지표로는 유용하다.

더불어 건축비는 일반적으로 12~15층 규모가 가장 저렴하다. 5층 이하로 낮아질 경우 오히려 공사 단가가 올라 평당 건축비가 상승하며, 20층 이상으로 올라갈수록 공사 기간이 늘어나 평당 공사비는 오르는 양상을 보인다. 30층 이상 고층 아파트의 경우에는 대지지분이 낮고 건축비가 올라간다. 분양 30~40년 후 재건축 시점에는 고층 아파트가 불리하나, 분양받을 시점부터 이런 부분을 고민할 필요는 없을 것이다.

| 신청자격과 당첨자 선정방법 |

신청자격은 크게 특별공급과 일반공급으로 나뉜다. 특별공급은 사회적 약자를 우선적으로 배정하기 위한 정부 차원의 정책이며, 특별공급 대상자 및 비율은 택지개발지구의 성격에 따라 구분된다. 일반적으로는 기관추천 특별공급과 다자녀가구 특별공급, 신혼부부 특별공급, 노부모부양 특별공급으로 나뉜다. 이 중 기관추천의 경우 다시 국가보훈대상자, 중소기업근로자, 도지사추천 등으로 나뉜다. 기관추천의 경우 입주자 모집공고가 발표되기 전부터 각 지자체 홈페이지를 통해 접수를 받는다.

☞ **특별공급**

일반공급과 특별공급을 굳이 비교하자면, 당첨 가능성은 특별공급이 보다 높기에 무주택 세대주라면 자신이 어떤 요건에 해당되는지 확인해 보고 특별공급을 활용하는 것도 내 집 마련의 좋은 전략이 될 수 있다.

먼저 특별공급 중 가장 문턱이 낮은 '신혼부부 특별공급'의 경우 출산 장려 정책의 일환으로, 결혼한 지 5년 이내 가구를 대상으로 자녀가 있거나 혹은 임신 중인 가구에서 청약을 신청할 수 있다. 단, 소득이 높으면 신청이 불가하다.

가구원수	월평균 소득	배우자 소득이 있는 경우 (월평균 소득의 120%)
3인 이하	4,816,665원 이하	5,779,998원 이하
4인	5,393,154원 이하	6,471,784원 이하
5인 이상	5,475,403원 이하	6,570,483원 이하

위의 자료는 2015년 도시근로자 가구원별 가구당 월평균 소득을 기준으로 한 것으로, 2017년부터는 2016년 도시근로자 가구원별 가구당 월평균 소득이 적용되므로 자세한 내용은 입주자 모집공고를 참고해야 한다. 또한 거주지역 등도 공고를 참조토록 하자.

다음으로 역시 출산을 장려하기 위한 목적으로 '다자녀가구 특별공급'을 진행하는데, 다자녀 특별공급의 기준은 미성년 3자녀 이상의 세대주로서 자녀가 어릴수록 당첨 가능성이 높아진다. 경쟁시 배점 기준은 아래와 같다.

평점요소	총배점	배점기준		점수	비고
계	65	-		-	
미성년자녀수(1)	5	미성년 자녀 4명 이상		5	• 자녀입양이 포함는 입주자모집공고일 현재 미성년자인 경우만 포함
영유아자녀수(2)	10	자녀 중 영유아 2명이상		10	• 영유아는 입주자모집공고일 현재 만6세 미만의 자녀
		자녀 중 영유아 1명		5	
세대구성(3)	5	3세대 이상		5	• 공급신청자와 직계존속(배우자의 직계존속을 포함하며 무주택자로 한정)이 입주자모집공고일 현재로부터 과거 3년 이상 계속하여 동일 주민등록등본에 등재
		한부모 가족		5	• 공급신청자가 「한부모가족지원법 시행규칙」제3조에 따라 여성가족부장관이 정하는 한부모 가족으로 5년이 경과된 자
무주택기간(4)	20	공급신청자가 만40세 이상이면서 무주택기간 10년 이상		20	• 배우자의 직계존속(공급신청자 또는 배우자와 동일 주민등록등본에 등재된 경우에 한정)도 무주택자이어야 하며, 무주택기간은 공급신청자 및 배우자의 무주택기간을 산정
		공급신청자가 만35세 이상이면서 무주택기간 5년 이상		15	
		무주택기간 5년 미만		10	
해당 시·도 거주기간(5)	20	10년 이상		20	• 공급신청자가 해당 지역에 입주자모집공고일 현재까지 계속하여 거주한 기간 *시는 광역시·특별자치시 기준이고, 도는 도·특별자치도 기준이며, 수도권의 경우 서울·경기·인천지역 전체를 해당 시·도로 본다
		5년 이상 ~ 10년 미만		15	
		1년 이상 ~ 5년 미만		10	
		1년 미만		5	
입주자 저축가입기간(6)	5	10년 이상		5	• 입주자모집공고일 현재 공급신청자의 가입기간을 기준으로 하며 입주자저축의 종류, 금액, 가입자 명의 변경을 한 경우에도 최초 가입일 기준으로 산정

신혼부부 특별공급에 비해 소득 제한이 없다는 장점이 있으며, 과거에 주택을 보유한 적이 있더라도 입주자 모집공고일 현재 무주택 세대원이면 신청이 가능하다. 그러나 미성년 자녀가 3명 이상 되어야 신청이 가능하기에 진입장벽은 무척 높다 할 것이다. 이에 입양을 통해 청약조건을 갖추는 경우도 종종 발생해 사회적 물의가 되기도 하였다.

다음으로 '노부모부양 특별공급'이 있는데, 이는 65세 이상의 부모를 3년 이상 모시고 사는 경우에 신청이 가능하며, 역시 무주택 세대주여야 된다. 이는 의외로 진입장벽이 낮은 경우가 종종 발생된다. 어린 자녀를 돌봐주기 위해 친가 혹은 외가의 부모들이 와서 거주하는 경우가 있는데, 이때 대부분의 부모들이 주민등록을 옮겨놓지 않는 경우가 많다. 만약 분양 아파트 청약에 대한 준비를 하고 있다면, 미리 부모의 주민등록을 자신의 주소로 옮겨놓는다면 노부모부양 특별공급의 혜택을 받을 수 있다. 단, 부모 역시 두 분 모두 무주택이어야 한다는 제약이 있다.

이러한 이유로 특별공급분을 신청할 수 있는 자격요건이 되는 사람들이 많지 않으며, 다자녀가구나 노부모부양 조건에 해당하더라도 이들이 수억 원에 달하는 신규 아파트를 분양받을 수 있는 경제적 여건이 되지 못하는 경우가 많기에 그림의 떡이라는 비판을 받기도 한다.

반면에 이러한 특별공급분을 전문적으로 취급하는 사람들도 존재한다. 그들은 우리가 모델하우스를 방문할 때마다 만나게 되는 떳다방과 연계해 작업을 하는데, 그들을 통장업자라 부른다. 통장업자는 특별공급 요건에 해당되는 청약통장을 이용하여 당첨시키고, 분양권을 중간에 떳다방 업자들에게 매각한다. 간혹 통장업자는 종교 단체 등을 활용해 신도들을 불법의 세계로 유인하기도 하는데, 이는 엄연히 불법이며 적발될 경우 형사 사건으로 입건된다. 물론 통장업자들은 떳다방보다 강한 처벌을 받게 된다.

서민들을 위한 특별공급이라고 하지만 과연 특별공급분 중에 합법적 절차를 충족시키고 당첨되는 사례가 얼마나 있을지 그 과정의 공정성에 대해 의심이 가지 않을 수 없다. 국토교통부에서 이런 특별공급에 대해 좀 더 관심을 가져야 하지 않을까 싶다.

☞ **일반공급**

특별공급은 무주택 세대주여야만 신청이 가능하기에 경쟁률이 낮다. 사실 일반적으로 기존 구주택보다 비싼 신규분양 아파트에 무주택자보다 유주택자가 몰릴 가능성이 더욱 높다. 따라서 인기 청약 아파트의 경우 일반공급에서 그 경쟁률이 수백 대 일에 이르기까지 한다.

일반공급은 1순위와 2순위로 나뉘는데, 이는 과거 1~3순위까지 3단계로 나뉘어 있던 것을 1, 2순위를 1순위로 합치고 3순위를 2순위로 올리면서 바뀐 청약제도이다. 아파트 분양시장이 침체되면서 정부에서 청약 활성화를 위해 내놓은 조치였다. 그리고 1순위의 자격요건을 완화(1순위 조건을 과거 2년 이상 가입자에서 1년 이상 가입자로 조정)함으로써, 시장에 청약통장이 대거 몰리는 효과를 가져왔다.

이에 다시 청약 과열 현상이 나타나자 정부에서는 11.3 부동산 대책에서 1, 2순위 자격요건을 강화하는데, 청약통장이 필요 없던 2순위도 청약통장이 필요하게 되었다. 물론 이는 주택공급에 관한 규칙이 변경되어야 시행이 가능하기에 현 시점에서는 과거의 입주자 모집공고를 샘플로 설명하고자 한다.

청약통장은 가입지역 및 접수하려는 면적대에 따라 예치금이 달라진다. 표에는 청약접수 가능지역 및 각 지역별 통장예치금과 면적별 예치금이 표기되어 있다. 내가 거주하는 지역에 맞는 예치금이 입주자 모집공고 발표 이전까지 청약통장에 예치되어 있어야 한다.

아래 표에서 중요한 부분은 두 번째 표에 있는 청약관련 신청자격이다.

		오산시 / 경기도	인천광역시	서울특별시
전용면적 85㎡ 이하		200만원	250만원	300만원
전용면적 102㎡ 이하		300만원	400만원	600만원
전용면적 135㎡ 이하		400만원	700만원	1,000만원
모든면적		500만원	1,000만원	1,500만원

· 순위별 자격요건

구분	거주구분	순위	청약관련 신청자격
민영주택	오산시 및 수도권 (서울특별시, 인천광역시, 경기도) 거주자	1순위	· 85㎡ 이하 주택 : 가점제 40%, 추첨제 60% 적용 · 85㎡ 초과 주택 : 추첨제 100% 적용 ※ 가점제 낙첨자는 추첨제 대상자로 자동 전환됩니다. ※ 주택공급에 관한 규칙 개정에 따른 유주택자에 대한 중복 감점 적용 없음. · 최초 입주자모집공고일 현재 입주자저축 요건이 아래의 1순위를 충족하는 자. ① 청약예금 : 청약예금에 가입하여 12개월이 경과하고 각 주택형에 신청 가능한 지역별 예치금액에 상응하는 금액을 예치한 자. ② 청약부금 : 청약부금에 가입하여 12개월이 경과하고 매월 약정납입금을 납입금을 납입인정액이 지역별 전용면적 85㎡ 이하 민영주택에 신청 가능한 예치금액 이상인 자 ③ 청약저축 : 청약저축에 가입하여 12개월이 경과하고 매월 약장납입금에 월 납입금을 납입하여 납입인정 범위 내에서 최초 입주자 모집공고일 전까지 각 주택형에 신청 가능한 청약예치금으로 전환한 자. ④ 주택청약종합저축 : 주택청약종합저축에 가입하여 12개월이 경과하고 납입금액이 각 주택형에 신청 가능한 지역별 청약예금 예치금 이상인 자. (단, 신청전에 가입은행 및 APT2YOU홈페이지에서 공급받을 수 있는 주택면적을 해당면적으로 선택하여야 함) ※ 1980.08.29 이전 국민은행에 주택청약부금에 가입하였거나, 1981.05.22 이전 국민주택 청약부금 가입 중 청약자격 1순위로서 최초 입주자모집공고 전일까지 청약예치금으로 전환한 분(전용면적 85㎡ 이하 주택에 한함)
		2순위	· 추첨제 · 상기 1순위 해당되지 아니한 자로 청약통장 가입 여부 관계없이 청약가능

바로 가점제와 추첨제에 대한 부분인데, 상기 지역의 경우 국민주택규모 이하 기준 가점제 40%, 추첨제 60%를 적용하고 있으며, 국민주택규모 초과 아파트는 100% 추첨제에 의해 진행된다.

과거 보금자리주택지구의 경우 국민주택규모 이하 주택은 100% 가점제로 진행되었는데, 이는 해당 아파트의 프리미엄을 올려주는 효과를 가져왔다. 물론 보금자리주택지구에서 100% 가점제를 진행한 이유는 보금자리주택의 토지 공급가가 저렴하기 때문이었다. 수요와 공급의 원리에 따라 가점제는 실수요의 유입 확률을 높이고, 실수요 비율이 높다는 것은 전매를 희망하는 물량 자체가 줄어든다는 의미로 프리미엄은 더욱 높아져갔다. 따라서 청약통장 가점이 높은 실수요자 입장에서는 100% 가점제를 진행하는 현장이 보다 집값 하락 압력으로부터 자유로워질 가능성이 높기에 가점 비율이 높은 현장들을 눈여겨볼 필요가 있을 듯하다.

| 유의사항 |

앞서 살펴본 공급내역 및 신청자격에 대한 부분은 어느 정도 청약을

청약가점 계산표

가점항목	가점상한	가점구분	점수	가점구분	점수
1. 무주택기간	32	1년 미만	2	8년~9년 미만	18
		1년~2년 미만	4	9년~10년 미만	20
		2년~3년 미만	6	10년~11년 미만	22
		3년~4년 미만	8	11년~12년 미만	24
		4년~5년 미만	10	12년~13년 미만	26
		5년~6년 미만	12	13년~14년 미만	28
		6년~7년 미만	14	14년~15년 미만	30
		7년~8년 미만	16	15년 이상	32
2. 부양가족수	35	0명	5	4명	25
		1명	10	5명	30
		2명	15	6명	35
		3명	20	7명	
3. 청약통장 가입기간	17	6개월 미만	1	8년~9년 미만	10
		6~12개월 미만	2	9년~10년 미만	11
		1년~2년 미만	3	10년~11년 미만	12
		2년~3년 미만	4	11년~12년 미만	13
		3년~4년 미만	5	12년~13년 미만	14
		4년~5년 미만	6	13년~14년 미만	15
		5년~6년 미만	7	14년~15년 미만	16
		6년~7년 미만	8	15년 이상	17
		7년~8년 미만	9		

신청해본 경험이 있다면 그리 어려운 내용은 아니며, 입주자 모집공고의 3. 신청일정 및 장소, 구비서류, 4. 당첨자 발표 및 계약, 5. 발코니 확장, 추가 선택품목 및 마이너스 옵션 등 역시 입주자 모집공고를 간단히 읽어보면 그리 고민할만한 사항은 없다. 물론 발코니 확장의 경우 최근 추세가

발코니 확장 기준으로 설계도면이 만들어지는 바 되도록 발코니 확장을 권장하며, 마이너스 옵션의 경우 준공 후 개별적으로 공사를 진행할 시 당초 할인된 금액보다 훨씬 높은 공사비 소요가 불가피하기에 마이너스 옵션을 선택하는 것은 권장하지 않는다.

그렇다면 입주자 모집공고에서 반드시 봐야하는 항목은 무엇일까? 유의사항은 실수요자 혹은 투자자들이 반드시 챙겨서 읽어봐야 하는 내용이다. 어찌 보면 입주자 모집공고의 유의사항은 현장답사보다 더 중요한 대목이 많다. 현장답사란 우리가 해당 아파트에 대한 모든 정보를 확인하고 그 정보에 따라 점검하는 과정이어서, 아무런 정보도 없이 단순히 가서 보고 온다면 남는 것도 없고, 그 현장을 통해 확인할 수 있는 것들도 극히 제한적이다. 즉, 아는 만큼 보인다는 말은 현장답사에도 딱 들어맞는다.

입주자 모집공고의 유의사항은 해당 아파트의 가장 취약한 부분들을 다루고 있다. 즉, 아파트 인근에 분묘기지권이 있다든가, 고압선이 지나간다든가, 쓰레기 소각장 유무 등 소비자가 반드시 알아야 할 내용들을 적시하고 있다. 이는 향후 민원에 대비코자 하는 것이며, 사람들이 입주자 모집공고를 잘 보지 않기에 건설사 입장에서는 오히려 보다 적극적으로 내용을 구성한다. 또한 입주자 모집공고 상의 유의사항은 입주자 모집공고를 승인해주는 지자체 주택과에서도 자신들의 책임을 면피하기 위해 신경 쓰는 부분이기에 반드시 읽어봐야 할 필요가 있다.

- 놀이터, 운동시설 인접세대는 소음 및 사생활 침해가 있을 수 있음 • 106동 1,2호 세대 옥상층에는 사우나 배기구, 110동 1,2,3호 세대 옥상층에는 정화조 배기구, 사우나 보일러 배기연도가 설치되어 수증기 및 냄새, 소음이 발생할 수 있음 • 110동 2호세대 화장실 피트에 사우나 보일러 배기연도가 설치되어 소음 및 진동이 발생할 수 있음 • 111동, 112동 세대 인근에 시니어클럽(경로당), 어린이집단지내 보육시설 등 부대시설용 에어컨 실외기가 설치되어 소음이 발생할 수 있음 • 111동, 112동 세대 및 시니어클럽(경로당), 어린이집단지내 보육시설) 인근에 전기실/발전기실 D/A가 설치되어 매연/소음/진동 등이 발생할 수 있음 • 101동 6,7호 세대 인근 상가용 에어컨 실외기가 근린생활시설 옥상에 설치되어 소음이 발생할 수 있음 • 단지 서측 기부채납 녹지와 대지경계 사이 13m 높이의 방음벽이 설치되어 102동 2,3,4호 세대, 103동 3,4호 세대, 104동 2,3,4호 세대 전면에 위치하며 조망권, 환경권, 일조권이 침해될 수 있음

위는 특정 아파트 입주자 모집공고 상의 유의사항을 일부 발췌한 것이다. 두 번째를 보면 106동 1, 2호 세대 옥상층에는 사우나 배기구, 110동 1, 2, 3호 세대 옥상층에는 정화조 배기구, 사우나 보일러 배기연도가 설치되어 수증기 및 냄새, 소음이 발생될 수 있다고 명시되어 있다. 여기서 정화조 배기구가 있어 냄새가 발생될 수 있다는 부분은 너무도 중요한 사실이다. 냄새의 경우 겨울철보다는 여름철에 심하게 발생될 수 있는데, 우리가 집에서 환기를 시킬 때 날 수 있는 알 수 없는 악취의 원인이 무엇인지까지도 입주자 모집공고 유의사항을 통해 확인할 수 있는 것이다.

또한 밑에서 둘째 줄을 보면 101동 6, 7호 세대 인근 상가용 에어컨 실외기가 근린생활시설 옥상에 설치되어 소음이 발생될 수 있다고 명시되어 있다. 실제 상가용 에어컨의 소음은 예상외로 크며, 더운 바람을 발생시키기에 여름철에 창문을 열고 생활하기 불편이 따를 수 있다는 부분까지 친절하게 설명해주고 있는 것이다. 즉, 우리가 집을 사는 시점에 미처 알 수 없는 부분까지도 입주자 모집공고에 명시되어 있어, 사실 입주자 모집공고의 유의사항은 해당 아파트가 준공된 후에도 참고해야 하는 필수 서류인 셈이다.

계약하시기 바람. • 당해 지구 인근 고압철탑이 위치(2기, 단지 중심부에서 남쪽 약 850m이내)하고 있으며 송전선이 지구내를 지중화하여 관통하고 있음을 인지하고 청약 및 계약하시기 바람. • 당해 지구 북서측에 물왕저수지가 있으며, 지구 중앙부에 유수지 및 동서, 남북 방향으로 하천이 배치되어 있고, 지구 남동측에 수도 배수지가 위치하고 있음. • 당해 지구 북서측에 수질복원센터(하수시), 북동측에 가스관리소(가스1)가 설치되어 있음을 인지하고 청약 및 계약하시기 바람. • 당해 지구 내 학교용지, 근린생활시설용지, 종교용지, 공공청사용지, 수도공급설비공지배수지), 사회복지시설용지, 공원 및 녹지 등에서 발생될 수 있는 환경(간섭, 소음)오염 및 유해시설 등은 공동주택 주거환경에 영향을 끼칠 수 있으며, 계약자는 현장 등을 확인한 후에 분양계약을 체결하시기 바라며, 이와 관련하여 사업주체 및 시공사에 일체의 책임을 지지 않음. • 사업부지 주변 아파트 및 건축물의 신축·개조 등의 건축행위, 주변 시설물의 변경 등으로 현재와 다르게 단지 내 아파트 동별, 향별, 층별 위치에 따라 소음, 일조, 조망 등의 환경권 및 사생활이 침해를 받을 수 있으며, 이는 사업주체 및 시공사와 무관한 사항이므로 사업주체 및 시공사의 책임은 없음. • 사업부지 중심부에서 남서쪽 100m이내 분묘가 위치901동, 902동, 905동, 908동에서 일부 조망권 침해할 수 있음)하고 단지 인근에도 추가로 분묘가 존재할 수 있으므로, 이를 확인하고 청약하시기 바라며 향후 이와 관련된 이의를 제기할 수 없음. • 사업부지 주변 하수처리장(북측 약 650m), 방음벽(H=6m, 북측 약 50m 및 북동측 약 350m), 부지서측 목감지구 외곽 경작지 등 개인 사유지(비닐하우스 및 과수원) 및 진출입 도로, 부지동측 목감지구 외곽 대무도 경작지 등 장애시설이 위치하므로 현장을 확인한 후에 청약 및 분양계약을 체결하시기 바라며, 이와 관련하여 사업주체 및 시공사에 일체의 책임을 지지 않음. • 본 사업부지 외부의 공원, 녹지 등은 현재 상황 및 계획을 보여주는 것으로 당사의 사공 범위가 아니며, 관련사항은 한국토지주택공사, 지자체 관할이므로 당사와 무관함. • 당해 지구 내에는 지상 및 지하에 위험물저장 및 처리시설, 전력공급처리시설(변전소, 케이블헤드 등), 가스공급시설 등의 공공시설이 설치되므로 설치위치 등을 반드시 확인한 후에 청약 및 분양계약을 체결하시기 바라며, 이와 관련하여 사업주체 및 시공사는 일체의 책임이 없음. • 사업부지 북측에 근린생활시설용지 및 종교시설, 수도공급설비공지 등이 있어 901동, 903동, 904동 등 북측도로 인접 동의 경우 사생활에 간섭을 받을 수 있음. • 지구단위 계획상 사업부지 남측에 연결녹지 및 보행자출입구, 북측에 어린이공원 및 근린공원이 형성되어 있으며 계획이 변경될 수 있음. • 당해 지구 내 수도공급설비시설(배수지), 종교시설, 공공청사시설, 사회복지시설 등의 위치는 향후 개발계획, 실시계획 변경 시 조정 될 수 있음. • 학교, 도로, 하수, 가스, 공원 등 사업부지 외의 개발계획 및 기반시설은 국가지자체, 지자체, 해당공사에서 설치하므로 사업추진 중 일부변경, 지연될 수 있으며, 학교 및 학군의 경우 교육청의 여건에 따라 분양당시와 일치하지 않을 수 있음.

위의 자료는 또 다른 아파트의 입주자 모집공고이다. 앞서 언급한 내용이 단지 내부의 문제였다면, 이번에 이야기할 내용은 단지 외부 환경이다. 첫 번째 문구를 보면 단지 중심부에서 남쪽 약 850m 이내에 송전탑이 위치하고 있음을 명시하고 있다. 이 내용을 통해 우리 집에서 송전탑 조망이 나오지는 않는지 필히 확인해봐야 하는 것이다. 실제 준공 후 세대 조망권 내에 송전탑이 있다면 거래에 있어 매우 불리해지는 것은 자명하기 때문이다.

또한 중간을 보면 사업부지 중심부에서 남서쪽 100m 이내에 분묘가 위치해 있다고 명시되어 있다. 조망권에서 100m는 무척 가까운 거리로써 집의 정면에 분묘가 위치할 수 있다는 점을 유의해야 한다. 또한 시공사에서는 친절하게 동수까지 명시를 해주고 있다. 분묘 역시 조망권 정면에 나타난다면 준공 후에 아파트 매매를 하는데 있어 매우 어려운 요소로 작용하기에 반드시 점검해봐야 한다. 이뿐만 아니라 전력공급처리시설, 가스공급시설 등 위해시설들이 언급되어 있다.

결론적으로 어찌 보면 입주자 모집공고에서 가장 빼놓지 말고 읽어야 하는 것이 유의사항이다. 일부 시공사에서는 유의사항이라 표기하지 않고 단지여건사항, 설계사항 등으로 표기하기도 하는데, 다소 길고 어렵더라도 반드시 읽고 짚고 넘어가야 한다. 현장답사란 입주자 모집공고 상의 유의사항을 읽어보고 현장에 나가서 이러한 유의사항이 과장된 것인지, 아니면 정말로 내 아파트 매수 매도에 영향을 미칠 수 있는 부분인지 확인해보는 절차인 것이다.

우리가 수억 원짜리 집을 계약하는데 있어 어찌 보면 수만 원짜리 주식을 사는 것보다도 주의를 기울이지 않기에 분양 후에 손실이 발생하기도 하는 것이다. 그리고 정보가 없다고 불평한다. 하지만 입주자 모집공고의 유의사항을 꼼꼼히 읽어본다면 많은 정보들을 얻을 수 있고, 어떤 면에서는 모델하우스 상담사들조차 알지 못하는 내용들에 대한 숙지가 가능해, 입주자 모집공고를 한 번 읽어보는 것이 상담사와 상담하는 것보다 유용할 수도 있을 것이다.

또한 필자가 입주자 모집공고 작성을 담당하던 시절, 정말 이런 세대는 피해야 되겠다고 생각할 정도인 곳도 존재했으며, 이런 세대들에 대해서 준공 후 민원을 방어하는 차원으로 보다 구체적으로 입주자 모집공고를 기술했던 기억도 갖고 있다. 그리고 아무리 좋은 아파트 단지라 하더라도 기피 대상 세대가 있으며, 이런 기피 대상 세대를 한번 잠시 방문하는 것으로 알 수 없는 것들도 있다. 따라서 이러한 부분들 역시 입주자 모집공고에 담겨져 있는 만큼 아파트를 분양받을 때 입주자 모집공고를 읽어보는 것은 우리 자신의 재산권을 보호하기 위한 최소한의 권리라 말하고 싶다.

지금 필자가 거주하고 있는 아파트도 2012년에 미분양 아파트를 분양받아 현재까지 살고 있다. 해당 아파트를 계약할 때 입주자 모집공고 상의 유의사항을 빼놓지 않고 읽어봤기에 조망이 보다 우수한 세대보다 조망이 다소 떨어지더라도 위해시설로부터 보호가 되는 세대를 선택하였고 그러한 선택은 입주 후에 증명되었다. 실거주자, 투자자 모두 입주자 모집공고의 유의사항은 말 그대로 유의해야만 내 권리를 지킬 수 있는 것이다.

2

아파트 프리미엄은 무엇인가?

최근 아파트 분양권 시장이 다소 과열되는 양상을 보이고 있다. 문제는 기존 아파트의 가격 상승에 비해 분양권 시장의 프리미엄이 과도하게 붙어가고 있다는 점이다. 프리미엄이란 당초 건설사에서 각 세대별 컨디션에 대한 구분 없이 일괄적으로 분양가를 적용시킴(예-1층, 2층, 3층, 기준층의 4단 분류 등)으로써, 각 세대별 컨디션에 따른 갭에 따라서 붙어가는 것이었다. 즉, 20층 아파트를 예로 들자면 시장에서 상식적으로 통용되는 거래가 자제가 4~6층의 중저층 보다는 15~19층이 상대적으로 높게 나타난다. 그러나 건설사에서는 1~3층의 분양가만 차등을 두고 나머지 층을 기준층으로 적용시킴으로써(서울 재정비사업의 경우 층별로 디테일하게 나누기도 함), 가령 15~19층에 당첨될 경우 자연적으로 프리미엄이 붙게 되는 것이다. 이것이 일반적인 분양 현장의 프리미엄이다. 그러나 최근 4~6층의 중저층 세대에 대해서도 프리미엄이 3~4천만 원씩 붙어가는 현상이 많이 나타나고 있는데, 이는 해당 아파트의 전체적 분양가가 낮게 책정되어 있다는 것을 의미한다. 하지만 과연 이런 프리미엄이 정상적인 것일까?

이에 대한 이해를 위해서는 아파트에 프리미엄이 왜 붙는 것이며 더불어 그 프리미엄의 실체가 무엇인지 정확하게 이해하고 논리적으로 증명하는 절차가 필요할 듯하다. 무조건 사람들이 몰린다고 뒤쫓기 보다는 현상을 정확히 이해하고 그에 대해 스스로 논리적으로 분석되지 않는다면 그때는 과감하게 포기를 하는 것 또한 현명한 선택이 될 수 있으리라 판단된다.

| 물가상승 |

일반적으로 사람들은 집값이 오르지 않는다고 말하지만, 실제로는 2012년 이후 매년 5% 이상씩 아파트의 가격이 상승하고 있다. 갭 투자가 위험하다고 말하는 사람들도 있지만, 통계적으로 분양권 투자보다는 갭 투자가 훨씬 더 검증된 안전투자일 가능성이 높다는 것은 부정하기 어려운 사실이다. 그러나 갭 투자는 세제 혜택을 받기 위해서 장기 보유를 해야 하거나, 종부세에 대한 문제, 의료보험료 증가 등의 문제로부터 자유롭지 못해 일반적인 직장인 혹은 영세 자영업자가 투자를 진행하기에는 부담스러운 것이 사실이다. 이에 기존주택시장 보다는 분양권 시장에 과도하게 돈이 몰리는 현상이 빚어지고 있다.

분양권 투자란, 전체 분양가의 10%만으로 향후 2~3년 후 분양가 총액에 대한 물가상승 기대치를 얻어갈 수 있는 레버리지 효과를 이용하는 것이다. 즉, 분양가 3억 원의 아파트가 매년 3%씩 주변 시세가 오른다고 가정하자. 보유 1년차에 9백만 원(3억 원×103%)이라는 수익이 발생하고, 보유 2년차에 누적 1천8백만 원(3억9백만 원×103%)이라는 수익이 발생하고, 보유 3년차에 누적 2천7백만 원(3억1천8백만 원×103%)이라는 수익이 발생한다. 3년간 분양가의 10%인 3천만 원을 투자하여 얻어지는 수익은 단순 계산으로 무려 93%이다. 이것이 바로 선물거래의 기본이 되는 레버리지 효과인 것이다. 즉, 신규 분양 아파트의 가격이 현재가치 기준 주변 시세와 비슷하며, 주변의 거래가가 매년 3% 이상씩 정상적으로 상승해왔고, 미래에도 상승할 것이라는 것만 확실하다면 고수익 실현이 가능하다. 단, 최근 분양이 주변 시세를 고려하지 않고 고분양가로 분양하는 사례들이 많아, 실제 해당 분양가가 주변 시세를 고려한 분양가인지 판단하는 것은 본인이 직접 검토를 진행해봐야 할 부분으로 보인다.

또한 레버리지 효과란 고수익 대비 높은 손실도 가능하다는 점을 인지해야 한다. 준공 시점에 아파트 분양가보다 낮은 가격에 거래되는 상황(마이너스 프리미엄)이 발생된다면, 계약금 10%는 모두 날릴 수 있는 상황이 발생할 수도 있는 만큼 자신의 형편에 맞게 투자하는 지혜가 필요하다. 실제 2008~2011년에 분양권에 투자했다가 종국에는 계약금 10%를 포기하고 이자후불제 비용과 발코니 확장 비용까지 본인이 물어가며 전매를 한 사례도 엄연히 존재한다.

| 분양가 정찰제 |

위에서 설명한 레버리지 효과는 다소 비약적인 부분을 내포하고 있으며, 프리미엄의 상승 원인은 레버리지 효과만 있는 것이 아니다. 바로 분양가 정찰제에서 그 함정을 찾을 수 있다. 실제 같은 아파트에서도 조망권에 따라 매매가격이 수억 원씩 차이가 나는 곳들이 속출하고 있다. 수억 원의 차이가 발생되지 않더라도 실제 조망권이 우수한 매물은 그렇지 못한 매물에 비해 매도가 용이하고, 적어도 2~3천만 원 이상 비싸게 거래되는 것은 흔한 현상이다.

아파트 단지별 분석을 진행하다 보면 같은 단지, 같은 평형에서도 거래가 차이가 5,000만 원씩 발생되는 것은 쉽게 볼 수 있다. 그러나 우리나라 분양권 시장의 모순 즉, 선시공 후분양으로 인해 조망권이라는 무형의 가치를 분양가라는 객관화된 지표에 반영하기 어렵다. 건설회사는 단순하게 층으로 나누어 분양가를 산정하는 방식을 취하고 있으나, 결코 높은 층이 좋은 조망권을 보장하는 것은 아니기에 이러한 분양가 책정 방식은 오히려 아파트 매매가 시장에 혼란을 가중시킬 우려가 있다. 즉, 조망권이라는 무형의 가치가 보장된 세대의 경우 상대적으로 조망권을 확보하지 못한 세대들에 비해 프리미엄이 발생되는 것이 당연한 현상이며, 프리미엄의 본질은 바로 선분양 후시공 방식과 분양가 정찰제라는 모순에서 발생될 수밖에 없는 자연스러운 현상인 것이다.

| 랜드마크 |

최근 사람들은 단순하게 새 아파트라는 희망만 가지고 청약 시장에 뛰

어드는 모습을 보이고 있다. 그러나 새 아파트 프리미엄의 정확한 이해가 필요할 듯하다. 새 아파트의 공급이 부족한 서울시에서 일정 규모 이상의 새 아파트를 공급한다고 하면 희소성에 의해 새 아파트 프리미엄이 붙는 것은 당연한 논리이다. 하지만, 과연 현재 공사가 한창 진행 중인 신도시에서 새 아파트 프리미엄이 가당하기나 할까? 주위를 둘러보면 모두 새 아파트이며, 노후도가 많이 차이 나야 5년 수준에 불과하다. 따라서 신도시에서는 새 아파트라는 프리미엄은 존재하지 않는다. 다만, 신도시에서 프리미엄을 원한다면 해당 아파트가 해당 지역의 랜드마크가 될 수 있는 현장인지 여부를 판단하는 것이 중요하다.

| 전세가 상승 |

현재 입주하는 아파트들의 전세가율이 과거와 완전히 다른 모습을 보여주는 현장들이 많이 나타나고 있다. 2012~2013년 부동산시장이 얼어붙었던 시점에 분양을 받은 사람들은 대부분 실거주를 목적으로 분양을 받은 사람들이며, 투자를 목적으로 주택을 매수한 사람은 많지 않았다. 따라서 최근에 입주한 아파트 단지들을 보면, 대부분 분양받은 사람들이 실거주를 위해 들어가다 보니 전세 물량이 말라버리는 현상이 자주 발생한다. 이에 따라 전세가가 분양가에 육박하는 단지들을 종종 볼 수 있으며, 가격 프리미엄이 발행하는 것이다.

그러나 현재의 분양시장은 많은 부분이 바뀌었다. 실제 실거주보다는 투자를 목적으로 분양받는 사람들이 늘고 있으며, 그 비율이 높아지면 높아질수록 입주시에 전세가 하락 압력은 거세질 수 있는 것이다. 특히 입주물량이 많은 지역이라면 투자자 입장에서는 마인드를 바꾸어 실제 입주 시점에 전세가가 무너질 경우를 대비하여 실거주 여부를 심도 깊게 고민해야 한다.

이상으로 아파트 프리미엄이라는 것이 무엇이며, 왜 발생하는지 기본적인 메커니즘을 짚어 보았다. 그러나 무엇보다 중요한 것은 위의 4가지 사항을 단순하게 읽고 흘려 넘기는 것이 아니라 위의 내용에 따라 매수를 준비하는 지역을 미리 공부하고 분석하여 보다 안정된 투자를 하는 것이다.

3

청약 경쟁률이 높은 아파트가 좋은 아파트인가?

 간혹 어떤 강의를 들을 때면 코미디언 뺨칠 정도로 웃음을 많이 주는 강사가 있다. 그런데 누구나 이런 경험이 있을 것이다. 강사가 무슨 말을 하고 주변사람들이 모두 박장대소를 터트린다. 정작 나는 무슨 말인지도 모르면서 주변사람들을 따라 웃는 경우 말이다. 경제 용어로는 동조화 현상(coupling)이라 한다. 국제화 시대를 맞이하여 각국의 정보들이 공유되고 상호의존성이 높아지면서, 수천 Km 밖에 있는 국가의 주가지수가 폭락하면 우리나라도 함께 폭락하고, 상승하면 함께 상승하는 동조화 현상이 나타나고 있다.

 분양시장도 마찬가지인 듯하다. 처음에는 큰 관심 없이 견본주택에 한 번 가본다. 사람들이 몰려 발 디딜 틈이 없고, 여기저기서 분양을 받으려는 강한 의지들이 엿보인다. 별로 관심도 없던 현장에서 갑자기 마음의 동요가 일어나기 시작한다. 이때부터 해당 아파트에 대해 상세히 알아보기 시작한다. 그리고는 큰맘을 먹고 청약통장을 던져본다. 경쟁률이 높아서 걱정반 기대반으로 결과를 지켜봤는데, 가점이 높아 청약에 당첨된다. 횡재를 했다는 생각에 기분이 좋아진다. 그러나 맹점은 청약 경쟁률이 높다고 준공 이후에 꼭 좋은 성과를 가져다주는 것은 아니라는 것이다.

청약 경쟁률이 높다는 것은 실수요보다는 가수요 즉, 투자자들이 많이 개입되었다는 것을 의미한다. 물론 실거주자들 보다는 투자자들이 깊이가 있기에 투자 가치가 있다는 것을 의미할 수도 있지만 결코 간과해서는 안 되는 것이 있다. 투자자들이 많으면 준공 이후에 가격 상승이 쉽게 이루어지기 힘들다는 점이다. 투자자 비율이 높은 단지들의 입주시점 특징을 살펴보면 다음과 같다.

첫째, 실거주 비율이 낮아진다.
둘째, 실거주 비율이 낮아 입주시점 임대물량이 폭발적으로 발생한다.
셋째, 수요 대비 임대물량이 많아지며 임대가가 낮아진다.
넷째, 아파트 가격 상승 타이밍에 꾸준히 매물이 나타나면서 상승 타이밍을 놓치게 된다.

결국 아파트 가격을 견인하는 중요한 키포인트는 실거주 비율인 셈이다. 일례를 보면, 위례신도시가 엄청난 인기를 누렸다. 동탄2기신도시 중 시범단지 역시 마찬가지이다. 이유가 무엇일까? 이 아파트들의 실거주 비율이 높아 매물이 없기 때문이다. 투자자들은 이익실현 후에 빠지지만 실거주자들은 팔아야 할 이유가 없기 때문이다.

그럼 위례 신도시와 동탄2기신도시의 실거주 비율이 높아진 이유는 무엇일까? 바로 이곳들의 분양시점이 부동산시장의 흐름상 바닥인 2012년과 2013년에 분양을 진행한 단지들이기 때문이다. 해당 시점에는 정말 혜안을 가진 투자자가 아니면 감히 투자자들이 개입하기 어려웠다. 즉, 실거주로 접근한 사람들의 비율이 상당히 높다 보니 입주시점 임대차 물량이 적고, 거래 자체에 희소성이 있다 보니 투자자들이 개입하지만 너무도 높게 형성된 프리미엄에 고민하게 된다. 이처럼 실거주 비율이 높게 시작한 신도시들은 꾸준히 좋은 결과를 나타낼 것으로 보인다. 거주자들이 대부분 집주인이다 보니 보다 응집력 강한 커뮤니티가 형성되고, 그런 커뮤니티는 사람들의 부러움을 사게 되고 사람들이 더 몰리는 현상을 나타낸다. 단, 실거주 비율이 감소하는 움직임이 포착되면 위기의식을 느껴야 할 것이다. 그리고 실거주 비율이 꾸준히 줄어드는 것을 포착하게 되면 해당 시점이 매도시점이 아닐까 생각해 보야 한다. 그만큼 실거주 비율이 투자의 한 키포인트라 할 수 있기 때문이다. 그래서 필자의 분석에서는 늘 실거주 비율을 언급하는 것이다.

실거주 비율이 70% 이하로 떨어지게 되면 가격 상승에 그리 긍정적으로 작용하지 않는다. 물론 실거주 비율이 낮더라도 주변의 대장아파트들이 치고 올라가 주면 문제가 없겠으나 대장아파트의 실거주 비율이 낮아지면서 가격이 상승한다면 매도 타이밍이라 생각해야 하지 않을까? 어쩌면 입지가 우수함에도 불구하고 청약 경쟁률이 낮았던 단지들이 입주 후에 높은 상승으로 치고 올라갈 수도 있다. 반대로 너무 높은 청약 경쟁률을 보인 지역은 입주예정자 카페의 활동성 등을 검토해 보고 그 활동마저 저조하다면 전매가능 시점에서 매도를 하는 것도 좋은 방안이 될 수 있다.

4

분양권 전매 어디까지 알고 있나?

주택법 제41조의2(주택의 전매행위 제한 등)를 살펴보면 『41조 각 호의 범위에 해당되는 경우 10년 이내의 범위에서 주택 또는 지위를 전매하거나 이의 전매를 알선할 수 없다.』고 명시되어 있다. 그리고 전매의 범위를 『매매, 증여나 그 밖에 권리의 변동을 수반하는 모든 행위를 포함하되, 상속의 경우는 제외한다.』고 명시하고 있다.

그러나 이러한 법률이 무색하게 분양권은 전매 제한 기간이라 하더라도 근질권의 대상에 포함될 수 있다. 그럼 근질권이란 무엇일까? 근질권을 이해하기 위해서는 질권을 알아야 하는데, 질권이란 채권자(돈을 빌려준 자)가 채무자(돈을 빌린 자)에게 담보물권을 잡는 것을 말하며, 이러한 담보물권은 예금채권, 주식, 기타 동산에 대한 유치를 할 수 있으며, 유치된 질권은 채권 만기일 이후 채권자에 의해 처분이 가능하다. 따라서 근질권은 동산에 대한 담보, 근저당권은 부동산에 대한 담보 성격으로 보면 된다.

　이를 풀어서 설명하자면, A라는 사람이 10년 만기 적금을 가지고 있는데, 돈이 급히 필요한 상황이 발생하였다. 하지만, 10년 만기 적금을 깨게 되면 자신이 지금까지 불입한 원금에 대한 이자를 제대로 받을 수 없는 것이 아까워 차라리 돈을 빌리는 쪽을 택하기로 한다. 그리고 A는 B에게 자신의 10년 만기 적금을 담보로 제공하고 돈을 빌린다. 이때 담보로 제공된 10년 만기 적금은 근질권에 해당된다.

　채권자가 근질권을 설정할 때는 보통 적금통장만 담보로 잡는 것이 아니라, 적금통장과 해당 적금통장에 날인된 도장, 그리고 통장 주인의 신분증 사본, 인감증명서, 대리인 위임장 등 모든 서류를 담보로 가지고 있음으로써 담보물건을 바로 현금화시킬 수 있는 대비를 해두는 것은 기본이다.

　질권이란, 민법 제331조에 의거 『양도할 수 없는 물건을 목적으로 하지 못한다.』고 명시되어 있다. 여기서 말하는 양도는 상대방에게 쥐어줄 수 없는 물건을 이야기하는 것으로서, 전매기간 미도래 물건이 양도할 수 없는 물건에 포함되는 것은 아니다.

　따라서 분양권은 질권의 대상에 포함되며, 지금까지의 판례를 보아도 분양권 자체의 질권은 법원에서 인정하는 입장을 보이고 있다. 가령 A라는 사람이 돈이 급하게 필요한데 돈을 빌릴 수 있는 마땅한 수단이 없어 자신의 전매기간 미도래 분양권을 담보로 제3자에게 돈을 빌리는 행위는 법적으로 문제가 없으며, 제3자의 채권 만기일이 도래되어 돈을 받지 못해 전매 제한 기간이 풀릴 때까지 기다리다가 해당 근질권을 실행하여 자신의 명의로 변경시키는 절차는 합법에 해당된다.

분양권의 전매는 이러한 법의 약점을 이용하여 불법이 합법으로 되는 과정을 거치며, 이를 알고 이용하는 사람들에게 제물이 되는 것이다. 이런 법의 허점을 알고 있는 사람들은 누구일까? 법을 모르는 사람들이 이런 허점을 이용할 수 있을까?

법의 불편한 진실은 바로 이런 것이다. 준법은 서민을 위한 것이고, 그것을 초월하는 사람들에게는 관대하다. 즉, 법을 알면 불법도 합법이 되며, 법을 모르면 합법도 불법이 되는 것이 우리 눈앞의 현실인 것이다. 이처럼 불합리한 법들은 너무도 많이 존재한다. 다운계약서라는 관행 역시 과연 국가에서 잡지 못해서 못 잡는 것일까?

사실 프리미엄은 거품에 불과하다. 입주 후 해딩 프리미엄이 이이질 것이라는 보장이 없으며, 내가 높은 프리미엄을 주고 아파트를 구매했더라도 입주시점에 계약자들의 매물이 산적하고 거래가 이루어지지 않는다면, 내가 지불한 프리미엄은 거품처럼 녹아들 수도 있는 것이다. 그러나 차라리 이런 부분은 예측할 수 있는 리스크이며, 투자를 하는데 있어 손실 없는 투자는 없기에 여기까지는 개인의 능력과 판단에 책임을 돌릴 수 있다.

하지만 예측 불가능한 리스크 역시 상존한다. 이런 부분은 합법적 전매 거래가 아닌 불법적 전매 거래에서 나타나게 되는데, 이러한 불법 전매로 인한 피해 사례를 공유해 보고자 한다. 본 사례는 일부 사실적 요소에 픽션을 가미한 것으로써 가볍게 읽어도 좋을 듯하다.

| **사례1 분양권 이중 거래** |

현업에 있을 때의 일이다. 신입 여직원이 수분양자와 장시간 통화 끝에 내게 질문을 해왔다.

"이 과장님, 수분양자가 분양 계약서를 분실해서 지난번에 재발행해줬거든요. 그런데 또 잃어버렸다고 계약서를 다시 발행해 달라네요."

순간 나는 깜짝 놀라 상기된 목소리로 급박하게 물어봤다.

"아니 무슨 소리야? 계약서를 왜 재발행해줘? 누가 지시해서 계약서를 재발행해? 이게 얼마나 위험한 건지 몰라?"

"아니, 분양대행사에서 아무 문제 없다고……."

여직원은 떨리는 목소리로 말을 잇지 못한다. 아차 싶었다. 계약서에 법인인감을 모두 날인한 상태에서 모델하우스에 비치해 분양대행사에서 손쉽게 계약을 진행할 수 있도록 했던 것이 문제가 되었다는 사실을 뒤늦게 확인한 것이다.

"○○씨 그 계약자 주민등록등본 주고, 등본에 있는 거주지 등기부등본 확인해봐."

여직원이 그 계약자의 계약서에 있는 주소지 등기부등본을 떼서 내게 가져왔다. 등본을 보는 순간 등에 소름이 돋는다. 시세가 4억 원에 불과한 주택에 근저당 및 압류 여러 건이 잡혀 있고, 저당 및 압류 총액이 5억 원을 초과하고 있었다.

"○○씨, 사고 난 거 같다……."

이후 계약서를 분실했다는 그 계약자와 직접 통화를 하고, 계약서 재발행이 불가하며 복사본만 줄 수 있다고 말하자 혼자서 흥분하여 욕설을 퍼붓다가 스스로 제풀에 지쳐 전화를 끊어버렸다.

그리고 수개월 후, 나의 예측은 불행히도 맞아떨어졌다. 계약서를 분실했다고 주장한 계약자는 이미 사기죄로 수배령이 내려져 있었으며, 그가 발행한 계약서 2건은 모두 타인에게 매도된 상태였다. 즉, 한 개의 물건으로 이중 계약을 한 것이다. 이중 계약으로 손실이 발생한 계약자가 건설사에 각종 민원 및 소장을 접수하였으나, 이런 상황에서 건설사는 법적 책임이 없다. 피해자들은 건설사 담당자를 업무상 배임죄로 고소하겠다고 하였으나, 실무자 입장에서는 불법을 자행한 적도 금전적 이득을 취한 적도 없기에 경찰 진술을 진행한 뒤에 더 이상 책임을 묻지 않았다.

만약 합법적 거래라면, 부동산의 물건 확인에 대한 책임을 물어 손해 배상을 받을 수 있으나, 불법 전매 거래는 이것이 온전한 부동산 거래가 아닌 채권에 대한 담보의 성격이기에 단순 채권으로 분류되어 이를 중개한 부동산에도 손해 배상에 대한 직접적인 책임이 약해진다.

즉, 분양권 불법 거래는 계약서의 재발행을 통해 이중 계약 혹은 삼중 계약까지도 가능하며, 실제 사기를 치기로 작정하고 나서면 막을 도리가 없다. 따라서 불법 분양권 거래를 중개 받아 진행시킨다는 것은 어찌 보면 도박에 가까운 행위라 볼 수 있다.

| 사례2 양도 거부 |

건설회사는 기본적인 업무가 있기에 전매를 항시 해주지 못하고, 일시

를 정해 1주일에 1회 정도 전매 거래를 승인해준다. 전매 거래는 계약서 마지막 장에 있는 매도인과 매수인 간 거래란에 건설사가 해당 거래를 승인하는 인감을 날인하는데, 건설사의 인감이 들어가 있지 않으면 해당 거래는 인정되지 않는다. 이에 건설사의 전매 거래 확인 인감 날인은 전매 거래에 있어 매우 중요한 절차이다. 하루는 전매 거래를 위해 모델하우스에 나가있던 후배에게 전화가 왔다.

"이 과장님, 전매 거래를 하러온 분 중에 매수인이 매도인 위임장을 혼자서 가져와서 전매 처리를 해달라고 합니다. 어떻게 해야 하나요? 매도인 인감증명서라든지 신분증 사본, 주민등록등본 등 법적 서류는 모두 갖추었습니다."

바로 직감했다. 이런 경우는 불법 전매를 통해 매수인이 사전에 모든 서류를 받아두었지만, 해당 아파트의 프리미엄이 많이 오르자 최초 청약 당첨자가 분양권 양도를 거부하는 경우에 종종 발생되는 일이다.

"인감증명서 발행일이 3개월 이내인지 확인해봐."

"아, 과장님 인감증명서 확인해보니 1년 전에 발행한 것입니다."

"그럴 줄 알았어. 회사 규정상 3개월이 지난 인감증명서는 받을 수 없다고 하고, 3개월 이내 인감증명서로 다시 가져오라고 말씀드려."

그리고 나서 수개월이 지나 해당 아파트는 전매가 이루어졌는데, 매도인 위임장을 가지고 와서 전매를 진행하려 했던 그 매수자가 아닌 다른 사람과 분양권 전매가 이루어졌다.

참 분양권 시장이 재미있다는 것을 체감하였다. 아무리 완벽히 서류를 갖춰도, 그리고 설령 자신이 분양 계약서를 가지고 있다 하더라도 원 매도인과 원만한 합의가 이루어지지 않는다면 자신이 가진 근질권은 허상에 불과하다. 어차피 분양 계약서는 분실해도 입주시점에 계약자 본인 확인만 이루어진다면 필요 없는 종이쪼가리에 불과할 수도 있기 때문이다.

불법 분양권은 매도인이 법을 조금만 안다면 프리미엄이 많이 오른 경우 일정 부분 손해를 감수하고 계약을 일방적으로 파기할 수 있기에, 원 매수인은 오히려 프리미엄이 과도하게 오른다고 좋아할 수만은 없는 입장이 된다.

위의 사례들은 직간접적 경험을 통해 알게 된 것들이며, 이 사례들 이외에도 수많은 리스크를 가진 것이 불법 분양권 거래 시장이다. 특히 모델하우스 정당계약 당첨일에 벌어지는 야장은 당초 업자들과 업자들 간 도박에 가까운 돈 놀음장이었다. 즉, 사기꾼들도 많고 한 개의 물건으로 2~3중 계약을 체결해도 진위 여부 확인이 어려우며, 아무런 증빙자료가 없는 상태에서 오로지 상대방을 믿고 거래해야 하는 시장이 정당계약 당첨자 발표일에 이루어지는 야장인 것이다.

당초 야장은 타 지역의 떴다방들이 현지 부동산들에게 물건을 넘기고 빠져나가고, 남겨진 현지 부동산들이 프리미엄을 유지시키며 거래가를 형성해 나가는 것이었다. 이때 허위 물건을 들고 있다가 뒤늦게 건설사에 확인하고 자신이 사기당했음을 인지하게 되는 사례도 많았다.

실제 건설사에 계약자 진위 여부를 확인하는 전화가 종종 걸려왔으며, 계약자 확인이 이루어지지 못했을 때 탄식으로 이어지는 수화기 너머의 상황은 모든 이야기를 듣지 않아도 충분히 짐작할 수 있는 것이었다.

이처럼 야장은 불법이며, 일반인들이 진입하기에는 위험한 장이다. 떴다방은 대부분 서로 간의 인적 네크워크가 있으며, 그들 간에는 하자 거래를 예방하기 위해 블랙리스트를 가지고 있어 리스크를 감소시킨다.

결론적으로 불법 거래를 통해 막연히 큰돈을 벌 수 있을 것으로 생각할 수 있지만, 이미 현장에서 당신은 늑대 소굴 앞에 놓여진 토끼 신세가 될 수도 있다. 막연히 고위험 고수익을 생각하기 이전에 내가 잘 모르는 분야라면 '고위험 = 고손실'이라는 생각을 먼저 해야 하지 않을까 싶다.

5장

기존 아파트 시장 인사이트

1

대한민국 아파트 연도별 거래 추이

보통 어떤 기업을 평가할 때 그 기업의 자산과 매출액을 중요한 요소로 판단한다. 매출이 증가세인지, 감소세인지? 판매량이 증가세인지 감소세인지? 몇 년간의 매출 추이, 그리고 향후 매출 증감 요인 등을 확인하고 해당 기업의 주식을 매수한다. 반면 매출 감소 요인이 두드러지면, 해당 주식에 대한 최적의 매도 타이밍을 고민하게 된다.

주식시장에 아파트 시장을 대입해 본다면, 아마도 매출에 해당하는 것이 아파트 가격이고 이에 따른 결과물인 거래총액이라 할 수 있을 듯하다. 그렇다면 대한민국의 한해 아파트 거래총액은 과연 어느 정도 규모일까?

2006년 대한민국 아파트 거래총액(신규 분양 아파트 제외)은 약 111조 원으로, 2006년 GDP(966조 원)와 비교했을 때 약 11% 규모이다. 또한 2006년 대한민국의 예산이 221조 원임을 감안하면 대한민국 한해 예산의

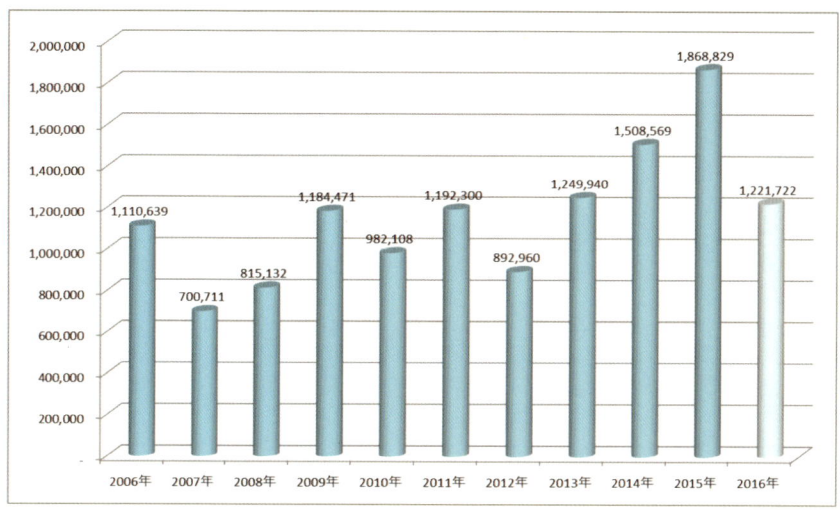

출처 : 국토교통부 실거래가 자료를 통해 차트화
* 이 자료에서 2016년은 9월까지 취합된 것으로, 2016년 자료는 아직 확정된 것이 아님.

50% 수준의 아파트 거래가 이루어졌음을 알 수 있다. 이를 통해 대한민국에서 아파트 거래총액의 증감이 국가 재정 및 경제에 미치는 파급력의 크기를 가늠해볼 수 있을 것이다.

이에 어떤 정부도 부동산시장이 침체되기를 원하지 않는다는 것은 자명한 사실이다. 하지만 부동산의 과열 또한 여러 가지 부작용을 낳을 수 있어 부동산시장에 대한 완급조절은 정부의 매우 중요한 과제라 할 수 있다.

위의 표를 보면 2015년의 아파트 거래총액이 과도하게 상승한 것으로 나타난다. 이것만 가지고 2015년의 아파트 시장이 과열되었다고 판단할 수 있을까? 이 표만으로 아파트 시장의 과열을 논하기에는 무리가 있다. 2015년의 아파트 거래총액이 급격하게 늘어난 것은 사실이나, 앞서 설명한 GDP 규모와 비교해 본다면, 2015년의 거래총액이 급증한 것이 아니라 2007년부터 2013년의 거래가 비정상적으로 위축되었음을 알 수 있다.

2015년의 국내 총생산(GDP)은 1,558조 원으로 2006년 GDP 대비 161% 성장하였다. 그리고 앞서 비교한 방법과 마찬가지로 2015년 GDP 대비 아파트 거래총액(187조 원) 비율을 도출해보면 약 12%로 2006년과 비슷한 수준으로 나타난다. 물론 이런 비교가 다소 비약적 방법일 수 있으며, 2006년의 부동산시장이 과열된 시점이라는 비판으로부터 자유로울 수는 없다. 하지만 2007~2013년까지 대한민국의 부동산시장이 폭락론이라는 공포에 빠져 정상적인 거래가 이루어지지 못한 점을 감안한다면 2015년 아파트 거래총액의 폭발적 증가는 인과가 어느 정도 이해가 되리라 생각된다. 이는 거래량으로 접근해볼 때, 보다 명확한 설명이 가능하다.

한해 아파트 거래는 50~60만 세대 규모에서 이루어지고 있음을 알

대한민국 아파트 연도별 총 거래량 (단위 : 거래건수)

연도	거래량
2006년	590,795
2007년	478,202
2008년	507,191
2009년	583,634
2010년	528,801
2011년	590,591
2012년	441,601
2013년	563,065
2014년	635,063
2015년	713,516

출처 : 국토교통부 실거래가 자료를 통해 차트화

수 있다. 50만 세대 이하로 거래될 경우 부동산의 침체기를 의미하며, 아무리 거래가 적더라도 40만 세대 아래로 거래되는 경우는 근 10년간 없었다.

그러나 2011년 6월 10일 한국은행 기준금리가 3.25%까지 오르며, 아파트 매수심리는 크게 위축되고 그 결과가 아파트 매매 거래량에 영향을 미쳤다. 또한 금리 인상이 너무 급격하게 이루어졌다는 부분 역시 주택시장의 불안요인이 되었는데, 2009년 2월의 한국은행 기준금리가 2%였으니 단기간에 급격한 금리 인상이 아파트 매수심리를 위축시켰다.

또한 당시 지속적으로 금리가 오를 것이라는 분위기가 만들어지면서 주택시장은 크게 위축되었다. 물론 주택시장은 한 가지의 요인만으로 움직이는 것은 아니다. 2012년 서울의 강남지역은 아파트 매수심리가 바닥을 향하는 시점으로써, 2011~2012년 강남 우면, 세곡, 내곡 등의 턱없이 낮은 분양가와 시프트 전세가로 인해 정부에서 더 이상 아파트를 매수할 의욕 자체를 꺾어버리는 정책적 요인이 가미되면서 나타난 현상이다.

그럼 이 거래총액과 거래량으로 평균 거래가를 도출해보면 어떤 결과가 나타날까? 대한민국 전국 아파트 평균 거래가는 2007년과 2010년을 제외하고 가격이 떨어진 적이 존재하지 않는다. 그나마 최악의 부동산 시즌이 2009년부터 2012년까지로 해당 시점의 평균 거래가 상승은 매우 미약한데 반해 부동산 매수심리가 억눌렸기에 2013년부터 가격이 폭발적으로 증가하는 모습을 보인다.

2006년부터 2008년까지의 평균 거래가 등락에 대한 부분은 필자의

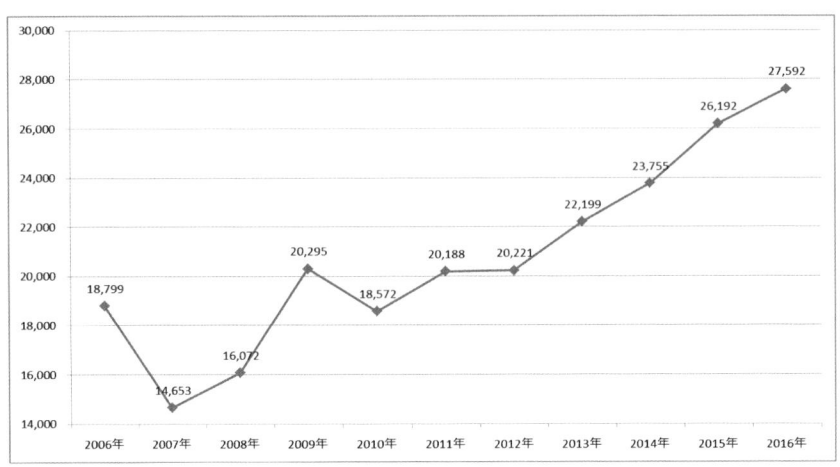

해석이 포함되어야 할 듯하다. 2007년의 평균 거래가 급락은 2가지 요인(정부 정책, 금리 인상)이 맞물리면서 나타난 현상이다.

우선 정책적 요인으로서, 2006년 참여정부의 3.30 주택시장합리화 방안과 2007년 1.11 시장안정 제도개편 발표 및 시행으로 꾸준히 시장을 규제한데 따른 정책적 효과가 있었다. 두 번째 요인은 바로 금리 효과이다. 2006년 초 3.75%였던 한국은행 기준금리는 2007년 8월까지 5%로 급등한다. 이에 따른 효과로 주택가격은 하락기를 맞게 된다.

반면 2008년 이명박 정부가 들어서면서 6.11 미분양 대응방안과 11.3 경제난국 극복 종합대책을 발표함으로써 주택가격 회복 정책으로 돌아서는 시그널을 보내주었고, 더불어 2009년 2월 한국은행 기준금리를 2%까지 하락시킴으로써 2009년 주택가격은 급등 양상을 보인다. 하지만 급등이라기보다는 2007~2008년의 아파트에 대한 불안심리에서 회복된 결과라는 것이 보다 정확한 표현일 것이다.

그러나 2010년 전국적으로 미분양주택이 적체되기 시작하면서 다시 한 번 아파트 거래 시장은 침체기를 겪는다. 여담이지만, 재미있게도 상승론이든 하락론이든 부동산 관련 전망서들은 늘 뒷북을 친다. 선대인의 『부동산 대폭락 시대가 온다(2008년 10월)』와 『선대인, 미친 부동산을 말하다(2013년 11월)』의 출간 시기가 모두 부동산 가격 상승 직전에 나온 책들이라는 점이다. 즉, 선대인 씨는 훌륭한 예언가라 볼 수도 있다. 선대인 씨가 부동산 폭락론과 관련한 책을 출간할 때면, 바로 그 타이밍이 아파트 매수의 최적기라는 교훈을 남겨주었다. 반면, 부동산 가격이 폭등한다는 책이 출간될 때는 다소 숨고르기를 해야 할 시점이 아닌가 싶다.

하지만 폭락론에 대한 과도한 두려움을 가질 필요는 없다. 대한민국의 경제가 앞으로 무너질 것이라는 경제 회의론자의 말에 보다 신뢰가 간다면 주택을 매도하는 것이 맞을 것이다. 그러나 역사는 말해주고 있다. 지나친 회의론자들이 성공할 가능성보다는 경제를 긍정적으로 바라보되 긍정 속에서 리스크를 찾아가는 사람들이 보다 성공 가능성이 높다는 사실을 전 세계 경제학자들을 보더라도 충분히 알 수 있다.

2

대한민국 아파트 면적별 가치 변화

앞서 대한민국 아파트 평균 거래가 증가를 보며 도저히 이해가 되지 않는 사람들이 많을 것이다. 특히 서울의 대형 평형에 살고 있다면 동의하기 어려운 내용일 것이다. 그렇다면 국토교통부에서 제공하는 이 자료가 잘못된 것일까?

대한민국 아파트 면적별 거래총액 및 비율

(단위 : 억 원)

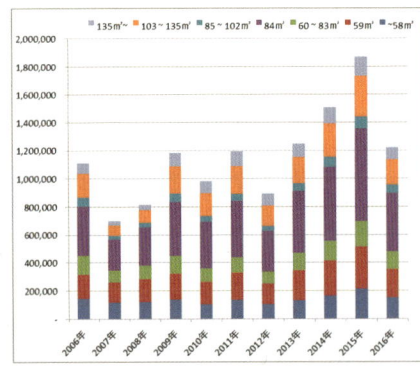
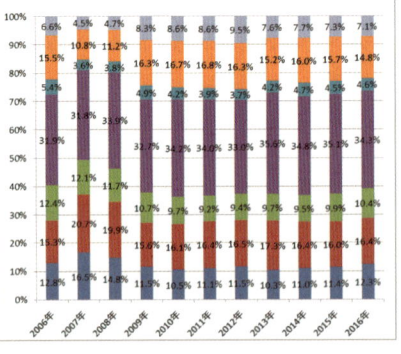

~58㎡ : 전용면적 18평.1 미만 / 공급면적 기준 약 22평 이하
59㎡ : 전용면적 18.1평 / 공급면적 기준 약 23~28평
60~83㎡ : 전용면적 19~24평 / 공급면적 기준 약 29~32평
84㎡ : 전용면적 25.7평 / 공급면적 기준 약 33~36평
85~102㎡ : 전용면적 26~30.9평 / 공급면적 기준 약 37 ~ 40평
103~135㎡ : 전용면적 31~40.8평 / 공급면적 기준 약 41 ~ 49평
135㎡초과 : 전용면적 41평 이상 / 공급면적 기준 약 50평형대 이상

이번 장에서 대한민국 아파트의 면적별 가치 변화를 먼저 살펴보고, 다음 장에서 지역별로 나누어 아파트 가격 변화가 어떻게 이루어져 왔는지 살펴보도록 하자.

앞의 연도별 거래총액을 1차적으로 아파트 면적별로 구분하였고, 2차적으로 연도별 아파트 거래총액 기준으로 면적별 비율을 나타내었다. 하지만 거래총액 기준 매년 면적별 비율의 변화는 크게 나타나지 않았다.

시사점은 대한민국 아파트 시장에서 여전히 가장 많은 거래비율을 나타내고 있는 평형대는 30평형대(전용 $84m^2$) 아파트로써, 대한민국에서 가장 기준이 되는 아파트라는 점을 여실히 증명하고 있다.

그럼 다음으로 각 평형대별 아파트 평균 거래가를 도출해보자. 아래 차트는 아파트 각 면적별 전국 평균 거래가를 시계열 분석으로 도출한 자료로써, 아파트 면적 중 어떤 평형대가 가장 높은 상승을 보였는지 살펴보기 위한 차트이다.

아래 차트에서 좌측은 면적별 평균 거래가 변동 차트이며, 우측은 2006년 대비 2016년 가격 상승률을 표기한 자료이다. 10년간의 상승률을 표기한 것인데, 재미있는 사실은 전용면적 $59m^2$(일반적인 20평형대 아파트)의 가격 상승이 독보적이라는 점이다. 10년간의 가격 상승률은 무려

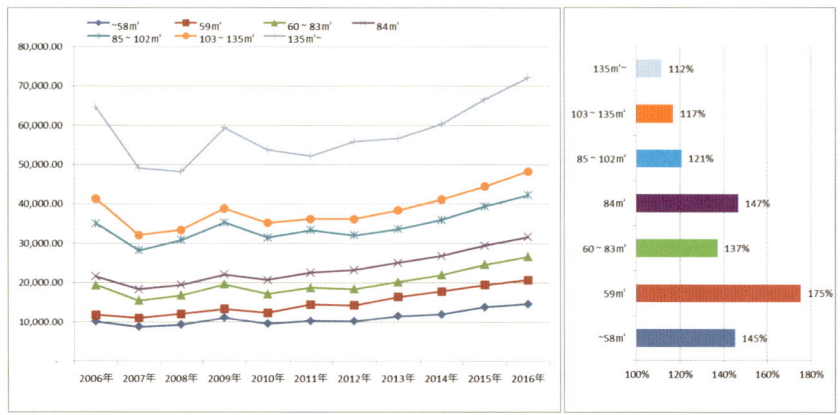

출처 : 국토교통부 실거래가 자료를 통해 차트화
* 이 자료에서 2016년은 9월까지 취합된 것으로, 2016년 자료는 아직 확정된 것이 아님.

175%에 달한다. 다음으로 높은 상승률을 기록한 $84m^2$(일반적인 30평형대 아파트)의 가격 상승이 147%로 두 번째로 높으며, 가장 작은 평형인 $59m^2$ 미만 아파트(10~20평형대 초)가 145% 상승으로 세 번째로 높은 상승률을 기록하였다.

반면 대형 평형 아파트들의 경우 면적이 커지면 커질수록 가격 상승률이 낮아졌는데, 대한민국에서 가장 넓은 평형대 아파트군인 $135m^2$ 초과 아파트의 10년 간 가격 상승률은 불과 112%로 대형 평형의 투자 가치가 낮다는 점이 실제로 증명되고 있다. 그렇다면 대형 아파트의 투자 가치가 높게 나타나지 못하는 원인은 무엇인가.

첫째, 발코니 확장의 합법화이다. 발코니 확장이 합법화되면서 2007년 이후 신축아파트들의 경우 같은 전용면적이라 하더라도 기존 아파트의 전용면적보다 넓은 면적을 사용할 수 있게 되었으며, 40평형대 아파트보다 넓은 30평형대 아파트들이 등장한 것이다.

둘째, 국민들의 실질소득수준이 증가하지 못하면서 임차인들 역시 높은 관리비 부담 등에 따라 40평형대 초과 아파트에 거주하는 부담이 커지게 되었고, 일부 지역에서는 40평형대 이상의 아파트보다 30평형대 아파트의 전세가가 더 높아지는 현상이 발생되기도 한다. 이는 투자적인 측면에서 불리한 요소를 가지기에 투자자 유입이 이루어지지 않고 실수요 위주로 시장이 만들어지면서 국민주택규모 초과 아파트들의 거래가 용이하지 못한 현실적 문제를 낳았다.

셋째, 40평형대 이상 아파트에 거주하는 사람들의 속성이다. 40평형대 이상 아파트는 자녀가 많아서 40평형대 아파트에 거주하는 것이 아니라, 고소득층 소비 역량이 강한 사람들이 40평형대 이상 아파트를 선호한다. 그런 관점에서 그들이 노후화된 40평형대 아파트를 선호할 리가 없다. 따라서 40평형대 이상의 아파트는 입지적으로 우수한 곳이 아니라면 가격 상승을 기대하기 어렵다는 부분을 동시에 알 수 있다. 그런데 2000년부터 2008년까지 입지가 양호하지 못함에도 불구하고 너무도 많은 국민주택규모 초과 아파트들을 시장에 공급해 차트에서처럼 국민주택규모 초과 아파트 즉 40평형대 이상의 아파트들이 고전하는 것을 확인할 수 있다. 다만 이는 일정하게 통계적 오류를 동반하는 자료인 만큼 입지가 우수하고 교통이 우수한 지역의 국민주택규모 초과 아파트라면 너무 큰 걱정은 하지 않아도 될 것이라 생각된다.

알다시피 2007년 이전에는 $59m^2$ 이하 아파트의 경우 투자기피 대상이었다. 2007년 이전의 투자 트렌드는 대형 평형이었다. 대형 평형은 올라도

$84m^2$ 미만의 소형 평형은 투자 가치가 없다 하여 아파트를 매수할 때 최소 $84m^2$ 이상의 아파트에만 투자를 하였다.

하지만 10년이 지난 지금의 시각에서 뒤돌아보면 오히려 20평형대 아파트를 샀어야 가장 높은 수익률을 올릴 수 있었다는 점을 알 수 있다. 이처럼 트렌드는 바뀐다는 사실을 인지하고 최대한 고정관념을 없애는 것이 필요하다. 지금 현재 시점에 주택 매수에 뛰어든 세대들을 보면 가구 소형화 추세에 따라 소형 불패론을 과신하고 있지만, 투자의 트렌드는 바뀔 수 있다는 점에서 지나친 과신보다는 다양한 관점에서 바라보는 시각도 필요해 보인다.

3

대한민국 아파트 지역별 거래 추이

앞서 대한민국 아파트 면적별 트렌드 변화를 살펴보았다. 현재 대한민국에서는 $59m^2$의 아파트가 가장 각광받고 있으며, 아파트 가격 상승도 주도하고 있다.

그렇다면 지역별로 분석해보면 어떤 결과가 나타날까? 2008년 이전의 트렌드로는 서울 집중화 현상이 지속될 것으로 보였으며, 서울지역 그중에서도 특히 강남의 부동산 투자를 선호하였다. 강북에 거주하는 사람들은 강남과의 가격 격차가 커지면서 상대적 박탈감에 빠졌고, 그러한 상실감으로 인해 강북 거주자들이 뒤늦게 강남 진입에 합류하면서 강남 아파트 가격의 최고점을 찍게 된다.

그리고 경기도로 나가면 다시는 서울 진입이 어려워진다는 소문들에 서울에 집을 마련하는 것이 부동산 투자의 궁극점인 것처럼 인식되었다. 하지만 뒤돌아보았을 때, 당시 우리의 고정관념 그리고 소문들이 사실이었는지 자문하지 않을 수 없다. 서울의 투자가 과연 정답이었을까? 이에 따라 우리가 가지고 있던 고정관념이 현실에 부합하는지 데이터를 중심으로 살펴보도록 하겠다.

이번 장을 통해서 지금까지 우리가 가져왔던 고정관념과 현실 사이의 괴리가 상당하다는 점과, 고정관념보다는 미래 부의 이동에 대한 심도 깊은 공부와 통찰이 필요하다는 점에 공감할 수 있을 것으로 생각한다.

대한민국 아파트 지역별 거래총액 추이 (단위 : 억 원)

구분	2006년	2007년	2008년	2009년	2010년	2011년	2012년	2013년	2014년	2015년	2016년
서울	421,083	182,278	213,954	367,126	214,825	245,514	181,129	291,076	377,408	306,524	277,836
경기	436,266	211,959	225,736	330,837	228,270	311,795	222,621	363,751	444,258	309,498	225,529
기타	253,290	306,474	375,443	486,508	539,014	634,992	489,210	595,114	686,902	1,252,807	718,357
합계	1,110,639	700,711	815,133	1,184,471	982,109	1,192,301	892,960	1,249,941	1,508,568	1,868,829	1,221,722

대한민국 아파트 지역별 거래량 추이 (단위 : 거래건수)

구분	2006년	2007년	2008년	2009년	2010년	2011년	2012년	2013년	2014년	2015년	2016년
서울	120,346	56,726	54,567	72,520	43,215	53,791	40,717	65,748	81,912	65,774	53,608
경기	215,044	123,493	111,675	135,340	97,503	129,282	93,870	143,860	168,601	112,466	80,348
기타	255,405	297,983	340,949	375,774	388,083	407,518	307,014	353,457	384,550	535,276	308,823
합계	590,795	478,202	507,191	583,634	528,801	590,591	441,601	563,065	635,063	713,516	442,779

* 이 자료에서 2016년은 9월까지 취합된 것으로, 2016년 자료는 아직 확정된 것이 아님.

위의 자료를 보면 2006년 서울과 경기도의 거래총액은 전국에서 거래된 아파트 거래총액의 약 75%를 점유하였으며, 2010~2012년에는 50% 선이 무너지고, 2015년에는 최초로 40%대까지 떨어지는 모습을 보인다.

거래 양적인 측면에서도 2006년 서울에서 12만 건의 거래가 발생하고,

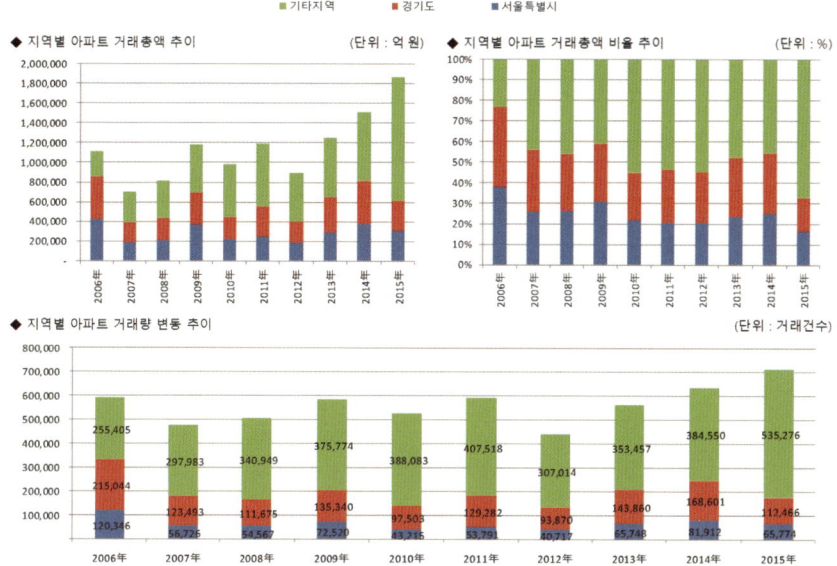

경기도에서 21만 건의 거래가 발생하였다. 그러나 이듬해 서울 및 경기도 거래량이 전년 대비 각각 47.1%, 57.4%로 급감한 후 2007년 수준에서 매년 거래가 이루어지고 있다. 반면 서울 및 경기도 외 지역에서는 오히려 거꾸로 2006년 이후 매년 거래량이 증가하는 모습을 나타낸다.

 2006년의 서울 및 경기도에 대한 거래 쏠림 현상의 원인은 과거 참여정부에서 행복도시(지금의 세종시), 혁신도시, 기업도시 등에 대한 토지보상이 이루어지면서 이 보상금이 서울로 재투자되며 나타난 현상으로 풀이된다. 물론 혁신도시 및 기업도시들 중 일부가 2007년부터 토지보상이 이루어졌다는 일각의 주장도 있을 수 있으나, 사실 당시에는 혁신도시 및 기업도시로 선정되기만 하면, 금융권에서 해당 지역을 가가호호 방문하며 대출을 권유하고 다녔다는 점에서 현금보상 시점 이전부터 시중의 유동성이 풍부해졌다는 것은 부정하기 어렵다.

2007년부터의 지방아파트 거래량 증가 역시 행복도시, 혁신도시, 기업도시와 직접적 관련이 있는 부분으로, 지방도시와 서울 및 수도권의 균형적 발전을 꿈꿨던 참여정부의 노력이 뒤늦게 빛을 발하고 있다고 볼 수 있다. 참여정부에서는 과천 정부청사에 있던 대한민국 모든 행정 주무부처 및 장관실을 행복도시(세종시)로 이전하는 계획을 수립하였으며, 서울 및 경기도에 집중되어 있던 공기업들을 모두 전국 8도에 분배된 혁신도시로 이전하면서 현재 지방의 거래물량이 급증하는 현상이 나타난 것으로 판단된다.

   결론적으로 참여정부의 국토 균형발전을 위한 행복도시, 혁신도시, 기업도시 육성전략이 참여정부가 끝난 지 10년이 되어가는 현 시점까지도 천천히 그 파급효과가 나타나고 있는 것이다. 더욱이 직장은 세종시(행복도시)에 있더라도 거주에 있어서는 서울만을 고집하여 주말부부가 되었던 세종시의 각 주무부처 공무원 및 그 가족들이 점차 세종시로 유입되어가면서 세종시는 점점 더 안정을 찾아가는 듯 보인다. 더불어 세종시의 호재는 아직 끝나지 않았다. 세종시에는 아직 청와대와 국회가 이전하게 될 부지를 남겨놓고 있는 상태인데, 만에 하나 청와대 및 국회가 세종시로 이전하게 된다면, 이때는 세종시가 거품이라는 주장이 일 정도로 높은 부동산 가격 상승이 나타날 수도 있어 보인다.

   이러한 요인으로 평가해봤을 때 인구의 서울 집중 현상이 점차 약해지고 있으며, 이는 서울의 집값에 영향을 미쳐왔다. 거래총액 기준으로 살펴보더라도 2006년 서울 및 경기도에서 발생한 아파트 총 거래가가 85조 원을 기록한 이후 10년이 지난 지금까지도 해당 기록을 갱신하지 못하고 있다. 물론 2006년의 부동산시장이 특출났다는 점을 감안하더라도, 그동안의 가격상승률을 감안할 때 10년 전의 서울시 및 경기도의 아파트 거래총액을 회복하지 못하고 있다는 점에서 지금의 서울 및 경기권 부동산 시장의 급등이 과열이라고 해석하기에는 무리가 있어 보인다. 그럼 위의 총 거래가에서 총 거래량을 나누어본 평균 거래가는 어떤 모습으로 나타날까?

대한민국 아파트 지역별 평균 거래가 추이 (단위 : 만 원)

구분	2006년	2007년	2008년	2009년	2010년	2011년	2012년	2013년	2014년	2015년	2016년
서울	34,989	32,133	39,209	50,624	49,711	45,642	44,485	44,271	46,075	46,603	51,827
경기	20,287	17,164	20,214	24,445	23,412	24,117	23,716	25,285	26,350	27,519	28,069
기타	9,917	10,285	11,012	12,947	13,889	15,582	15,934	16,837	17,862	23,405	23,261

* 이 자료에서 2016년은 9월까지 취합된 것으로, 2016년 자료는 아직 확정된 것이 아님.

먼저 위 차트에서 2007년의 하락에 대해 언급해야 할 것 같다. 참여정부의 부동산 대책은 강남 3구를 겨냥한 것들이 많았으며, 그로 인해 참여정부 임기 후반부에는 강남의 거래량이 상당히 위축된 것이 사실이다.

반면 2006년 실수요들이 가세되면서 사람들이 고려하지 않았던 강북 및 강서지역의 거래량이 증가하고, 그동안 투자로는 기피 대상이었던 소형 주택(59㎡ 이하 아파트)들의 거래량이 늘어나며, 2007년에는 오히려 평균 거래가를 낮추는 상황이 발생된 것이다. 이는 실제 거래가가 낮아졌다기 보다 저가 주택의 가격 상승 시점에 매수가 늘어나 평균 거래가를 낮춘 것으로 보인다.

특히 참여정부는 2004년 10.29 대책으로 1가구 3주택에 대해 양도세를 60%로 강화하였으며, 2005년 8.31 대책에서는 종부세를 강화하고 1가구 2주택 실거래과세 및 양도세를 강화하였다. 이에 따라 2006년 실제 종부세를 납부한 경험이 있는 다주택자들이 2007년 가격이 낮은 소형 주택들을 매도하면서 2007년은 소형 주택의 거래 비중이 높아지는 시점이었다.

반면 2009년의 평균 거래가 상승 역시 다소 통계적 오류를 갖고 있다. 앞서 설명하였듯이 참여정부의 부동산 안정화 대책들은 대부분 강남 3구를 향하고 있었다. 그러나 2008년 이명박 정부가 들어서면서, 2008년 한 해 동안 3개의 부동산 활성화 대책들을 발표하는데, 이러한 기류에 편승하여 강남의 주택 거래가 정상으로 돌아와 강남 3구 지역의 거래량이 늘어나며 나타난 현상이다.

위의 차트에 집중해 보자면, 2006년 대비 2015년의 가격 상승률(2016년의 경우 9월까지의 취합 자료로 2015년 평균 거래가 기준으로 산출)은 서울이 133%, 경기지역 136%, 기타 지역 235%의 결과를 나타내고 있다. 물론 이는 기준점이 서울 및 경기지역 고점 기준 비교이기에 나타난 결과인 측면도 있다.

사람들은 일반적으로 부동산은 서울 및 경기도에 사야한다는 인식을 가지고 있으며, 투자수익률 역시 당연히 이곳이 더 높을 것이라 판단한다. 더욱이 서울과 경기도만을 비교하더라도 서울의 아파트 가격 상승률이 더 높을 것이라 여긴다. 그러나 우리의 인식과는 상당히 다른 결과들을 확인할 수 있다.

또한 이러한 인식과 더불어 강남불패 신화 또한 믿어왔다. 강남에 투자하면 적어도 안전할 것이라고……. 하지만 과연 그럴까? 다음 장에서 우리가 믿어왔던 강남불패 신화에 대해 검증해보도록 하자.

4

서울시 아파트 각 구별 평균 거래가 추이

앞 장에서 살펴본 평균 거래가 차트는 각 아파트 단지별로 나타나는 절대적 가격증감 지표와는 다소 차이를 나타내기도 한다. 원인은 서울시 전체적으로 가격 하락이 있었다 하더라도 세대 당 거래 단가가 높은 강남의 거래량이 늘어나고 가격이 낮은 강북의 거래량이 감소하면 실제 두 지역 모두의 실제 거래가 자체는 낮아졌으나, 평균 거래가는 증가하는 통계적 오류가 나타날 수 있는 것이다.

반대로 전체적으로 실거래가는 증가하였으나, 세대 당 단가가 낮은 강북 소형 평형 위주의 거래가 늘고 강남의 대형 평형 거래량이 줄었다면 평균 거래가는 낮아진다. 즉, 앞 장에서의 전체 평균 주택 거래가의 증감은 우리가 느끼는 현실감과는 다소 크게 차이가 날 수 있다. 즉, 앞선 자료는 전체적인 주택시장의 분위기를 가늠해보는 척도에 불과하며, 현실적 지표로 사용하기에는 무리가 따른다. 이러한 통계적 오류를 좁혀가기 위해서는 지역별, 면적별로 보다 세분하여 평균 거래가 변동 추이를 살펴보는 것이 필요하다.

따라서 분석의 기준을 서울시 각 구별로 세분화하여 평균 거래가를 도출함과 동시에, 서울시 소재 전용면적 84㎡(30평형대) 아파트를 기준으로 그 결과를 살펴보고자 한다.

서울시 소재 84㎡ 아파트 각 구별 평균 거래가 추이 (단위 : 만 원)

구분	2006년	2007년	2008년	2009년	2010년	2011년	2012년	2013년	2014년	2015년	2016년
강남구	78,749	84,535	86,153	87,415	89,917	85,580	81,730	79,592	82,702	88,302	97,386
서초구	66,218	69,813	70,397	79,584	79,564	78,961	80,886	73,637	79,166	88,145	93,370
송파구	55,079	60,605	59,068	66,745	70,671	69,606	67,624	66,356	66,352	69,502	75,913
용산구	51,055	61,999	70,491	69,855	68,624	68,688	64,355	59,239	61,840	65,180	68,346
광진구	46,965	52,902	54,096	54,933	55,833	55,839	53,779	53,364	56,276	58,792	61,013
마포구	40,422	45,762	50,906	53,153	51,579	53,641	49,486	49,146	51,459	54,851	60,617
동작구	39,828	45,543	49,697	49,380	48,940	49,733	48,816	49,874	49,973	53,534	58,922
중구	44,406	49,401	52,494	51,822	51,852	54,621	50,857	51,049	52,499	55,851	58,434
성동구	42,553	49,498	50,508	51,334	50,651	49,912	47,249	47,773	51,208	53,864	58,348
종로구	37,699	42,338	48,132	49,455	50,639	53,424	48,772	49,407	51,498	53,251	55,831
강동구	37,698	37,707	39,984	39,983	45,625	46,225	45,513	43,487	45,193	48,542	51,353
강서구	32,761	34,769	38,594	43,084	42,067	42,025	39,229	38,812	40,089	43,222	49,036
영등포구	34,442	40,363	42,878	44,760	44,380	43,812	40,464	40,614	42,226	44,467	48,301
양천구	38,009	37,260	39,201	44,876	45,511	42,789	40,188	41,903	42,068	44,080	47,250
서대문구	29,172	34,039	39,293	39,433	38,166	39,191	37,183	38,049	40,319	42,368	46,509
동대문구	28,862	32,080	36,856	37,685	38,699	38,338	37,946	36,295	37,849	41,379	45,490
성북구	28,246	34,033	39,245	39,446	38,648	39,904	37,262	37,770	39,818	42,299	44,617
관악구	31,270	36,836	41,804	41,739	40,677	41,125	39,476	37,966	39,311	41,681	43,803

은평구	25,399	28,633	34,854	34,749	36,602	36,445	35,958	36,302	37,301	39,663	42,804
구로구	29,202	35,287	38,016	39,995	38,532	38,009	36,813	36,467	37,457	39,410	41,336
노원구	27,622	34,380	39,950	41,956	40,746	39,192	35,945	35,910	37,112	38,421	40,104
강북구	24,088	30,253	35,843	34,703	34,432	34,607	33,394	34,148	35,369	37,441	39,252
중랑구	23,583	29,049	33,602	34,984	34,535	35,026	32,872	32,511	33,287	35,316	37,232
금천구	24,536	29,121	32,393	32,184	30,717	31,540	29,633	30,006	31,750	34,353	36,900
도봉구	23,723	30,047	35,515	36,614	34,081	33,443	30,723	30,748	31,897	33,352	35,396

* 이 자료에서 2016년은 9월까지 취합된 것으로, 2016년 자료는 아직 확정된 것이 아님.

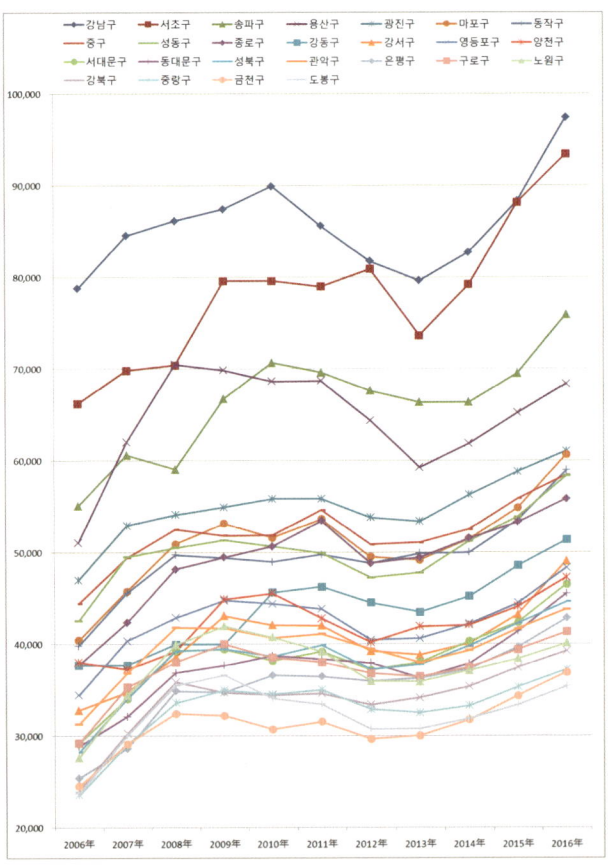

* 이 자료에서 2016년은 9월까지 취합된 것으로, 2016년 자료는 아직 확정된 것이 아님.
* 차트 배열 순서는 2016년 기준 높은 거래가 기준으로 순서를 배열함.

위 차트는 면적에 따른 통계적 오류를 줄이고자 서울시 소재 전용 84 m^2 아파트를 기준으로 연도별 평균 거래가 추이를 산출한 것이다. 앞 장에서 살펴본 서울시 아파트 평균 거래가 차트에서는 2007년 가격이 하락한 것처럼 나타나지만, 실제 각 구별 상승률을 보면 2007년의 상승폭이 가장 높은 것으로 나타나고 있으며, 2008년에는 상승폭이 다소 둔화되지만 여전히 상승하는 구들이 대다수인 것을 확인할 수 있다.

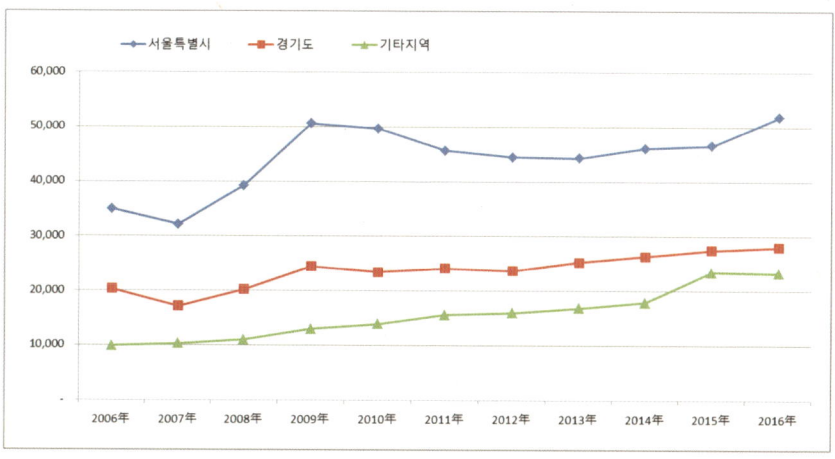

앞 장에서 살펴본 자료에 따르면, 2007년 서울의 평균 주택가격은 떨어진 것으로 나타났었다. 다시 말하지만 이는 2007년과 2008년의 상승이 가격이 낮은 주택들의 거래가 늘어나고, 중산층 및 서민들의 부동산시장 가세 시점이라는 것을 말해주고 있다.

여기서의 시사점은 평소 부동산에 소극적이던 서민들이 부동산시장에 가세하는 시점부터는 과열 양상이 빚어진다는 것이다. 즉, 부동산에 대한 깊은 고민 없이 부동산 투자를 해야 돈을 번다는 맹목적 신뢰가 만들어질 때가 매도 타이밍이라는 교훈을 되새겨야 한다.

현재 시점은 거품이라 할 징후는 없다. 아직 2006년 시점과 같은 모습을 보이지는 않고 있기 때문이다. 그러나 2016년과 같은 과열 양상이 조금 더 지속된다면, 대한민국 경기에 미칠 영향은 2006년보다 더 클 수 있기에 조금 더 신중한 결정들을 해야 할 것으로 보인다.

2016년 기준 서울시 아파트 평균 가격은 강남구, 서초구, 송파구, 용산구, 광진구, 마포구, 동작구, 중구, 성동구 순으로 높으며, 아파트 평균 가격이 저렴한 곳은 도봉구, 금천구, 중랑구, 강북구, 노원구, 구로구, 은평구, 관악구, 성북구 순으로 나타난다.

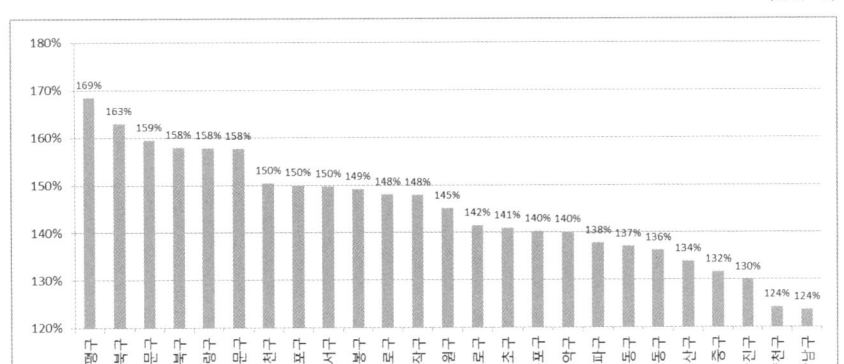

서울시 아파트 전용 84㎡ 2006년 거래가 대비 2016년 거래가 상승률 (단위 : %)

위의 자료를 보면, 지금까지 우리가 믿어왔던 강남불패 신화는 허구임이 밝혀진다. 오히려 2006년 당시에 강남에 투자를 하여 아직까지 보유하고 있다면, 서울에서 가장 낮은 투자수익률을 보였을 가능성이 높다. 더욱이 강남구만이 아니다. 강남 3구를 대표하는 서초구, 송파구 역시 서울의 중위권보다도 낮은 상승률을 나타내고 있음을 알 수 있다.

반면 그동안 우리가 투자기피 지역으로 인식해왔던 은평구, 강북구, 서대문구, 성북구 등이 가장 높은 상승률을 기록했다. 다만 은평구의 상승은 은평 뉴타운이 개발되면서 신규 아파트가 대거 들어서며 해당 지역의 평균 거래가를 끌어올린 것으로, 실제 은평 지역에서 저만큼의 수익률을 올렸다고 보기에는 무리가 있다. 하지만 신규 아파트의 공급이 많지 않았던 강북구, 서대문구, 성북구, 중랑구 등에서의 아파트 가격 상승은 쉽게 해석되기 어려운 부분이 있다. 원인은 바로 최근 10년간의 아파트 가격 상승은 실수요 위주로 재편되어 나타난 현상이라는 것이다.

여기서 이야기하고자 하는 것은 결코 강남 3구의 투자 메리트가 높지 않다는 것이 아니다. 흔히 사람들은 부동산 투자에 있어 입지가 가장 중요하다지만 사실 부동산 투자에 있어 가장 중요한 것은 입지가 아니다.

이와 관련하여 아포유 닉네임 '희망행복부자'의 상가 강의에서 그가 했던 말을 되새겨볼 필요가 있다. 그는 '부동산의 투자에서 입지보다 중요한 것은 때'라는 말로 기존에 우리가 가진 부동산 투자의 패러다임이 바뀌어야 한다고 역설한 바 있다.

'좋은 입지의 부동산에 투자하는 것보다 중요한 것은 바로 투자 타이밍이다.'라는 말은 부동산을 너무 입지만으로 평가하려는 시각을 바로잡아주는 훌륭한 조언이라 생각된다. 아무리 입지가 좋아도 과열된 시장에서는 수익을 올리기 힘들며, 입지가 다소 좋지 못하더라도 시장이 침체되어 과소평가된 지역의 상품성이 좋은 즉, 가성비 좋은 곳에 투자하는 것이 훨씬 좋은 투자전략이라는 관점을 유념해 보자.

물론 위의 차트 분석을 각 면적별, 동별로 한다면 보다 깊이 있는 주택시장에 대한 고찰이 가능하나, 본 책에 해당 내용을 모두 담기에는 제약이 있는 바, 좀 더 세밀한 분석은 다음 기회를 만들어보고자 한다.

5

서울시 아파트 각 구별 면적 현황

아파트 시장을 이해하는데 있어 놓쳐서는 안 될 중요 포인트가 있다. 바로 생활 편의성이다. 생활 편의성의 요소에는 교통, 학군, 의료, 상권, 금융 등이 있다.

그럼 과연 이런 생활 기반시설들은 어디에 밀집되어 있을까? 말할 것도 없이 아파트가 많은 곳에 몰려있을 것이다. 상권이란 기본적으로 인구가 가장 많은 지역에 형성되는 것이며, 그래야만 상권이 활성화될 수 있기 때문이다. 그러나 인구밀도가 높다고 상권이 저절로 형성될까?

한 번 생각해보자. 어떤 지역은 상권이 활성화되고, 각종 금융기관들이 모여 있으며, 소비여력도 높다. 반면 어떤 지역은 학군이 떨어지고 상권도 부족하며, 소비여력도 낮다. 당신은 어느 곳에 살기를 희망하는가? 이미 답은 질문과 동시에 나와 있다. 누구나 좋은 학군이 있는 곳에 거주하기를 희망하며, 의료시설이 가깝고, 좋은 음식점과 각종 생활 편의시설이 많은 곳에서 살기를 원하기 때문이다.

그렇다면 공급자 입장에서 접근해보자. 당신이 장사를 한다면 과연 어떤 지역에서 장사하기를 희망하겠는가? 인적 드문 가난한 동네에서 장사를 하는 것이 유리할까? 아니면 소비력이 강한 동네에서 장사하는 것이 유리할까? 어떤 지역 사람들의 소비성향이 강할까를 짚어보면 답은 바로 구해질 수 있다.

아파트는 면적을 기준으로 보았을 때, 크게 2가지로 나뉘는데, 국민주택규모 이하 아파트와 국민주택규모 초과 아파트가 그것이다. 여기서 국민주택규모 초과 아파트란 일반적인 30평형대를 넘는 아파트로써 공급면적 기준 약 38평 이상의 중대형 아파트를 말한다.

최근에는 $59m^2$(공급면적 기준 약 24~28평형대) 아파트의 평당가가 중대형 아파트를 초월하는 현상이 나타나고 있으나, 이는 국내 경기가 위축되면서 발생되는 현상으로 보이며, 경기가 살아나기 시작한다면 다시 중대형 아파트의 부활 역시 가능하다고 생각된다.

국민주택규모 초과 아파트는 자녀수의 많고 적음에 따라 선택되는 것이 아니다. 자녀 셋을 두었더라도 소득수준이 낮다면 $59m^2$ 이하의 아파트에 거주할 수 있으며, 비록 혼자 살더라도 수득 수준이 받쳐준다면 대형 아파트에 거주할 수 있는 것이다. 가족 수가 많아야 넓은 주택에 거주하는 것이 아니라, 소비능력이 강해질수록 넓은 주택에서 거주하기를 희망하게 된다.

현재 시점에서 넓은 주택은 가격 상승에 대한 기대감을 크게 갖기 어려우며, 그럼에도 불구하고 삶의 쾌적성과 편리성을 위해 국민주택규모 초과 아파트에 사는 사람들이 바로 소비여력이 강한 집단이라 볼 수 있다. 이들은 각종 문화생활을 즐기며, 자녀들의 교육에도 많은 지출을 한다. 외모 관리도 꾸준히 하기에 이곳에 각종 성형외과 및 피부관리실, 미용실 등 고급 서비스업들이 자리한다. 이들을 따라 고급상권과 학군이 형성된다.

따라서 어떤 지역의 아파트 가격 등락에 대한 이해는 바로 이러한 주택시장의 특성에 대해 올바로 알아야만 가능한 것이다. 이상에 근거해 과연 어떤 지역에 국민주택규모 초과 아파트가 입지해 있는지를 살펴볼 필요성에 대해 공감할 것이라 생각된다.

서울시 아파트 면적별 세대수 현황(2015년)

구분	단지수	동수	세대수	40㎡ 이하	40~60㎡ 미만	60~85㎡ 미만	85~102㎡ 미만	102~135㎡ 미만	135㎡ 초과
합계	4,214	19,980	1,524,297	104,025	269,152	506,819	232,129	292,066	120,106
종로구	58	235	11,033	8	875	926	2,500	4,171	2,553
중구	58	203	20,431	5,046	1,485	1,848	7,512	2,876	1,664
용산구	111	454	30,931	813	2,019	8,605	7,156	6,743	5,595
성동구	121	641	48,524	–	14,234	23,536	1,128	8,295	1,331
광진구	109	351	27,481	238	6,072	15,808	458	2,176	2,729
동대문구	151	658	52,188	1,231	2,291	12,487	10,972	17,968	7,239
중랑구	147	593	46,881	2,902	7,535	14,513	14,852	5,830	1,249
성북구	161	992	68,931	561	6,849	28,414	8,399	19,445	5,263
강북구	91	461	32,382	662	7,060	6,913	5,201	9,672	2,874
도봉구	146	753	63,602	3,547	19,774	32,757	2,403	4,402	719
노원구	258	1,557	159,368	23,526	29,188	63,212	33,740	9,273	429
은평구	185	798	44,538	2,148	3,856	9,078	12,350	12,892	4,214
서대문구	117	589	39,357	831	5,247	13,520	10,472	8,999	288

마포구	188	816	62,814	1,111	6,271	4,908	20,880	20,079	9,565
양천구	257	1,060	78,756	271	9,801	10,720	23,184	27,240	7,540
강서구	314	1,309	99,502	24,663	29,686	25,623	9,336	6,702	3,492
구로구	216	1,062	70,731	909	19,256	31,740	4,900	12,117	1,809
금천구	109	371	27,085	3,837	9,341	9,841	1,416	2,650	-
영등포구	177	684	59,336	540	2,570	12,104	8,845	24,127	11,150
동작구	158	706	55,024	2,359	3,040	15,019	12,740	13,108	8,758
관악구	145	621	48,925	8,645	12,937	19,699	1,821	5,467	356
서초구	245	1,100	81,254	1,776	9,887	32,335	9,753	15,606	11,897
강남구	271	1,601	122,441	11,241	30,634	43,763	6,366	15,308	15,129
송파구	182	1,299	105,521	5,954	17,227	48,263	6,250	16,379	11,448
강동구	239	1,066	67,261	1,206	12,017	21,187	9,495	20,541	2,815

출처 : 서울시 통계자료

서울에는 총 4,214개의 아파트 단지가 있으며, 152만 세대가 살고 있다. 2015년 현재 서울시의 가구수는 총 378만 가구로, 서울시 가구 중 40.2%만이 아파트에 거주하고 있다.

그럼 총 152만 세대의 아파트 중에 국민주택규모 초과 아파트($85m^2$ 이상)는 과연 어느 정도일까? 해당 아파트는 64만 세대 정도이다. 즉, 서울시에 거주하는 가구 중, 국민주택규모 초과 아파트에 거주하는 가구수의 비율은 17.5% 수준에 불과하다. 자, 그럼 위의 자료에 근거해 각 구별로 살펴보자.

먼저 각 구별 아파트 거주비율이 가장 높은 지역은 노원구이다. 노원구 거주 가구 중 77.8%가 아파트에 거주하고 있으며, 이는 노태우 정부 시절 주택 200만 호 공급에 대한 공약의 실천에 의한 결과로, 당시 노원구는 마치 신도시와 같은 개념으로 공사가 진행되었다. 그러나 노원구는

각 구별 아파트 거주비율

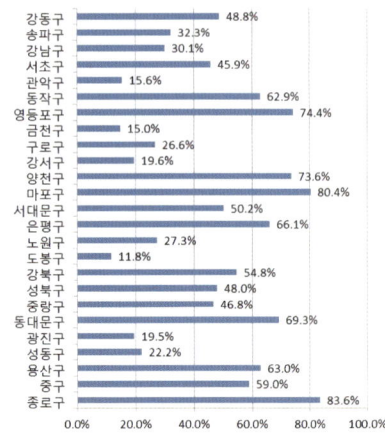
각 구별 국민주택규모 초과 아파트 비율

해당 시점 폭등하는 집값을 잡기 위한 목적으로 세워진 지역으로서, 국민주택규모 초과 아파트보다는 국민주택규모 이하의 서민형 아파트가 주를 이룬다. 이에 우측 차트를 참고해보면 노원구의 국민주택규모 초과 아파트는 불과 27.3%에 불과하다. 그런데 이마저도 노원구 중계동에 밀집해 있음으로 인해 노원구의 도시계획에 있어서는 다소 쏠림 현상을 나타낸다.

이에 따라 노원구의 특징을 이야기해 보자면, 노원구는 가격의 급등을 기대하고 투자하기보다는 실수요 위주로 매수해야 하며, 전세가 상승이 주택가격을 밀어 올리는 지역이라고 할 수 있다. 소득수준의 격차가 크지 않아 위화감은 적은 지역으로 평가된다.

다음으로 아파트 거주비율이 높은 곳은 강남구이다. 그런데 위의 자료에서 유의해야 할 점은 강남구, 서초구의 경우 아파트보다 고가인 단독주택이나 고급빌라도 많아, 위의 수치를 액면 그대로 해석하면 안 된다는 것이다. 또한 강남구의 국민주택규모 이하 아파트 비율이 높은 점 역시 재건축 대상 고가 아파트가 많은 것에서 비롯된 것으로, 강남 3구의 특수성(직주 근접, 쇼핑, 학군, 교통 편의성 등)을 함께 고려해야 할 것이다.

또 서울에서 아파트 거주비율이 높은 곳은 도봉구인데, 도봉구의 국민주택규모 초과 비율은 11.8%에 불과하다. 따라서 도봉구 거주자들의 소비력이 낮기에 상권 형성이 용이하지 않으며, 고급상권 형성이 이루어지지 않는다. 즉, 도봉구는 아파트 가격이 상승하기에 그리 좋은 조건을 갖추지 못하고 있는 지역으로 나타난다.

아파트 거주비율이 높은 지역을 살펴보았다. 이번에는 국민주택규모 초과 아파트 비율이 높은 지역을 살펴보도록 하자. 국민주택규모 초과 아파트 비율이 가장 높은 지역은 종로구이다. 그러나 종로구의 경우 거주자들의 아파트 거주비율 자체가 17.9%에 불과하다. 종로구는 다가구주택 및 단독주택의 비율이 높은 반면 CBD지역으로서 해당 지역에서 아파트에 거주하는 사람들의 경우 전문직 종사자가 많다.

다음으로 마포구가 국민주택규모 초과 아파트 비율이 높은 지역이다. 마포구는 CBD*와 YBD** 사이에 입지하여 중심 오피스지구 양쪽으로의 접근이 용이하며, 소비여력이 높아 교육열 역시 높은 지역에 속한다. 또한 마포구의 경우 아파트 거주비율이 40% 수준이며, 아파트 단지들이 군집되어 있어 빈부격차가 크지 않아 실거주로 양호한 지역이다.

영등포구의 경우 여의도를 품고 있는 지역으로 국민주택규모 초과 비

---

*   CBD(Central Building District) : 종로 및 중구 오피스 지구
** YBD(Yeouido Building District) : 여의도 및 공덕 오피스 지구
    GBD(Gangnam Building District) : 강남 오피스 지구

율이 높으며 아파트 거주비율 역시 40%대로 나타나고 있다. 하지만 여의도와 비여의도권 간 소득 격차가 심하며 비여의도권의 경우 난개발성 지역들이 있어, 입지 선정 시 아파트 군집지역을 중심으로 접근해야 할 필요가 있어 보인다.

다음으로 국민주택규모 초과 비율이 높은 지역은 양천구로서, 목동 1~14단지의 영향이 큰 지역이다. 최근 소형 평형 위주로 높은 가격 상승이 발생한 지역으로, 전체적으로 국민주택규모 초과 아파트가 많다 보니 소형 평형이 희소성을 띠며 보다 높은 가격 상승을 이끌고 있다.

실거주자 입장에서는 이와 같이 국민주택규모 초과 비율과 아파트 거주비율 등을 비교하며 내 집 마련에 접근해 보는 것도 좋을 듯하다. 국민주택규모 초과 비율이 높은 지역은 소비성향이 강해, 어느 정도 소득수준이 받쳐줘야 거주하기에 불편함이 없으며, 국민주택규모 초과 비율이 낮은 지역의 경우, 아파트 거주자들 간 소득격차가 크지 않아 심리적 불편함은 줄어들 수 있으나, 고급상권의 형성 및 금융접근성, 쇼핑을 즐기기에는 다소 불편함이 따를 수 있다.

또한 아파트 거주비율이 높은 지역의 경우, 지역의 상대적 빈부격차가 작아 실거주로 양호하며, 아파트 거주비율이 너무 낮은 지역은 빈부격차가 크고 상권, 학군, 병원, 금융기관 등의 이용에 제약이 따른다. 따라서 아파트의 입지를 선정할 때, 가급적 아파트 거주비율이 낮은 지역은 피하는 것이 좋으며, 그런 지역에서 아파트의 입지를 선택할 때는 적어도 아파트가 군락을 이루는 곳으로 선택하는 것이 보다 유리할 것이다.

6

어떤 입지의 아파트가 좋은 아파트인가?

많은 사람들이 아파트를 선택할 때 어떤 기준으로 아파트를 골라야 할지 어려워하는 경우가 많다. 이에 인터넷 부동산 카페 등을 통하여 사람들의 반응을 살펴보면서, 사람들이 몰릴 것 같은 곳을 선택하는 경우도 발생한다. 하지만 온라인상의 반응만으로 아파트를 선택하는 것이 과연 옳은 일일까? 이런 행태는 상업적으로 이용되기도 한다. 분양대행사는 바이럴 마케팅 업체를 통해 의도적으로 각 인터넷 카페에 해당 분양 물건을 노출시키고, 사람들의 관심이 높다는 것을 강조한다.

이에 최근에 인터넷 부동산 카페를 들어가 보면 알바를 동원한 듯 특정 아파트나 단지를 맹목적으로 찬양하는 글들도 많이 확인할 수 있다. 그나마 정보력이 있다고 자부하는 사람들은 인접지역의 직전 청약률을 보고 해당 아파트가 사람들이 몰릴 아파트인지 아닌지를 판단하여 청약

전략을 수립하기도 한다. 하지만 이는 모두 후행지표에 불과하며, 이미 인접 아파트의 청약 경쟁률이 과도하게 높아졌을 경우 이후에 분양되는 아파트에는 이러한 청약 경쟁률에 대한 부분이 분양가에 반영되기에 이 또한 좋은 선택 기준으로는 부족하다. 또한 아파트의 입지라는 것은 도로 하나를 사이에 두고도 그 차이가 크기에 이를 아파트 선택의 기준으로 하기에는 적합치 않다. 그렇다면 어떤 입지의 아파트가 좋은 아파트인가?

| 직주 근접 아파트 |

아파트 단지와 오피스 지역의 접근성을 살펴봐야 한다. 그리고 해당 오피스 지역의 성격을 구분해봐야 한다. 오피스빌딩이 들어설 수 있는 지역은 상업지역 중에서도 업무지역에 해당한다. 예를 들어 서울의 중심 업무 지구는 CBD(Central Building District), YBD(Yeouido Building District), GBD(Gangnam Building District)로 크게 나눌 수 있다. 이 세 지역에 대한 접근성에 따라 아파트 가격이 형성된다고 봐도 틀리지 않는다. 즉, CBD를 배경으로 종로, 용산, 마포 쪽의 주택 가격이 강세이며, YBD를 배경으로 여의도, 목동, 마포의 주택 가격이 높게 형성된다. 마지막으로 GBD를 배경으로 강남, 서초, 송파의 주택 가격이 강세를 보이는 것이다.

다만 이러한 접근성이 거리로만 측정되는 것은 아니다. 거리가 다소 멀더라도 대중교통으로 상대적으로 쉽게 도달할 수도 있다. 즉, 공간적 거리보다도 시간적 거리가 중요하다. 이러한 시간적 거리를 측정해볼 수 있는 방법으로 네이버지도 혹은 다음지도를 통해 대중교통을 이용했을 시에 걸리는 예상 시간을 확인해 볼 수 있다. 또한 자가용 이용시의 시간도 함께 측정한다면 결정을 하는데 참고가 될 수 있을 것이다. 예를 들어 수원, 동탄, 용인 등의 주택을 매수할 때 삼성전자(수원디지털단지, 용인공장, 화성공장)를 반경으로 대중교통 접근성을 확인해 본다면 보다 안정적인 투자가 가능할 것이다.

| 학교 근접 아파트 |

학교는 커뮤니티 형성에 있어 매우 중요한 요소이다. 최근 아이들의 친구를 엄마들이 결정해준다는 웃지 못할 세상에 살고 있으나, 이것이 현실이고 부모끼리 친한 아이들이 더 친해질 수밖에 없는 것이다. 그렇다면 부모들끼리 친해질 수 있는 커뮤니티는 어디에서 만들어질까? 바로 학교 인접지역에 있는 아파트 단지들에서 보다 다양한 커뮤니티가 만들어질 기회가 생기고, 바로 이것이 학교 프리미엄이라는 것이다. 그래서 부모들은 아이를 위해 학교 인접 아파트를 선호하게 되고, 그런 아파트들의 가치가 오르다 보니 점점 더 커뮤니티의 수준 또한 높아져 가는 것이다.

보통은 초등학교 프리미엄을 가장 높게 쳐준다. 1, 2학년의 저학년은 부모가 매일 직접 등하교를 시켜주는 경우가 많아 자동차의 도로 노출을 최소화하는 것을 중요하게 생각하기 때문이다. 그렇다고 중학교와 고등학교가 중요하지 않은 것은 아니다. 커뮤니티가 활성화된 지역에서는 부모들이 아이보다 먼저 각종 고등학교 진학 정보, 특목고 정보 등 고급정보를 발굴하여 아이들의 미래를 결정짓는데, 이런 정보가 고급 커뮤니티에서 보다 활발하게 오간다는 점은 부정하기 어려운 사실이다.

특히 고등학생 대상 부모 커뮤니티는 매우 재미난 속성을 가진다. 일례로 필자의 5촌 조카가 작년 수능에서 만점을 받아 서울대 의대에 입학하였다. 조카는 목동에서 거주하였고, 조카가 수능 만점을 받았다는 이유만으로 4촌 형은 주변 아파트에 비해 수천만 원 더 높은 가격에 자신의 아파트를 매도할 수 있었다. 그런데 재미있는 것은 계속 같은 단지에서 수능 고득점자가 배출된다는 사실이다. 이를 두고 사람들은 터가 좋아서 그렇다고 이야기하기도 하는데, 엄밀히 따지고 보면 이 또한 해당 단지 엄마들 커뮤니티가 그만큼 정보력이 뛰어나고 수준이 높기에 나타나는 현상이라고도 해석할 수 있다. 즉, 터가 좋다기보다는 그만큼 커뮤니티가 중요한 역할을 한다고 볼 수 있는 것이다. 결과론적으로 이것이 학군이며, 학군 프리미엄은 주택의 가격을 방어하는데 든든한 버팀목이 되어줄 수 있다.

| 상업지역 근접 아파트 |

상업지역은 매우 중요한 역할을 한다. 상업지역이 근접해 있다는 것은 해당 지역의 교통이 매우 좋다는 것을 의미하기도 한다. 대부분의 대중교통은 상업지역을 중심으로 계획되는데, 상권이라는 것 자체가 사람들이 쉽게 모일 수 있는 지역에 만들어지기 때문이다. 따라서 상업지역이 인접한 곳에 거주하면 그만큼 많은 버스노선이나 지하철을 이용할 수 있고, 광범위한 방향으로의 대중교통 접근이 용이한 것이다.

그러나 상업지역이라고 모두 같은 상업지역인 것은 아니다. 어떤 상업지역은 지나친 유흥문화로 인해 오히려 주거지역으로서의 선호도가 떨어지기도 하는데, 이를 쉽게 분별할 수 있는 방법이 바로 해당 상업지역 내에 얼마나 많은 금융기관이 입점해 있느냐이다. 금융기관이 많다는 것은 그만큼 해당 지역의 소득 수준이 높다는 것을 반증한다. 예를 들어, 강남의 어떤 단지 내 상가에는 은행, 저축은행, 증권사 등 금융 관련 지점만 10개가 넘는 반면, 어떤 상권은 해당 상권을 통틀어 은행이 1~2개에 불과한 지역들도 있다. 은행 역시 수익성에 따라 지점을 두기에 은행이 몰려있다는 것은 그만큼 해당 지역이 활성화되고, 부의 중심에 인접해 있음을 의미한다. 따라서 단순히 상업지역에 인접해 있다는 것만으로 아파트의 주거 수준을 판단할 수는 없고, 금융 관련 지점이 몰려있는 지역이 향후 안정적인 주택 가격 형성에 도움이 될 수 있다고 볼 수 있다.

| 다양한 평형대가 공존하는 아파트 |

아파트 평형에 대한 최근 트렌드는 소형 평형이라는 사실을 부인하기 어렵다. 전월세가 가장 많이 몰리는 평형이며, 임대수익률 역시 가장 높게 나타나고 있으니. 하지만 같은 20평형대(전용 $59m^2$)의 조건이라면 어떤 아파트 단지를 선택하는 것이 보다 유리할까? 이때는 대형 평형 비율이 높은 아파트를 추천하고 싶다. 최근 소형 평형의 강세로 작은 평형 위주의 단지들이 많은데, 이런 단지들의 단점 또한 명확하다.

첫째, 아파트 단지 내에 고급 커뮤니티가 만들어지지 않는다.

둘째, 주차의 쾌적성이 떨어진다(법정 최소 주차대수 감소).

셋째, 실거주 비율이 낮아진다(일반적으로 대형 평형의 실거주 비율이 높음).

일단, 아파트의 고급 커뮤니티에서는 대화의 내용이 다르다. 아줌마들이 경제와 관련한 대화를 하며 부동산 이야기를 나눈다. 어떤 주식을 살지 매수 타이밍을 이야기하고, 어떤 펀드가 좋고 어떤 보험이 좋은지 경제 관련 이야기들이 오간다. 사람들은 고급 커뮤니티에 속하기를 희망하나, 그러한 커뮤니티는 보편적으로 대형 평형 위주의 아파트에서 형성된다.

또한 국민주택규모 초과 아파트들은 법정 주차대수가 많다. 대형 평형은 세대당 2대까지 배정되고, 소형 평형 위주의 단지로 갈수록 법정 주차대수가 적다. 따라서 대형 평형 위주의 아파트들이 넉넉한 주차대수를 확보할 수 있다. 이에 따라 주차 쾌적성이 높으며, 손님을 불러도 넉넉한 주차로 불편함을 느낄 경우가 없다.

특히 일부지역을 제외하고 최근에는 투자로서 대형 평형을 매수하는 사람은 흔하지 않다. 대형 평형은 대부분 실거주 목적으로 매수하는 경우가 많다. 당연한 현상이다. 전세가율이나 임대수익률이 작은 평형일수록 월등하게 높기 때문이다. 조망권이 월등히 뛰어나든가 저평가되었다는 판단이 서는 지역이 아니고서는 대형 평형을 투자로 분양받는 경우는 많지 않다. 따라서 대형 평형의 분양이 많은 곳은 실거주 가능성이 높다고 볼 수 있다. 소형 평형이 강세이다 보니 초소형 위주의 아파트들이 많이 분양되는데, 이왕 같은 소형 평형에 투자하더라도 대형 평형의 비율이 높은 아파트를 선택하는 것이 훨씬 현명한 투자라 할 수 있다.

| 특수 조망권 아파트 |

2015년 광교 중흥 S클래스와 광교 힐스테이트의 청약 경쟁률은 전국을 놀라게 만들었으며, 현재 해당 아파트에 붙어있는 프리미엄은 1~2억 원을 호가한다. 두 개 단지는 광교 원천호수와 신대호수의 공원을 조망권으로 두고 있어 너무도 우수한 조망이 이루어진다. 이미 학습효과가 있어서일까? 동탄2신도시 부영(A70~72블럭)의 경우 낮은 브랜드 인지도에도 불구하고 동탄 호수공원에 대한 조망권으로 인해 보기 드문 청약 경쟁률을 기록했으며, 현재도 조망권이 좋은 세대를 매수하기 위해 해당 아파트의 전매 제한이 풀리는 시점을 기다리는 상황이 연출되고 있다.

물론 특수 조망을 논하기 위해서는 한강 조망권을 빼놓을 수 없다. 우수한 한강 조망권을 확보한 아파트들은 비록 강북일지라도 강남의 아파트 가격을 뛰어넘고 있다. 대표적인 아파트가 동부이촌동의 래미안 첼리투스, 한남동의 한남더힐, 성수동의 갤러리아포레 등이다. 특수 조망이란, 일반인들이 생각하는 수준을 초월한다. 어느 정도 부를 이룩한 사람들은 조망을 중시하는 성향이 매우 강하며, 부가 모이는 곳은 가격이 상승한다. 따라서 특수 조망이라고 생각되는 분양 아파트에 대해서는 입주 전에 선점하는 것 역시 좋은 전략이라 할 수 있을 것이다.

7

이런 아파트는 조심해야 한다!!

| 입주가 예정된 신도시 주변 구도심 아파트 |

신규 분양아파트는 주변 아파트 가격의 상승을 자극한다. 과거 2002년부터는 특정지역에 신규 아파트가 분양되면, 주변 아파트 거래가가 신규 분양아파트 수준에 맞춰져 가격 상승이 이뤄진 적도 있었다. 새 아파트와 기존 아파트 간에 가격 프리미엄이 크게 나타나지 않았으며, 이는 사람들이 새 아파트와 기존 아파트의 가치를 동일선상에 놓고 판단하였기 때문으로 보인다.

그러나 최근 설계특화 및 합법적 발코니 확장 이후부터 신규 아파트가 분양된다 하여 기존 아파트 가격이 동반 상승하는 가격 동조화 현상이 발생하지는 않는다. 오히려 신규 아파트의 경우 새 아파트 프리미엄까지 발생되는 현상이 만들어지고 있다. 이러한 현상은 신규 아파트와 기존 아파트 간의 구분이 가시적으로 나타나기에 생기는 현상이나, 새 아파트 프리미엄은 신규 아파트 공급이 극히 제한적인 도심지역에서 더욱 크게 나타난다. 오히려 최근에 형성된 신도시에서는 새 아파트와 기존 아파트 간에 설계상 차이가 극히 드물어 새 아파트 프리미엄보다는 입지에 따른 프리미엄 효과가 보다 크게 나타난다.

자, 본론으로 넘어와 신규 아파트가 대량으로 공급되는 지역의 인접 구도심 아파트는 어떤 영향을 받을까? 이를 이해하기 위해서는 신규 아파트가 대량으로 공급되는 지역에서 분양을 받는 사람들의 성향을 먼저 이해하여야 한다. 신도시 혹은 대규모 택지개발지구에서 분양을 받는 사람들은 타 지역 사람들이 아니라, 바로 인접지역에서 거주하는 사람들이 많은 비중을 차지한다. 신규 아파트를 분양할 때 건설사가 마케팅 거점지역을 주변 구도심 아파트로 삼는 전략 역시 이러한 이유에 기인한다.

분양을 진행하는 시점에는 아파트 가격에 큰 영향이 없다. 그러나 신도시 혹은 택지개발지구 내 신규 아파트들이 대량으로 공급되는 시점부터 주변지역의 부동산은 다소 고난의 행군이 시작된다.

신규 분양을 받는 사람들은 신규 분양아파트의 잔금을 지불하기 위해 기존의 거주 주택을 매도하거나, 자신이 살고 있는 아파트 전세자금을 빼서 신규 분양아파트 입주 잔금을 마련하는 경우가 많은데, 이때 주변 구도심 아파트의 매물이 많아지면서 가격 하락 압력을 강하게 받게 된다. 또한 전세물량 역시 신규 입주아파트로 빠져나가면서 주변지역의 전세가격을 낮추는 현상이 발생한다.

이는 위례신도시가 입주하던 시점 송파 및 강남 일대의 아파트 전세가 하락 현상이나, 별내 신도시 입주시점 노원구 중계동 일대의 아파트 가격 하락 현상, 동탄2신도시 입주시점 동탄1신도시 가격 정체 현상 등에서 쉽사리 찾아볼 수 있다. 따라서 향후 2~3년 내 주변에 대량 입주가 예상되는 지역의 아파트 투자는 가급적 피하는 것이 좋다.

반면 이를 역이용한 투자가 가능하기도 하다. 입주가 진행되는 시점 주변 구도심 지역의 급매물 아파트를 매수하는 것도 좋은 투자전략이 될 수 있다. 입주가 마무리된 후 2년차, 4년차가 도래되는 시점은 전세가 폭등의 시점이다. 일시적 입주 물량 과다로 입주시점에는 저렴한 전세가 아파트가 많이 나오는 반면, 입주 2년차를 지나가면서 정상적인 전세가율을 확보해간다. 또한 이는 해당 아파트에 국한된 것이 아니라 주변 아파트에도 영향을 끼치기에 전세가가 상승해가는 시점이라 볼 수 있다. 전세가가 상승하게 되면, 임차인들의 아파트 매수심리를 자극시켜 다시 아파트 가격 상승으로 이어질 수 있다.

| 초중고 중 어느 하나라도 없는 아파트 |

이는 특히 택지개발지구에서 조심해야 할 아파트 유형이다. 최근 아파트 가격 상승과 분양시장의 호조로 인해 다시 택지개발지구가 무분별하게 조성되는 사례가 나타나고 있다. 이런 택지개발지구의 경우 민간에 의해 개발된 택지에서 중고등학교가 지역 내에 없는 경우가 발생한다. 이런 지역은 항시 매물 압력에 노출된다.

특히 겨울철의 매물 압박이 심하다. 이때는 임대 매물도 함께 늘어나는 경향을 가지고 있는데, 이는 고등학교에 진학해야 할 자녀를 둔 부모가 해당 지역을 이탈하면서 나타나는 현상이다. 즉, 아무리 살기에 쾌적하고 교통이 편리하더라도 자녀가 고등학교 통학을 위해 왕복 1시간씩 소요해야 한다면, 부모의 입장에서 거주 지역 이전 욕구가 커지게 되고 이런 부분은 집값에도 반영되기 마련이다.

또한 이런 지역의 경우 자녀 또래 아이들이 이탈하면서 아이들 간의 친분관계도 소원해질 수 있고, 부모들의 입시 정보력마저 취약해질 수 있어 장기적 관점에서는 특정 지역 내에 초중고가 모두 모여 있는 곳이 단연 아파트 가격 방어에 유리하다.

그러나 이런 아파트들은 준공 후에 역선택이 가능하다는 점에서 재미있는 투자 패턴이 만들어질 수도 있다. 겨울철 매물이 많이 나오는 시기에 해당 아파트를 매수하고, 매물이 줄어드는 9~10월경에 매도하는 전략을 수립한다면 보다 경제적인 거래가 가능하다.

| 임대 아파트에 둘러싸인 아파트 |

앞서 커뮤니티에 대해 말한 것처럼 비슷한 소득 수준의 사람끼리 어울려 커뮤니티를 형성하는 경향이 강하다. 아파트와 단독주택 지역 간에는 원활한 커뮤니티가 만들어지지 않듯이, 아파트와 임대 아파트 간에도 커뮤니티가 쉽게 만들어지지 않는다. 이러한 성향이 극명하게 나타나는 부분이 학군이다.

특정 학교에 임대 아파트 거주층 자녀의 진학이 높게 나타날 경우, 그런 지역의 학군은 일반아파트 거주층 자녀의 진학 비율이 높은 학교에 비해 선호도가 떨어지게 된다. 사람들이 학군을 많이 이야기하지만 사실 학군이라는 것도 소득 수준에 기반하여 만들어지는 것임을 부정하기 어려우니, 교육열이 높은 대한민국의 특성상 이런 부분은 당연히 집값에 반영될 수밖에 없다. 따라서 아파트를 분양받으려 할 경우, 해당 아파트 단지 주변이 지나치게 임대 아파트 비율이 높은 것은 아닌지 따져보는 것도 향후 경제적 이익을 위해서 확인해 봐야 할 포인트 중 하나이다.

단, 앞으로 늘어날 뉴스테이(기업형 임대주택)를 임대 아파트의 범주에 포함시킬 필요는 없을 듯하다. 뉴스테이는 중산층 이상을 대상으로 한 기업형 임대주택으로서, 커뮤니티 형성이 원활할 것으로 보인다.

| 상업지구와 거리가 멀리 떨어진 아파트 |

이는 주로 신도시에서 많이 나타나는 현상으로 아파트와 중심상업지구가 너무 멀리 떨어진 경우 입주 후에 예상외로 많은 불편함을 느끼게 된다. 중심상업지구에서 멀다는 것은 그만큼 외진 지역이라는 반증이며, 대중교통이 다양하지 못해 잦은 환승이 불가피하고 여러 지역으로의 접근성이 떨어진다. 그러다 보니 1가구 2차량 이상의 세대가 많아질 수밖에 없는데, 아파트 가격에 긍정적인 영향을 미치기는 어려워 보인다.

따라서 상업지구와 거리가 멀리 떨어진 아파트는 단지 내 상가의 규모가 어느 정도 받쳐줘야 하지만, 너무 외떨어진 경우 상권이 포괄적 상권을 형성하기 보다는 단지 위주로 이루어져 성장에 한계가 있다는 부분도 감안해야 한다.

| 지나치게 소형 평형으로만 구성된 아파트 |

현재 분양 아파트의 판매 호조는 30대의 구매 파워가 강해지면서 나타난 측면이 크다. 젊은층에서 새 아파트에 대한 선호도가 높아지면서 주변 시세 대비 비싼 분양가를 감수하고서라도 신규 분양 아파트 선호 현상이 나타나는 것이다. 그러나 아파트가 59m^2(20평형대) 이하의 단지로만 구성되어 있다면 신혼이나 자녀가 어린 시절까지는 무관할 수 있으나, 자녀가 성장해가면서는 점차 더 넓은 집에 대한 욕구가 커질 수밖에 없다. 따라서 실거주자의 이탈 압력이 커지는 시점이 있게 마련이다.

그리고 최근 지나친 소형 아파트 선호 현상으로 인해 소형 아파트일수록 투자 비율이 높으며, 투자 비율이 높다는 것은 실거주 비율이 낮다는 의미로 원활한 커뮤니티 형성에 부정적 요소로 작용할 수 있다. 임차인의 비율이 높으면 왜 커뮤니티 형성에 부정적일까? 임차인들은 2년 단위로 이사를 해야 하는 제약이 발생하며, 2년 단위로 잦은 세대 교체가 발생될 경우 커뮤니티의 친목도가 낮아지는 것은 당연할 수밖에 없는 일이다.

또한 실거주 비율이 높을 경우 아파트에 대한 투자에 보다 적극적이다. 관리비가 조금 더 나오더라도 단지 내 조경시설(분수, 인공폭포, 우물 등)의 지출에 대해 보다 관대하며, 실제 아파트 단지의 개선에 관리비 지출을 아까워하지 않는다. 이는 내가 거주하는 아파트의 가치와도 직결되기 때문인데, 임대 비율이 높을 경우 관리비 저항으로 인해 애초에 만들어진 조경시설에 대한 활용은커녕, 단지 수목관리도 제대로 이루어지지 않는 경우도 허다하다. 즉, 지나친 관리비 다이어트는 아파트 가격에 부정적 요소로 다가오나, 실거주 비율이 낮은 단지일수록 관리비 다이어트에 대한 요구는 더 커지고 이런 점은 다시 좋은 단지 이미지 형성에 부정적 요소로 작용한다. 또한 지나치게 소형 평형 위주로만 구성될 경우 법정 주차대수 역시 부족한 상황이 발생될 수 있고, 주차시설이 부족해지면 이는 다시 세대간 갈등으로 번질 가능성이 높아 되도록 중대형이 적절히 배치된 아파트가 다양성 측면에서 보다 유리하다.

| 단지 내 부동산 중개소가 없는 아파트 |

간혹 구도심의 아파트를 둘러보면 단지 내에 부동산 중개소가 없는 아파트들도 눈에 띈다. 단지 규모가 작아 단지 내 상가에 자리가 없어 그럴 수도 있으나, 실거주 비율이 너무 높아 거래되는 매물이 적어 해당 아파트 단지에서 영업하기가 힘들어 떠나는 경우도 종종 있다. 이런 경우 해당 아파트 단지를 좋은 단지라 말할 수 있을까?

실거주 비율이 높다는 점은 긍정적이지만, 아파트의 가치를 상승시키는 데에는 부동산 중개소의 역할 또한 지대하다. 즉, 아파트 가치 상승에 있어 든든한 우군이 없어지는 셈이다. 단지 내 부동산의 역할은 단순히 임대차 및 매매 거래 중개를 뛰어 넘어 해당 중개소의 영업력에 따라 해당 단지가 부각되는 효과도 있다. 즉, 네이버 부동산에 매물이라도 하나 올려줄 중개소가 없어지게 되는 것이다. 이는 매수시에 저평가된 매물을 잡을 수 있을지는 몰라도 매도 시점에는 의외로 고생할 수 있으니 단지 내 부동산이 없는 아파트는 가급적 피하는 것이 좋다.

8

아파트 가격에 대한 착시현상

사람들은 자신이 어떤 집단에 속해 있느냐에 따라 사물 혹은 현상을 바라보는 시각이 달라진다. 동일한 언어 동일한 문구더라도 자신이 보고 싶은 부분에 더욱 집착하며, 이러한 집착은 상품에 대한 가격을 인식함에 있어서도 상반된 결과를 갖는다. 어떤 물건을 사고팔 때, 매수자의 입장에서는 가장 싼 가격만을 기억하고, 매도자의 입장에서는 가장 비싼 가격만을 기억한다.

특히 부동산에서 그런 현상이 강하게 나타나는데, 자신의 단지에서 높은 거래가가 발생하면 해당 주택과 자신이 보유한 주택 사이의 컨디션(조망, 채광, 주택형 등) 차이는 망각하고 최고 거래가만 기억하기에 자신이 보유한 주택 자체의 가격이 상승하였다고 착각하기도 한다.

또한 이런 현상은 성수기를 지나 비수기를 향할 때 더욱 강하게 나타난다. 부동산 상승 초기에는 매수자와 매도자 간에 아파트 가격에 대한 인식이 어느 정도 공감대가 형성되어 거래가 활발하게 이루어진다. 거래가 활성화되면서 매도 적체 물량이 소진되기 시작하면 매물이 부족해지면서 가격은 점차 상승해간다. 그리고 가격 상승이 심해지면, 다시 거래가 줄어들면서 매수인 또한 관망 단계에 들어간다. 바로 주식시장에서 급등 후 나타나는 조정장세가 주택시장에서도 나타나는 것인데, 이때가 바로 매도인 군(群)과 매수인 군(群) 간의 줄다리기 단계이다. 이때 매도인이 버틸 여력이 있다면, 거래 정체기를 지나 다시 한 번 가격 상승의 타이밍이 오게 되지만, 매도인이 버틸 여력이 부족하게 되면 가격 하락 현상이 발생한다.

여기서 중요한 점은 '거래가 줄어들 때 발생한 거래가가 과연 시세라고 볼 수 있을까?'의 문제이다. 월 평균 10건의 거래가 발생되던 단지에서 가격이 폭등하여 2~3개월간 1~2건의 거래가 전부인 상황으로 시장이 경직되었다고 가정해보자. 10건의 거래가 발생되던 시점의 아파트가격이 5억 원이라 가정할 때, 거래 침체기에 7억 원으로 가격이 상승하였다. 하지만 이를 거래량으로 보게 될 경우 7억 원에 판매를 하는 것이 매우 어려울 수 있다는 것은 군이 설명이 필요 없을 듯싶다.

그리고 이런 경직된 시장이 장기간 진행될 경우 주택시장에 공급 물량이 증가하는 시점에는 가격 하락 압력이 강해질 수 있다. 매도자는 시세가 7억 원이라는 사실만 기억하며 시장에 매물을 내 놓지만, 정작 7억 원에 해당 주택을 사려는 사람은 매우 줄어들게 되므로, 매도를 위해 기다려야 하는 시간이 길어지며, 급하게 매도를 해야 할 상황이 발생하면 급매라는 형식으로 가격은 낮아지게 된다.

그리고 소비자 입장에서는 급매 가격을 기억하게 되고, 급매 위주로만 시장에서 소화되는 현상들이 나타나면서 자연적으로 해당 아파트의 가격 자체가 낮아지는 현상이 발생한다. 그리고 매수인 집단에게 가격이 낮아졌다고 판단되면, 거래는 다시 활성화된다. 이러한 사이클을 반복하며 아파트는 주식시장과 같이 등락을 반복해가며 가격이 형성된다. 이러한 사이클은 중장기적 간격으로 발생되며, 이러한 과정 속에서 누군가는 주택을 고점에 사기도 하고, 누군가는 저점에서 구매하기도 한다.

여기서 주의해야 할 점은 바로 가격이 상승하여 거래량이 감소하는 시점에서의 매수는 일반적으로 거래량이 많을 때 주택을 매수하는 것보다 리스크가 훨씬 크다는 점이다. 수요와 공급의 법칙에 따라 매물이 줄어들면 당연히 가격은 상승한다. 그리고 그 상승이 과도하게 나타나는 시점에는 거래량이 많이 줄어들게 되는데, 이때 매수를 하면 잘못했다가는 꼭지를 잡을 수도 있게 된다. 따라서 거래량이 늘어날 것으로 예상되는 시점이 주택 매수의 적기이며, 거래량이 감소할 것으로 예상되는 시점이 주택 매도의 적기이다.

그럼 이 시점들을 어떻게 알 수 있을까? 신규 분양아파트의 경우 2년 주기론에 따라 거래물량이 늘어나는 시점을 가늠해볼 수 있으나, 2년 주기론은 준공 8년차부터는 그 패턴의 흐름이 명확하지 않아 한계가 있다.

그럼 매물이 많이 나타나는 시점은 언제일까? 일반적으로 1년을 기준으로 보면 11월에 매물이 가장 많이 출현한다. 원인은 겨울방학 학군 이동으로 인한 영향이 크며, 이에 일반적으로 11월에 가장 매물이 많이 쌓이게 된다. 또한 좋은 물건들을 잡기에도 11~12월이 적기라 볼 수 있다. 이후 1~2월로 접어들수록 11~12월에 매도가 이루어지지 못한 상대적으로 상품성이 떨어지는 물량들이 적체될 수 있어, 가격이 오르면서 상대적으로 상품성이 낮은 주택을 잡게 될 가능성이 높아진다. 마지막으로 3~4월이 되면, 선택의 폭은 훨씬 줄어들 수밖에 없다. 이미 좋은 물건들은 모두 거래되었고, 흙속의 진주를 구하는 마음으로 매수에 참여하게 되어 선택의 폭도 많지 않다. 더욱이 매도인의 입장에서는 직전 월의 최고 매도가를 기억하기에 좋은 가격의 물건을 잡기도 쉽지 않다. 하지만 차트상 3~4월은 일반적으로 주택 가격이 안정기를 찾는 단계로, 이는 앞서 설명했듯이 양질의 물건들이 1~2월에 소진되면서 나타나는 현상으로 해석된다.

따라서 계절적 요인에 따른 분류로 본다면, 11~12월이 부동산을 매수하기 좋은 시점이고, 3월이 부동산을 매수하기에 부담이 되는 시점일 수 있다. 물론 이러한 내용은 교과서적인 흐름을 언급한 것에 불과하다. 하지만 수학에 있어서도 방정식을 모르고 미적분을 할 수 없는 것과 같이, 부동산의 기본적인 흐름을 이해하고 있어야만 정책에 따른 부동산시장 흐름의 변화, 금리에 따른 부동산시장 흐름의 변화 등에 대해서도 보다 잘 이해할 수 있을 것이다.

6장

2년 주기론에 대한 이해

1

2년 주기론이란 무엇인가?

　부동산이나 건설업계 종사자들은 2년 주기론이 무엇인지 정확히 알고 있을 것이다. 2년 주기론이란 자유경쟁 시장을 규제하는 법적용으로 인해 발생된 시장의 갭이라 할 수 있다. 이런 갭 적용만 잘 이해해도 아파트 매수 매도를 진행하는데 있어 수천만 원 싸게 살 수도 아니면 비싸게 살 수도 있으며, 반대로 비싸게 팔 수도 아니면 싸게 팔 수도 있는 것이다.

　2년 주기론을 이해하기 위해서는 시장의 원리를 알아야 한다. 어떤 상품의 가격이 비싼 시점은 언제일까? 상품의 공급이 많을 때 가격이 오를까, 아니면 공급이 부족할 때 가격이 오를까? 수요는 꾸준하다는 전제하에 말이다. 고민할 필요도 없다. 당연히 시장에 공급이 많아지는 시점에 가격이 내려가고, 공급이 부족해지는 시점에 가격이 오른다.

　동일한 논리를 아파트에 적용시켜 보자. 특정 아파트 단지의 공급이 많아지는 시점은 언제일까? 바로 해당 아파트가 준공되어 최초 입주하는 시점일 것이다. 입주시점이 해당 아파트 단지에 매물이 가장 많고 임대물량 또한 많다. 너무도 당연한 질문에 당연한 답변이지만, 이 이후부터가 본 주제의 핵심이라 할 수 있다. 그럼 해당 아파트 단지에서 두 번째로 매물이 많아지는 시점은 언제일까? 세 번째는? 네 번째는?

물론 예측 가능하다. 이는 우리나라 주택임대차보호법상 아파트의 최소 임대기간을 2년으로 못 박았기 때문에 나타나는 현상이다. 즉, 해당 아파트에 최초 입주한 시점으로부터 매년 2년차가 되는 시기에 매물이 풍부해지며, 매물이 많아지면서 소비자 입장에서는 선택의 폭이 넓어지는 것이다. 즉, 아파트의 입주 2년차 도래 시점은 말하자면 백화점의 정기 바겐세일 기간이라 할 수 있다. 투자자의 입장에서는 임차인이 퇴거하는 임대종료 시점에 매물을 내놓기 마련이고, 그것이 준공 2년차, 4년차, 6년차까지 이어진다. 또한 단지규모 및 투자자 비율에 따라 이런 속성은 8년차까지 이어지기도 하니, 이미 부동산 관련 투자에 조예가 깊은 사람들은 이러한 2년 주기론에 입각하여 아파트 투자를 진행해나간다.

특히 2년 주기론은 서울의 아파트 시장에서 적중되는 경우가 많다. 그 이유는 서울에는 순수 신규 아파트 공급물량이 많지 않기 때문이다. 서울 아파트의 대부분은 재정비사업으로 인해 만들어지는 단지들이며, 재정비사업의 경우 그 속성상 실거주자들보다는 투자자 위주로 구성되어 있다. 그러다 보니 입주시점에 전월세 등 임대물량의 비중이 높을수록 2년 주기론의 적중률은 높아진다. 특히 최근의 추세가 기존 아파트의 가격 상승을 기대하기 힘들어 투자 차원에서 기존에 임대가 맞춰진 상태의 주

택을 매매하는 갭 투자가 줄어들다 보니 이런 현상은 더욱 강해지고 있다.

특정 아파트 단지가 입주를 진행하는 시점에는 단지가 번잡스럽고 조경공사도 어설프기 그지없다. 또한 새집증후군이나 하자에 대한 관리 등 신경 써야 할 부분이 많다 보니 새집을 피하는 경향을 보이기도 한다. 하지만 입주가 마무리되고 단지가 안정화되는 시점을 거치게 되면, 당연히 사람들은 해당 아파트 단지를 찾기 시작한다. 문제는 해당 아파트 단지의 매물이 2년 의무 임대기간으로 인하여 2년 동안 묶여있다는 점이다. 그러다 보니 매물은 귀해지고 해당 아파트를 매수하고자 하는 대기 수요는 늘어가게 된다. 이제 수요와 공급의 원리에 따라 수요는 느는데 반해 공급(매물)이 없으니 가격은 당연히 비정상적인 상승을 거치게 되는 것이다. 임대차 시장의 안정을 위해 만들어진 임대차보호법이 오히려 아파트 시장 자체를 왜곡시키는 도구가 되고 있으니 참으로 아이러니하다.

이에 어떤 특정 아파트를 매수하고자 할 때, 해당 아파트의 입주 2년 차와 4년차, 6년차를 노리면 매수 타이밍으로 적기라 할 수 있다. 매물이 많아지고 다양해지면서 가격 하락 압력을 받는 시점이기 때문이다. 그러나 입주 8년차 시점부터는 이런 반복적 패턴이 약해지기 시작하며, 10년차가 넘어가게 되면 2년 주기론에 의한 매물보다는 계절적 요인에 따른 매물이 좀 더 힘을 발휘하게 되어 2년 주기론은 희석된다. 투자자가 아닌 실거주자들의 매물이 매매 시점에 구애받지 않고 발생되기 때문에 시간이 갈수록 입주시점에 따른 2년 주기론은 약해질 수밖에 없는 것이다. 즉, 준공 6년 이내의 아파트 매수 매도 전략을 수립할 때 이런 2년 주기론을 이용한다면 보다 효과적인 내 집 마련이 가능하나, 입주 8년차가 넘어가는 단지에 대해서는 계절적 요인을 보다 신경 써서 매매하는 것이 필요할 것이다.

2

2년 주기론의 사례 탐구

| 잠실 재건축 아파트 사례를 통한 2년 주기론 |

서울시에서 2005년 이후 준공된 아파트들 중에 가장 큰 규모의 아파트가 몰려있는 지역은 단연 잠실이라 할 수 있다. 잠실은 주공 1~4단지까지 재건축이 일시에 이루어져, 대규모 신축아파트의 입주가 시장에 미치는 영향을 모니터링하기에는 최적의 단지이다.

대부분의 사람들이 2008년 서울시 아파트 가격의 하락이 리먼 사태로 촉발된 금융위기로 인해서 발생된 것이라 믿고 있다. 물론 전문가들도 그렇게 진단했고, 언론들도 앞다투어 금융위기로 인한 부동산 폭락을 언급했다. 하지만 그것이 진실일까?

진실은 리먼이 아니다. 실제로 1997년 IMF 외환위기 때는 대한민국

유수의 기업들이 망해나가고 대규모 실직 사태로 인해 아파트 가격의 폭락이 어쩔 수 없는 상황이었지만, 금융위기로 인해 IMF와 같은 변화가 있었던가 생각해 보라. 대규모 구조조정이 있었던가? 아니면 대한민국 어느 기업이 망했던가? 적어도 대한민국에서 금융위기의 영향이 크지 않았음에도 불구하고 부동산 전문가들과 언론들은 부동산 하락을 금융위기의 결과로 해석했다. 하지만 진실은 다르다. 그렇다면 진실은 무엇일까?

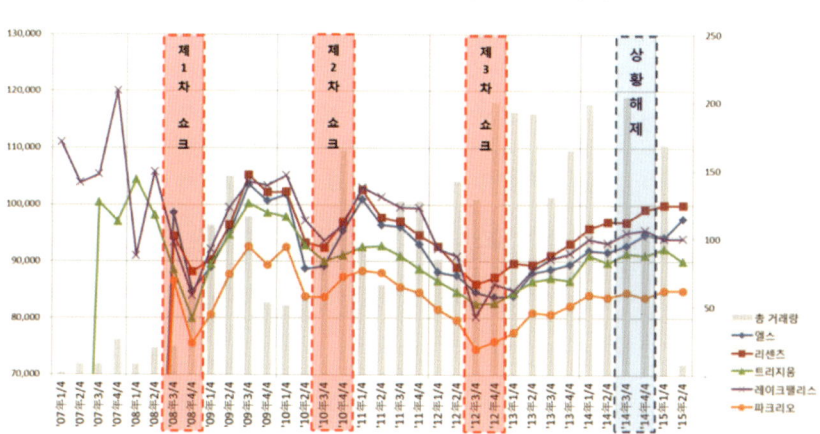

잠실 지역 아파트 거래량 및 평균 매매가 추이

(단위 : 좌측-만 원, 우측-거래건수)

※ 시점별 아파트 총 거래가에서 거래량을 나누어 평균 거래가를 산출한 수치임.
※ 분양면적 30평대(전용 25.7평) 아파트 기준임.

진실은 입주물량이다. 2008년 7월 리센츠 5,563세대가 입주를 하고, 2008년 8월 파크리오 6,864세대가 입주를 한다. 2008년 9월에는 잠실엘스 5,678세대가 입주를 진행한다. 3개월 동안 잠실동에서만 입주물량이 18,105세대가 몰린 것이다(웬만한 택지개발지구 한 개 지구의 물량). 이를 세대 당 8억 원이라 가정할 경우 14.5조 원 규모의 입주물량이 한꺼번에 쏟아진 것이다. 2008년 서울시 아파트 총 거래량이 21조 원 수준이라는 점을 감안할 때, 해당 물량은 서울시 전체 부동산시장을 위축되게 만들기에 충분했다.

그 시기에 조합원들은 이주비 대출금을 갚아야 했을 것이며, 분양을 받은 사람들은 잔금을 치루기 위해 자신이 살던 집을 처분해야 했을 것이다. 또한 조합원들이 이주비 대출을 받아 막연히 아파트 가격이 오를 것을 기대하고 다른 지역에 추가로 구입해 놓은 아파트들을 처분하는 것 역시 상당한 부담으로 작용했을 것이다. 그마저도 되지 않는 세대들은 잠실에 있는 아파트를 팔았어야 했을 것이다. 이에 따라 2008년 3/4분기 및 4/4분기 잠실 재건축 단지의 아파트들은 1차 쇼크를 경험하게 된다. 그리고 2년 주기론의 적용을 받는 2년 단위로 쇼크를 반복한다.

일반적으로 이러한 입주 쇼크는 2차에서 끝나는 것이 보통인데, 잠실의 경우는 3차까지 진통을 겪는다. 물론 신도시 한 개 규모의 물량이 단 3개월 만에 입주를 진행했으니 진통이 크게 나타난 것이다. 더욱이 이명박 정권의 임대주택 확대 및 2기 신도시 발표 등으로 사람들의 주택구매 의욕을 꺾은 것도 한몫했다. 이는 뒤에서 다시 자세히 살펴보겠다.

이러한 입주 쇼크는 잠실 재건축 아파트 단지에서 끝나는 것이 아니었다. 이는 송파구 전체에 영향을 끼쳤는데, 예시로 문정동 훼미리 아파트를 보자. 역시 재미있는 결과가 나타난다. 잠실의 입주 쇼크와 시기 및 흐름이 일치한다. 그 당시 훼미리 아파트 거주자들의 경우 아파트 가격에 대해 거의 체념 상태였다. 하지만 아파트 가격이 왜 이리 출렁이는지 원인도 모르는 사람들이 99% 이상이었을 것이다. 잠실 재건축 입주 쇼크와 어떻게 맞물렸는지를 알고 나면, 부동산시장을 바라보는 시각에 변화가

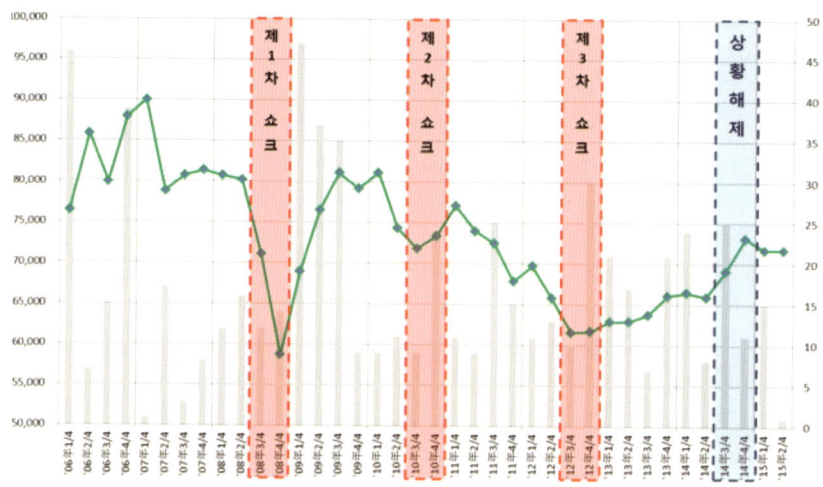

(단위 : 좌측-만 원, 우측-거래건수)
※ 분양면적 30평대(전용 25.7평) 아파트 기준임.

생길지도 모르겠다.

지금 대한민국의 부동산시장은 의외로 견고하게 움직이고 있고, 이미 학습효과가 있어 다시 한 번 부동산 폭락의 시기는 오지 않을 듯 느껴지기도 한다. IMF 외환위기에 버금가는 심한 충격이 온다면 모를까 현 시점에서 대한민국의 경기를 살리는 역할은 일정 부분 부동산이 맡고 있는 것이 사실이다. 그렇다고 무리한 투자는 금물이다. 위 잠실의 입주 쇼크 역시 과도한 투자자 비율 때문에 발생한 일이며, 실수요 기반의 단지가 만들어진다면 이러한 2년 주기론에 따른 영향은 상대적으로 크게 줄어들게 된다.

| 반포자이를 통해 살펴본 2년 주기론 |

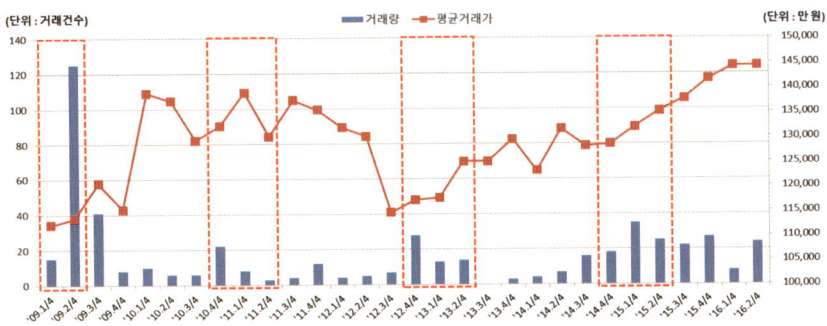

반포자이 아파트 거래량 및 평균 매매가 추이

앞서 잠실의 사례를 통해 2년 주기론에 대한 기초적인 이해가 이루어졌을 것이다. 어찌 보면 2년 주기론이란 당연한 일이다. 그리고 실제 전문 투자자 중 상당수는 이러한 2년 주기론을 이용하여 아파트 가격 하락기에도 손실 없는 투자가 가능했다는 점에서 2년 주기론은 좀 더 깊이 고려해야 할 필요가 있다. 그럼 이번에는 반포자이 84m^2(30평형대) 아파트를 살펴보기로 하자.

반포자이는 총 3,410세대 규모로 서초구에서 가장 큰 아파트 단지이다. 다만 재미있게도 대한민국 중심부에서 미분양이 발생했으니, 해당 아파트는 할인분양을 진행하고 분양 완료는 2009년 3/4분기경에 이뤄진 것으로 파악된다. 따라서 해당 아파트의 입주가 약 7~8개월에 걸쳐 이루어져 2년 주기론의 적용범위 역시 2008년 4/4분기에서 2009년 2/4분기까지로 해야 한다.

위의 차트를 보면, 최초 입주시점이 지나고 아파트 가격 상승(붉은색 선)이 이루어진다. 그리고 거래량이 급락하는 2009년 4/4분기부터 아파트 가격은 상승한다. 그리고 2010년 1/4분기에 해당 아파트는 최고가를 갱신한다. 그리고 입주 2년차가 다가오는 2010년 3/4분기에 매물이 다시 늘어나며 가격은 하락하기 시작한다. 사실 매물이란 매도시점으로부터 3개월 전부터 내놓는 것이 일반적이어서 입주 2년차가 되기 한 개 분기 앞서 매물 증가 현상이 나타난다.

그리고 매물이 감소하는 2011년 3/4분기부터 다시 가격이 상승해야 하는데, 이때 아파트 가격 상승에 발목을 잡은 것이 이명박 정부의 우면지구, 세곡지구, 내곡지구 등의 개발 발표이다. 우면, 세곡, 내곡지구 등의 개발은 당시 시장에 상당한 파급력을 가져온다. 강남에 아파트 분양가 평당 1,000만 원 수준의 말도 안 되는 가격에 공급한다는 정책으로 인해 이번 정부에서는 더 이상 부동산가격 상승을 기대하기 어렵다는 정서까지 생겨나게 된 것이다. 이러한 정부의 가격 억제 정책이 이루어지는 시점에서 2년 주기론은 더욱 무서운 효과를 발휘하게 된다. 투자자들이 투매하는 현상까지 나타나며 오히려 하락폭은 더욱 커진다. 입주 4년차가 도래하는 2012년 3/4분기 가격 폭락이 이를 반증한다.

단, 여기서 잊어서는 안 되는 부분이 바로 해당 시점이 아파트 가격의 바닥이라는 점이다. 이후 입주 6년차부터는 상황이 해제되어 가격 재상승기로 들어간다. 눈여겨봐야 할 부분은 위의 표에서 거래량(푸른색 기둥)이다. 거래량이 늘 입주 2년차 간격으로 집중되어 있다는 점은 여러 가지를 의미한다. 매물이 풍부하기에 매수 희망자에게 선택의 폭이 넓으며, 아파트 가격 할인의 폭 역시 클 수 있다. 다만 매물감소 현상이 발생되는 시점에 다시 아파트 가격은 상승한다. 물론 앞서 언급한 바와 같이 2012년 정부의 주택 가격 억제 정책과 같은 변수는 우리가 예측하기 어려우나 적어도 2년 주기론에 따른 리스크 회피 전략은 언제든 구사 가능하다.

| 2년 주기론은 항시 적용 가능한가? |

이 글을 읽고 뒤통수를 맞은 듯한 느낌이 드는 독자들이 많을 듯하다. 그러나 2년 주기론이 과연 완벽할까? 결코 그렇지는 않으며, 늘 예외적 변수를 가지고 있다. 2년 주기론을 연구하며 내린 결론은 맞을 확률이 높으나, 예외적 변수가 존재한다는 점이다. 예외적 변수란? ① 실거주 비율이 높은 경우, ② 주변 지역의 신규 입주물량과 겹치는 경우, ③ 시장의 흐름에 따른 2년 주기론의 변화 등이다.

그럼 먼저 실거주 비율이 높은 경우에 대해서 이야기해 보자. 최근 2년 주기론에 대한 연구를 좀 더 디테일하게 진행해 보고자 동탄2기 시범단지의 입주와 위례신도시의 입주를 관심있게 지켜보았다. 그러나 예상과 전혀 다른 현상이 나타났다. 입주시점에 어느 정도 타격을 받을 줄 알았던 동탄2기신도시 시범단지와 위례신도시가 타격은커녕 입주와 동시에 프리미엄이 더욱 폭등한 것이다. 그래서 주변 부동산을 돌아보기 시작했다. 결과적으로 단지별로 전세 비율이 타 지역에 비해 상당히 낮고 실거주 비율이 높은 것으로 나타났다. 일례로 동탄2기 반도유보라 아이비파크 1차의 경우 거의 95%에 육박할 정도의 높은 실거주 비율을 보였는데, 매물은 마르고 거래 자체가 이루어지지 않으니 가격 폭등은 당연한 것이 아니었을까?

이는 동탄2기 시범단지 중 반도유보라 1차에만 해당되는 일이 아니었다. 동탄2기 시범단지에 있는 대부분의 아파트에서 비슷한 현상이 나타났으며, 위례신도시도 비슷한 현상을 나타냈다. 이처럼 투자세력보다는 실거주 비율이 높은 아파트 단지가 형성되어 2년 주기론에 따른 현상이 나타나지 않게 되는 것이다. 투자자가 적고 실거주 비율이 높아질수록 해당 아파트 단지의 거래가는 보다 안정성을 높여갈 수 있다는 결론으로 귀결된다. 이러한 현상이 나타난 배경은 무엇일까?

첫째, 해당 아파트들의 분양이 이루어진 때는 2012~2013년으로 부동산가격의 바닥시점으로서 투자자들보다는 실거주자 위주로 분양이 이루어졌기 때문이다.

둘째, 실거주자 위주로 분양이 이루어지다 보니 전매물량이 나오기 어려워 매물의 희소성이 높아 전매물량의 프리미엄이 더욱 높아졌다.

셋째, 입주시점이 되자 프리미엄이 폭등해 일부 투자자들조차 굳이 등기를 칠 필요가 없어졌고, 등기 시점에 전매 거래로 실거주자 손으로 넘어가다 보니 위례 및 동탄2기의 실거주 비율은 더욱 높아진 것으로 해석된다.

문제는 현재의 분양권 시장은 다소 다른 양상을 보인다는 점이다. 실제 분양권 거래로 수익을 내거나 분양가에 비해 매매가가 상승하는 사례가 늘어나면서, 시장에 투자자들이 다시 많이 들어오고 있는 것이다. 즉, 동탄2기 시범단지나 위례신도시 같은 경우 실거주 비율이 높아 분양권 매물의 희소성이 있었으나, 앞으로의 시장은 분양권 매물이 수요를 넘어서는 상황으로 전개될 수도 있는 것이다.

신규 분양시장이 다시 뜨거워지면서 투자자들이 대거 유입되고 분양권 매물이 적체되는 현상이 나타나고 있다. 이러한 현상은 물론 단기적으로는 시장에 큰 타격이 되지는 않겠지만, 시장을 긍정적으로 보기 어렵게 만드는 요인의 하나로 작용한다. 앞으로 2~3년 후 입주시점까지 투자자들의 물량이 실수요자들에게 이전되지 않는다면, 입주시점부터는 투자자 보유 임대물량이 누적되어 2년 주기론의 적용을 받게 될 가능성이 높은 것이다.

두 번째로 주변 지역에 신규 아파트가 지속적으로 공급되는 아파트에서 역시 2년 주기론의 적용이 다소 어려워진다. 이는 대체로 신도시에서 나타나는 현상으로서 특정 지역 내에 입주물량이 꾸준히 발생하는 경우, 매수 대기자들에게 대안이 계속 발생해 해당 아파트가 차별화된 희소성(역세권, 조망권, 초등학교 인접 등)이 존재하지 않는 한 2년 주기론에 따른 가격 급등락 현상은 쉽게 나타나지 않는다.

입주 시기에 따른 2년 주기론이란 신규 아파트를 대상으로만 나타나는 독특한 현상인데, 주변에 지속적으로 물량이 공급되게 되면 매물의 증감에 의한 패턴이 발생하지 않게 되어 2년 주기론에 따른 가격 급등락 현상이 현저히 줄어들 수밖에 없는 것이다.

세 번째로 시장의 흐름에 따른 변화에 따라 2년 주기론은 다소 재미있는 형태로 변형되기도 한다. 아래 도표는 강남구 도곡동의 도곡렉슬 84m^2(30평형대)의 거래가 차트이다. 도곡렉슬은 2006년 1월 입주를 진행하였으나, 당시는 부동산가격의 폭등기로서 매물이 많을 수 없었으며, 또한 도

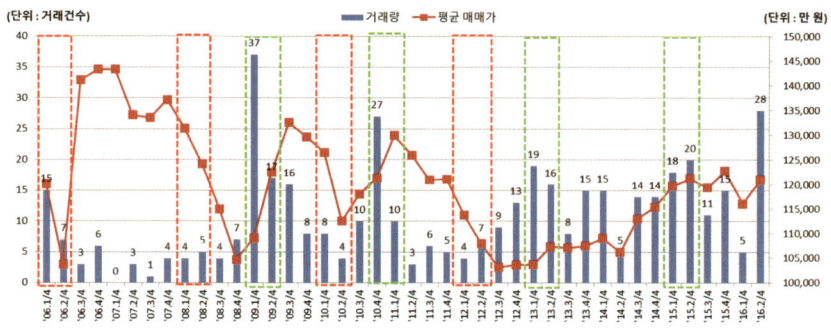

도곡렉슬 아파트 거래량 및 평균 매매가 추이

 곡렉슬은 준공시점까지만 해도 타워팰리스 다음 가는 랜드마크로 실거주 비율이 높아 2년 주기론의 영향을 전혀 받지 않은 단지이기도 하다.

 그러나 시장의 급변에 따라 인위적으로 2년 주기론이 만들어지게 된다. 노무현 정부에서는 여러 가지 부동산 억제책들이 이어졌는데, 대표적으로 2005년 8.31대책, 2006년 3.30대책과 11.15대책, 2007년 1.10대책 등이 시장에 어느 정도 영향을 끼쳤다고 볼 수 있다.

 사실 위의 차트를 보면 참여정부에서 부동산 규제가 발표되면서 시장의 위축은 이미 발생되고 있었다는 것을 알 수 있다. 그럼에도 호가가 꺾이지 않고 버틸 수 있었던 것은 정권 교체 시기가 얼마 남지 않았다는 기대감 때문이지 않을까 싶다. 그러나 이명박 정부가 취임한 이후 이러한 예측이 빗나가기 시작한다. 이명박 정부는 바로 부동산을 활성화시킬 것이라 기대했던 것과는 달리 공급확대를 정책 기조로 잡았기 때문이다. 앞에서도 말한 것처럼 공급의 확대는 아파트 가격을 올리려는 정책이 아니라 가격 안정화를 위한 정책인 것이다.

 특히 2009년 1월 30일 이명박 대통령이 SBS TV '대통령과의 원탁대화'

2008.06.11	지방 미분양주택 취등록세 인하
08.21	수도권 전매제한 완화, 재건축규제 합리화, 신도시 2곳 선정 등
09.01	고가주택 양도세·종부세 완화, 상속·증여세 완화
09.19	보금자리주택 10년간 15만 가구 공급
09.23	종합부동산세 과세대상 및 세율 조정
10.21	가계대출 담보 완화, 투기지역 및 투기과열지구 해제 요건 마련 등
11.03	강남3구 제외 지역 투기지역 및 투기과열지구 해제, 재건축 규제 완화 등
12.05	다주택자 양도세율 한시적 완화, 종부세 개정안 확정 발표
12.22	공공주택 분양권 전매제한 단축, 주택 재당첨 금지 한시적 폐지
2009.02.12	수도권 신규 주택 양도세 감면

 에 패널로 출연하여 집값이 더 떨어져야 한다는 발언을 하기도 한다. 이명박 정부가 어떤 정책을 추진했기에 시장은 2008년 12월까지 폭락장을 만들어갔을까? 이명박 정부 취임 후 1년간 펼쳐나간 부동산 정책들을 살펴보자.

 이처럼 지속적으로 주택에 대한 세금을 완화하는 정책을 펼치기는 하지만, 신도시 2곳 추가 선정 및 10년간 보금자리주택 15만 가구 공급 등 주택 가격에 영향을 미치는 정책들을 펴나가면서 LTV 및 DTI 완화에 대해서는 극히 보수적 입장을 취한다.

 그리고는 2008년 12월 8일 기존 부동산에 물려있던 사람들이 탈출할 기회를 열어주니 그것이 바로 다주택자 양도세율 한시적 완화(2009.1.1.~2010.12.31)이다. 이 정책으로 인해 다주택자들은 기존 세금 부담액만큼 아파트 가격을 낮춰서 매도할 수 있는 기회를 부여받았고, 그에 따라 신규 투자세력이 유입되니 이것이 바로 2009년 1/4분기의 거래량 폭등 현상이다.

실제로 2008년 4/4분기와 2009년 1/4분기의 가격 하락은 매도인들에게 오히려 손실 폭을 줄여주는 기회가 되었으니 단순히 차트만으로 시장을 이해하기에 부족한 측면도 있는 것이 사실이다. 배경 설명을 하다 보니 길어졌지만, 이러한 배경을 이해했다면 도표에서 확인할 수 있는 2009년 1/4분기의 거래량 폭증이 어느 정도 이해가 되었을 것이다. 바로 이것이 시장의 흐름에 따른 2년 주기론의 변화이다.

도곡렉슬의 경우 2009년 1/4분기의 거래량 폭증으로 새로운 2년 주기론이 만들어졌으며, 도표를 통해 확인할 수 있는 것처럼 매 홀수년 1/4분기 전후(위 차트의 초록색 박스)로 거래량 폭증 현상이 나타난다. 바로 해당 시점이 매수의 적기라 볼 수 있을 것이다.

그러나 도곡렉슬의 경우 도곡동 타워팰리스 거래가의 영향을 직접적으로 받는 곳으로서 거래가 자체가 2년 주기론의 영향을 크게 받지 않았다는 점은 유의할 필요가 있을 듯하다. 어떤 지역이든 해당 지역의 랜드마크 아파트가 있으며, 대부분 해당 랜드마크 아파트의 거래가 변동이 2년 주기론보다 선행해 작용되기에(예-앞에 나온 문정동 훼미리 아파트 사례) 2년 주기론을 적용해 보고자 한다면, 먼저 해당 지역 랜드마크 아파트의 거래가 변동을 살펴보는 것 역시 중요한 포인트가 될 것이다.

3

잠실과 같은 2년 주기론이 재연될 수 있을까?

앞의 2년 주기론 사례 탐구 중의 잠실에 대한 부분은 2015년 6월에 작성한 내용이다. 이 내용을 카페에 게재한 후에 회원들로부터 이런 질문을 수도 없이 많이 받았다.

"잠실과 같은 2년 주기론이 다시 재연 가능할까요?"

이와 같은 질문을 한 회원들은 주로 송파 헬리오시티(가락시영아파트 재건축)에 투자한 사람들과 강동구 둔촌주공아파트 재건축 조합원 자격을 가진 사람들로 2년 주기론에 상당한 관심을 가질 수밖에 없었을 것이다. 송파 헬리오시티는 총 9,510세대로 단일 단지 규모로 대한민국에서 가장 큰 아파트이다. 더불어 둔촌주공아파트가 총 11,106세대로 준공이 된다면 송파 헬리오시티를 뛰어넘는 최대 규모의 아파트 단지가 될 것으로 보인다.

더불어 2개 단지 모두 재건축 아파트라는 점을 감안한다면, 조합원 중 상당수가 투자자일 가능성이 높으며, 입주 전에 분양권을 처분하지 못한다면 등기를 치고 가야 할 단지임에 분명하다. 즉, 헬리오시티와 둔촌주공의 경우 입주 전에 얼마나 실수요로 손바뀜이 많이 이루어질지가 관건이라 할 수 있다.

따라서 헬리오시티와 둔촌주공 재건축의 경우 투자로서는 상당히 높은 리스크가 따른다는 점을 감안하고 들어가야 하며, 투자로 들어가더라도 본인이 실거주를 한다는 계획 없이는 입주시점에 너무 많은 임대물량의 적체로 강동과 송파지역 일대를 뒤흔들 수 있는 파워를 가졌다고 볼 수 있다.

그럼 과연 이 두 개 단지의 입주가 과거 잠실의 사례처럼 2년 주기론에 따라 송파구와 강동구 일대의 주택 가격을 좌우할 수 있을까? 이를 알아보기 위해서는 해당 아파트가 입주하게 될 시점부터 점검해봐야 할 것이다. 송파 헬리오시티는 2018년 12월 입주 예정이며, 둔촌주공이 입주하게 될 시점은 2020년 초로 예상되고 있다.

우선 헬리오시티의 경우, 보통 사람들이 같은 구에서의 이동이 많다는 점을 감안하여 송파구의 임대차 시장 흐름을 살펴보도록 하자. 이 또한 2년 주기론으로 시장을 다소 예측할 수 있으며, 언제까지 버티면 임차인을 맞추기 수월한 시점이 오는지 알 수 있다. 2년 주기론에 의거해 신규 임대차 계약 물량이 많이 나타나는 시점을 찾아보자. 다음 도표는 송파구 아파트와 관련된 신규 임대차 계약 물량을 차트화한 것이다.

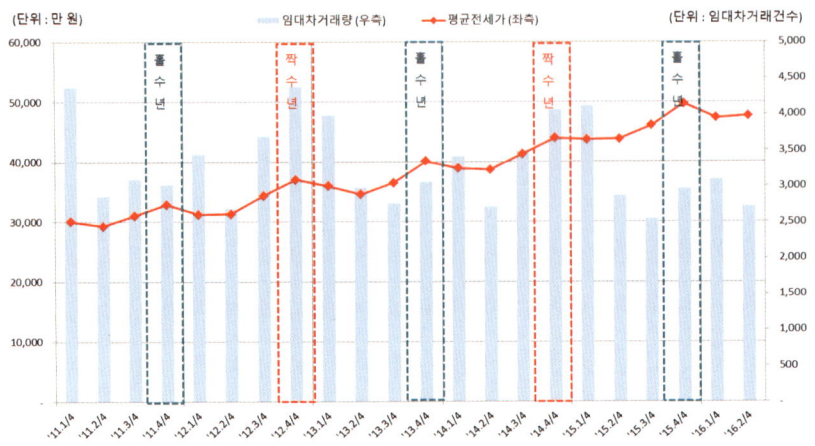

송파구 아파트 신규 임대차 거래량 및 전세가 추이

물론 위의 차트는 신규 임대차 계약이 체결된 물량으로서 임대계약의 갱신 등은 포함되지 않았다. 차트를 보면 늘 짝수년 4/4분기에서 홀수년 1/4분기까지 신규 임대차 거래량이 많으며, 홀수년 4/4분기에서 짝수년 1/4분기까지는 거래량이 상대적으로 떨어진다. 다행히도 송파 헬리오시티의 입주시점은 짝수년 4/4분기로 신규 임대차 거래가 활발하게 이루어지는 시점에 입주를 진행한다.

그럼에도 송파구에서 2014년 4/4분기부터 2015년 1/4분기까지 이루어진 아파트 신규 임대차 거래는 약 8,200여 세대에 불과하다. 입주 타이밍은 좋지만 헬리오시티의 입주물량 9,510세대가 일시에 시장에 들어온다면 어떤 결과가 나타날까? 이는 유독 헬리오시티의 조합원 혹은 계약자들만이 걱정해야 할 문제는 아니다.

바로 송파구의 임대료가 하락 가능한 시점이기도 하기 때문이다. 물론 입주 전에 얼마나 실수요로의 교체가 발생하느냐에 따라 위의 리스크는 과도한 걱정이 될 수도 있다. 그러나 실수요가 70% 정도 받쳐주고 나머지 30% 정도가 임대차 물량이라고 가정하더라도 총 9,510세대 중 30%에 해당하는 2,853세대의 신규 임대물량이 시장에 풀리는 셈이니 분명 송파구 임대시장에 일대 파란을 일으킬 수도 있다는 점에서 투자자의 경우 실입주 계획을 세우고 분양권 투자에 나서는 것이 현명한 대책일 것으로 보인다. 만약 부득이한 사유로 실거주가 어려운 경우에는 남들보다 먼저 임대매물을 시장에 내놓는 것이 유리할 것이다. 빨리 움직여야 하는 것이다.

그럼 2020년 초 입주 예정인 강동구 둔촌주공아파트의 경우는 어떨까? 아래 도표는 강동구 아파트의 신규 임대차 거래량 차트이다.

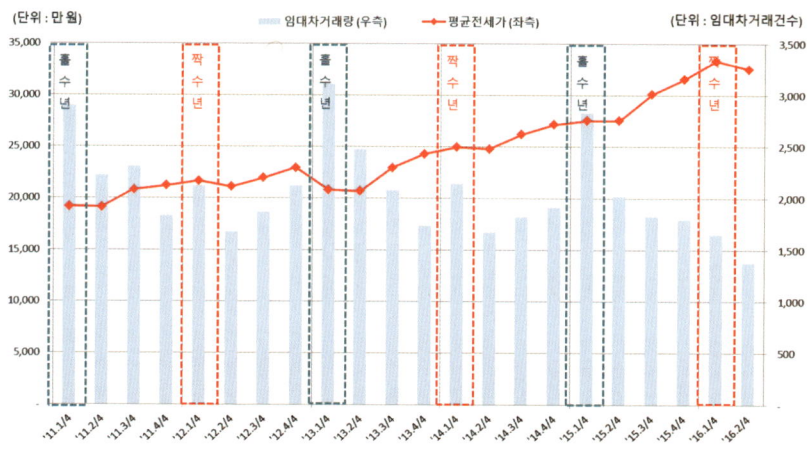

강동구 아파트 신규 임대차 거래량 및 전세가 추이

강동구의 경우 유독 짝수년 4/4분기까지 임대차 거래가 뜸하다가 홀수년 1/4분기에 거래량이 폭증하는 패턴이 반복된다. 이는 두 가지 측면에서 강동구의 시장이 상당한 롤러코스터를 탈 수 있다는 점을 암시한다. 바로 2017년 초 둔촌주공아파트의 관리처분 인가가 발표되고 이주가 시작된다면, 홀수년의 강동구 임대가격 폭등
은 불가피해 보이며, 강동구 및 하남시, 송파구, 남양주시까지 전세가 상승의 장이 마련될 것이다.

그러나 정작 둔촌주공이 입주하게 될 2020년은 짝수년으로서 신규 임대차 거래량이 시장에서조차 받쳐주지 못하는 시점이다. 즉, 강동구 전체적으로 홀수년과 짝수년 사이의 임대차시장 불균형은 더욱 가중될 것으로 전망된다. 이에 둔촌주공아파트 조합원 및 분양예정자들은 필히 실거주 차원에서 해당 단지를 접근하되 투자 차원이라면 입주 전에 분양권을 매각하는 것이 현명한 전략이라 할 수 있을 것이다.

임대차 거래량에 따른 시점별 상황을 살펴보면 송파 헬리오시티가 유리해 보이며, 둔촌주공아파트가 입주하는 2020년에는 특별한 이슈가 없는 한 강동구 일대의 주택 가격은 침체될 우려도 있다는 점에서 유의할 필요가 있어 보인다.

물론 위의 가정에서 투자자 비율이 10% 미만이고, 실거주 비율이 90% 이상이라면 시장의 타격은 미미할 수 있다고 생각될지도 모르나, 실거주 비율이라는 것도 분양권을 가진 사람의 입장에서 기존주택을 팔던지 임대를 놓아야만 신규 아파트 입주가 가능하다는 점에서 해당 시점의 전세시장을 그리 낙관적으로 보기는 어려울 것으로 생각된다.

결론적으로 2019년과 2020년에 연달아 진행되는 인접지역(송파구, 강동구)의 입주는 2년 주기론에 따른 가격등락이 발생될 가능성이 높아 보이며, 근접한 경기도 지역(하남, 미사, 위례) 역시 일정한 타격이 있을 것으로 예상된다. 따라서 되도록 실입주 후, 입주 홀수 년차(입주 1년차, 3년차, 5년차) 가을 시점에 매도하고 나오는 것이 현명할 것으로 보인다.

이유는 매년 연달아 2년 주기론에 의거해 임대차 및 매매물량이 폭발적으로 증가하는 시점이 1/4분기에 몰려있기 때문이다. 법이라는 것이 임대차시장의 안정성을 위해 2년이라는 구속력을 부여하여 시장의 왜곡 현상을 만들었지만, 이미 2년 주기론을 학습한 우리들의 입장에서는 이러한 현실을 잘 읽고 대응해 나가야만 할 것이다.

# 4

거시적 관점으로 본 2년 주기론

2년 주기론과 그 적용 방법에 대해서 알아보았다. 앞서 살펴본 바와 같이 2년 주기론이란 개별 아파트별로 나타나는 현상을 넘어 지역적인 흐름까지 좌우할 수 있다는 점에서 매우 유용한 평가 지표라 할 수 있다. 그러나 개별 단지로의 접근에서는 2년 주기론과 주택 가격 간의 상관관계가 높지 않게 나타나는 경우도 발생된다. 주변의 규모가 큰 랜드마크 아파트의 거래가에 더 큰 영향을 받기도 하며, 입주 8년차 이후에는 주기론이 희미해진다.

부동산시장은 어떤 하나의 아파트로 인해 움직이는 것이 아니라, 개별 아파트들이 모여 거대한 하나의 흐름을 형성하기 때문에 개별 아파트들의 움직임과 시장의 거시적 추이를 동시에 알게 된다면, 보다 현명한 부동산 투자가 가능해질 것이다. 그렇다면 과연 부동산시장의 미래를 예측한다는 것이 꿈만 같은 일일까? 이번에는 부동산시장의 거시적 흐름에 2

년 주기론을 적용해 보려고 한다. 먼저 서울시 아파트의 임대차 거래량으로 2년 주기론을 살펴보면 어떤 결과가 나타날까?

| 아파트 임대차 시장을 통해 살펴본 서울 |

서울시의 아파트 신규 임대차 거래는 분기별로 30,000~45,000건이 이루어지고 있다. 여기에는 계약갱신 등은 포함되어 있지 않으니, 실제로는 이보다 훨씬 많은 임대차 거래가 이루어지고 있겠지만, 이것까지 파악할 수는 없는 바 신규 계약에 한해서 다뤄보기로 한다.

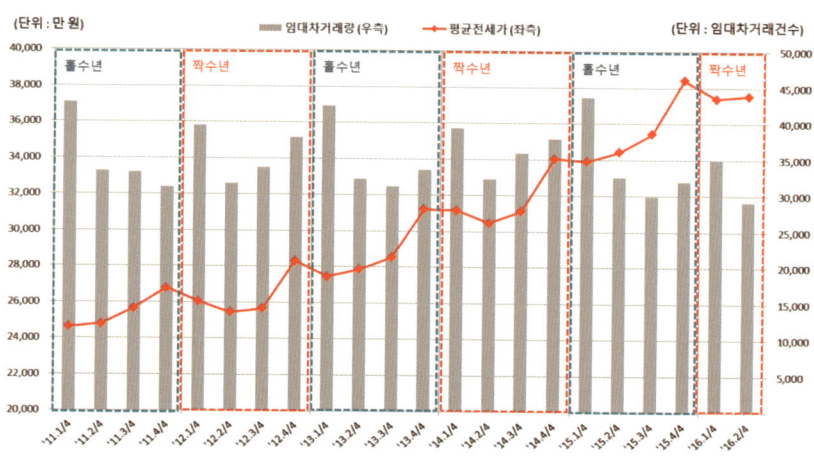

서울시 아파트 신규 임대차 거래량 및 전세가 추이

먼저 위의 도표는 서울시내 아파트를 대상으로 평형 구분 없이 임대차 거래량을 모두 뽑아서 만든 차트이다. 국토교통부 실거래가 홈페이지에서 제공하는 자료를 기반으로 만들었다. 차트를 보니 최근 5년 사이 전세가 상승이 얼마나 심각했는지 여실히 알 수 있다. 2011년 1/4분기 기준 서울의 평균 전세가격이 2.5억 원이 채 되지 않았으나, 2015년 4/4분기에는 평균 전세가격이 4.5억 원을 넘는 수준으로 2억 원이 껑충 뛰어버렸다.

이는 전세자금 대출 시행에 따른 영향도 상당 부분 있겠으나, 사람들의 아파트 선호도는 강해지는데 반해 공급이 뒤따르지 못하면서 발생된 측면이 가장 크다고 할 수 있다. 즉, 아파트 전세가 역시 수요와 공급의 시장논리에 따라 전세가격 상승이 나타나게 된다. 이러한 현상은 위의 차트에서 바로 확인할 수 있다. 어느 특정 시점에서 전세가 폭등 현상이 나타나는데, 매년 3/4분기에서 4/4분기로 넘어가는 시점에 유독 높은 상승세를 보인다. 원인은 역시 명확하다. 시장에 임대 매물이 없는데 반해 임차인들이 발생되는 시점이기 때문에 나타나는 현상으로 해석된다.

즉 아파트 임대차 가격이 상승하는 10~12월은 이사철이 아니다. 따라서 기존주택 임차인들의 주거 이동으로 인해 발생되는 상승이라기보다는 혼인으로 인해 발생되는 수요층이 매물이 풍부하지 못한 가을 및 초겨울

대한민국 월별 혼인 건수 추이

(천 건)

월	'05~'14년 평균	'15년
1월	27.9	28.4
2월	24.1	20.9
3월	27.2	26.8
4월	25.6	24.7
5월	29.7	27.9
6월	27.0	26.7
7월	24.3	23.6
8월	24.7	21.8
9월	19.7	19.0
10월	25.5	23.2
11월	29.7	26.0
12월	38.7	33.3

출처 : 통계청, 2015년 혼인 통계자료

에 몰리면서 나타나는 현상으로 보인다. 월별 혼인 추이 차트를 살펴보면 그 원인을 확인할 수 있다.

따라서 매물의 희소성으로 가을~초겨울 사이에 상승된 임대가가 본격 이사철인 12~3월까지 시세로 굳어지면서 4/4분기 전세가 급등을 받쳐주게 된다. 그리고 상품성이 뛰어난 양질의 임대차 물량들이 1/4분기에 소진되면서 2/4분기가 되면 일정 부분 가격 조정 장세가 이어지는 패턴이 나타난다. 즉, 이런 임대차 시장에서 동일하게 나타나는 패턴의 흐름을 이해한다면, 더 이상 2/4분기에 전세가 폭락을 외치며 주택시장의 하락을 예견하는 기사들에 대해서 가볍게 무시하고 넘어갈 수 있을 것이다.

여기서 한발 더 나아가 차트를 자세히 보게 되면 더욱 재미있는 현상이 눈에 띈다. 매 짝수년은 1/4분기 이후 2/4분기에서 전세가 조정 현상이 나타나지만, 홀수년에는 1/4분기 이후 2/4분기에도 전세가 상승세가 이어져 간다. 최근 5년간의 차트에서 동일한 패턴이 나타나고 있다. 결과

서울시 아파트 월세 거래 비율 추이

(단위 : 좌측-거래건수, 우측-%)

론적으로 짝수년 2/4분기보다 홀수년 2/4분기에 주택공급과 수요 간의 간극이 심하게 발생되며, 이는 공급보다는 수요의 힘이 더 강해 나타나는 현상으로서 공급부족이 나타나는 시점이라 해석할 수 있을 듯하다. 이는 다시 월세 거래 비율 차트를 살펴보더라도 비슷한 모습을 확인할 수 있다.

위의 도표는 임대차 거래를 월세 거래와 전세 거래로 구분하여 서울시 아파트 기준 매 분기별 월세 거래 비율을 차트화한 것이다. 재미있게도 놀라운 패턴이 나타난다. 위의 차트에서 홀수년(파란색 점선 박스)의 경우 월세 거래로의 전환 비율이 높게 나타나다가, 짝수년(붉은색 점선 박스)에는 월세 전환 속도가 조정을 받는다는 것이다. 즉, 전세가 상승 시점과 월세 전환율 증가 시점이 차트상 매우 높은 상관관계를 띄고 있으며, 이는 갭투자를 할 경우에 참고할 지표일 듯싶다. 쉽게 말해서, 아파트 투자자 입장에서는 짝수년보다 홀수년이 임차인을 맞추는 것이 용이하다고 볼 수 있는 것이다.

서울에서 임대를 끼고 아파트를 매수하는 투자자 입장에서는 짝수년에 매수하여 홀수년에 매도하는 것이 가장 유리하다. 이유는 임대를 맞추기가 상대적으로 어려운 짝수년에 매매 물량이 증가할 수 있으며, 임대가가 상승하는 홀수년에 임대 상승으로 인한 매매가 상승도 보다 강해질 수 있기 때문이다.

마지막으로 이러한 임대차 시장의 흐름이 매매가의 움직임에 참고 지표는 될 수 있으나, 결코 절대지표가 되지는 못한다. 위의 지표대로라면 2016년 상반기는 전세가가 조정되면서 매매가 역시 다소 조정이 이루어지는 시점이라는 결론으로 귀결되나, 2016년 상반기는 차트상의 예측을 뒤집고 서울의 매매가는 상당히 높은 상승률을 기록했다. 원인은 강남재건축으로 인한 영향도 있겠지만, 2015 12월 정부의 가계부채 대응방안 발표 및 그에 따른 영향이라 분석된다. 정부에서 가계부채 대응방안을 발표한 2015년 12월 이후 시장은 급속도로 경색되어 갔다. 차트상 흐름을 보더라도 매매가가 2015년 11월까지 급상승하다가 가계부채 대응방안 발표 이후 그 흐름이 확연하게 꺾이는 것을 볼 수 있다.

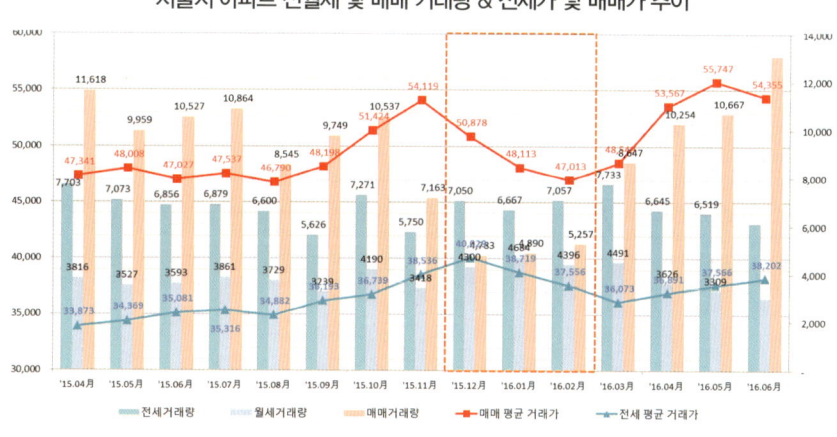

(단위 : 좌측-만 원, 우측-거래건수)

그러나 2016년 1월의 급매물 소진 속도가 매우 빠르고, 가계부채 대응방안이 시장에 미치는 효과가 미미하다는 것이 인식되면서 투자 수요가 급속도로 가세하면서 상승세로 돌아선다. 이처럼 정부의 부동산 규제는 이런 풍선효과라는 부작용을 수반한다. 규제를 발표한 직후 일시적으로 시장을 잠재우는 효과는 있으나, 해당 규제가 시장에서 효력이 크지 않을 때는 그것을 뛰어넘는 상승의 장이 만들어지기도 한다. 따라서 부동산 투자를 하는 사람의 입장에서는 먼저 2년 주기론 등에 따른 시장의 흐름을 익히고, 부동산시장의 돌발변수(정치, 정책, 금리 등)에 관심을 갖고 주의 깊게 살피면 최적의 매수 매도 타이밍을 잡을 수 있을 것이라 생각된다.

| 아파트 임대차 시장을 통해 살펴본 경기도 |

앞서 2년 주기론을 기반으로 서울시 임대차 시장의 특징을 알아보았다. 하지만 이런 패턴은 서울에서만 통용되는 것은 아니다. 각 지역별로 살펴보면 지역별 특성이 나타난다. 2년 주기론을 경기도 각 도시에 적용해 보도록 하자.

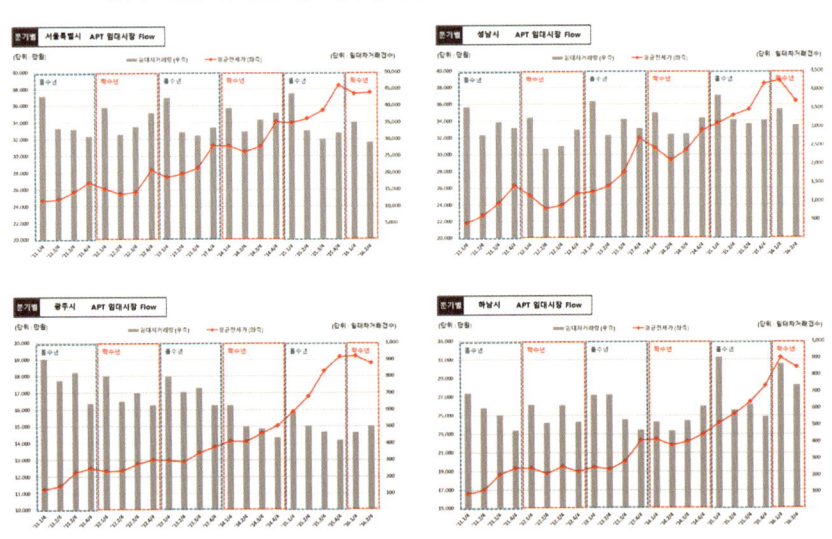

서울시 / 성남시 / 광주시 / 하남시 아파트 신규 임대차 거래량 및 전세가 추이

먼저 성남시를 살펴보면 놀라울 정도로 서울의 임대차 시장과 비슷한

흐름을 보이고 있다. 분기별 상승 시기와 임대차 거래량이 비슷한 흐름으로 유지되고 있는데, 이는 서울시와 성남시 간 동조화 현상(커플링)이 매우 강하다는 것을 의미하기도 한다. 즉, 서울의 집값이 하락하면 성남시도 하락할 가능성이 높으며, 서울의 집값이 상승하면 성남시의 집값도 상승할 가능성이 높다고 봐도 무방할 듯하다.

반면 광주시는 분기별 변화 요인이 크게 나타나지 않는다. 다만 재미있는 점은 매년 감소하는 임대차 거래량이다. 즉, 임차인들의 실거주 전환율이 매우 높게 나타나고 있으며, 임대차 물량이 줄어들면서 2015년의 전세가 폭등을 야기한 것이 아닌가 싶은 생각마저 들게 한다.

마지막으로 하남시의 경우 2년 주기론을 적용하기에는 어려운 지역이다. 이유는 하남미사지구와 위례신도시의 입주로 인하여 아직은 2년 주기론의 패턴이 발생하기 어려우며, 하남미사지구와 위례신도시의 입주가 마무리되면 새로운 2년 주기론의 탄생이 가능해 보이는 지역이기도 하다.

위의 4개 지역의 2011년 1/4분기부터 2016년 1/4분기까지 5년간 누적 전세가 평균 상승률은 서울시 152%, 성남시 178%, 광주시 171%, 하남시 189%로 나타났다. 이처럼 전세가 상승률 측면에서는 서울의 위성도시들이 서울보다 높은 전세가 상승률을 나타내는 것으로 확인된다. 이는 서울의 경우 신규 입주 아파트가 부족했던 반면, 서울 인접 도시들에서는 꾸준히 신규 아파트 공급이 발생됨으로써 지속적으로 위성도시들의 주거 편의성이 개선되고 있다는 것을 의미하기도 한다.

다음으로 수원시, 용인시, 화성시, 오산시를 살펴보도록 하자. 수원시는 전국적 흐름에 다소 역행하는 임대시장 구조를 가진 독특한 곳이다. 최

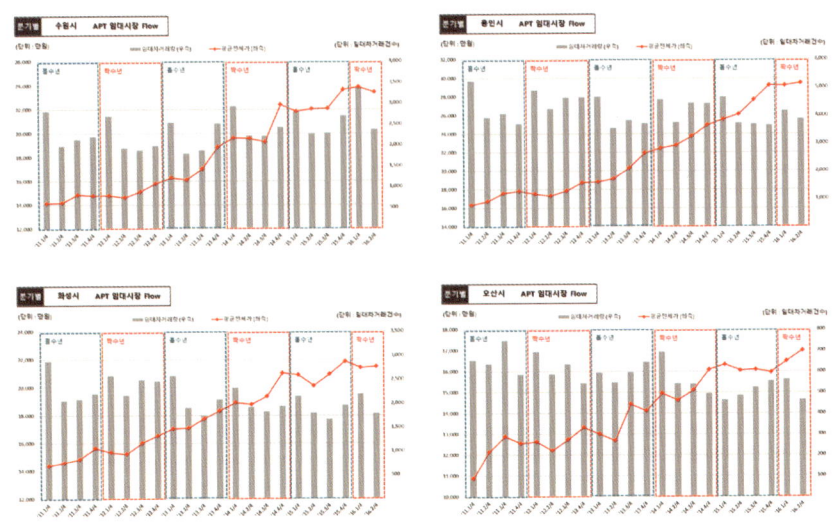

수원시 / 용인시 / 화성시 / 오산시 아파트 신규 임대차 거래량 및 전세가 추이

근 전국적인 부동산시장의 추세가 투자자들이 빠지고 실거주자로 대체되는 모양새를 보이고 있어, 매년 임대차 거래량은 감소하는 움직임을 나타내고 있다. 그러나 수원의 경우 오히려 임대차 거래량이 증가하는 기이한 모습을 보인다. 원인은 바로 화성 동탄2기신도시로 인한 영향이라 볼 수 있다. 동탄2신도시 신규 분양 아파트 수요 중 가장 큰 포지션을 차지하는 곳 중의 하나가 바로 수원시로써, 수원에 자가로 거주하던 사람들이 동탄으로 이주하면서 자신의 집을 임대로 돌리며 나타나는 현상으로 풀이되는데, 이런 구조가 만들어지는 이유는 삼성의 효과로 인한 풍부한 임대수요 덕분이라 볼 수 있다.

그러나 수원은 동탄2기의 입주와 더불어 현재는 임대가 상승이 다소 무뎌진 상황이다. 이런 임대가 상승이 둔화되는 현상은 화성과 오산에서도 동일하게 나타나고 있다는 점에서 동탄2기의 입주가 시장에 미치는 파급력을 다시 한 번 여실히 확인할 수 있다. 동탄2기신도시가 자리 잡은 화성시의 경우 역시 위에서 언급한 하남시처럼 2년 주기론이 새로이 만들어져가는 도시로서 과거의 2년 주기론은 다소 무의미한 지역이기도 하다.

오산시 역시 오산의 독립적인 시장흐름보다는 주변시장 즉, 화성시의 영향을 받는 지역으로 2년 주기론을 적용해볼 때 반드시 화성시와 함께 볼 필요가 있다. 즉, 화성 동탄2신도시의 입주가 본격화된 2015년 오산의 전세시장 흐름은 하락세였으나, 동탄2신도시의 입주가 어느 정도 정체되는 시점에 다시 전세가가 상승해가는 움직임을 나타내는 것처럼 말이다.

용인시의 경우 사실 수지구, 기흥구, 처인구로 나누어 분석을 해야 시장에 대한 이해가 가능하나, 너무 넓은 지역에 각 구별 특성이 달라 포괄적으로 설명하기에는 한계가 있어 용인에 대한 이야기는 이 책에서는 다루지 않았다. 다만, 임대차 거래량이 지속적으로 감소한다는 점과 짝수년에는 거래량이 분기별로 비슷하게 나타난다는 특징이 있다는 점은 기억해둘 필요가 있을 듯하다.

위의 4개 지역의 2011년 1/4분기부터 2016년 1/4분기까지 5년간의 누적 전세가 평균 상승률은 수원시 169%, 용인시 179%, 화성시 149%, 오산시 152%로 나타났다. 화성 동탄의 입주물량에 영향을 받아 화성이 가장 낮은 전세가 상승률을 나타냈으며, 다음으로 동탄 입주의 직접 영향권인 오산시, 수원시 순서로 낮은 상승률을 보였다. 그러나 용인에서는 동탄으로 인한 영향이 거의 없었던 것으로 확인된다. 이유는 용인시만의 프라이드로 서울의 접근성을 더욱 중시하는 경향이 있어 더 남쪽으로 내려가는 것을 기피하는 정서가 팽배해있음으로 인해 이런 현상이 발생하는 것으로 보인다.

　평택시는 현재 소사벌, 용이, 용죽, 현촌, 동삭지구 등 꾸준한 택지개발지구의 입주로 전세가 상승률이 가장 낮은 지역 중 하나이다. 이는 평택 고덕지구에 삼성 반도체공장이 들어서는 것을 대비하여 삼성전자가 입주하기도 전에 지나치게 많은 택지지구를 개발하면서 나타난 현상이다. 더욱이 아직 개발이 시작도 되지 않은 영신, 세교 등 택지지구가 너무도 많이 남아있다. 이에 세간의 관심을 받고 있는 고덕국제도시까지 부정적 영향을 미치고 있는 상황이다. 물론 신도시의 첫 분양은 프리미엄 상승 가능성이 높은 곳임은 부정하기 어려우나, 이토록 평택의 아파트시장 자체가 받쳐주질 못한다면 평택 고덕국제도시의 분양을 고운 시선만으로 바라보기는 어렵지 않을까? 현재 2년 주기론 측면에서 볼 때 평택시는 특정 반복 패턴은 발견되지 않고 있다.

　안산시는 한때 인구 80만 명을 기록했던 곳으로 상당히 계획적으로 설계된 도시이나, 고잔신도시의 개발을 마지막으로 신규 아파트의 공급이 없어왔다. 또한 시화산업단지의 침체와 더불어 인구 유출이 지속적으로 발생된 지역이기도 하다. 그러나 최근 신안산선이 확정되고 노후화된

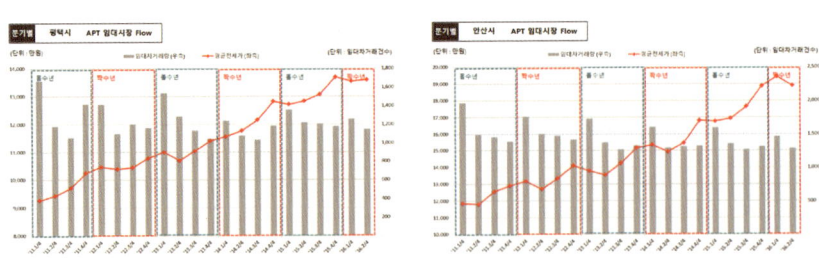

평택시 / 안산시 아파트 신규 임대차 거래량 및 전세가 추이

저층 아파트들이 재건축에 들어가며 다시 한 번 주목을 받고 있다.

또한 시화공단의 침체가 있기는 하였으나, 안산은 자급자족이 가능한 도시라는 점에서 급격한 주택 가격의 하락 가능성은 낮은 도시로 평가된다. 그러나 지나치게 높은 외국인 노동자 거주 비율은 안산시의 균형 잡힌 개발에 발목을 잡는 요소로 작용하기도 한다. 2년 주기론으로 볼 때 안산은 매년 2/4분기에 전세가 조정이 있어 왔으며, 유독 2015년에는 이런 반복 패턴이 나타나지 않는 듯 보이나, 2016년 2/4분기에 다시 전세가 조정이 나타나는 것을 확인할 수 있다.

위의 2개 지역의 2011년 1/4분기부터 2016년 1/4분기까지 5년간의 누적 전세가 평균 상승률은 평택시 146%, 안산시 164%로 나타났다.

과천시의 임대차 물량은 뚜렷하게 2년 주기론의 영향을 받고 있는데,

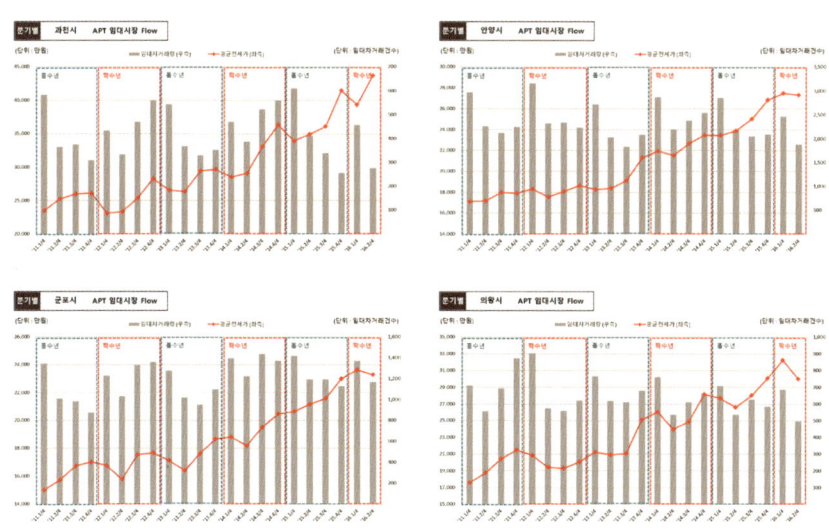

과천시 / 안양시 / 군포시 / 의왕시 아파트 신규 임대차 거래량 및 전세가 추이

짝수년 4/4분기에서 홀수년 1/4분기 사이에 상당히 많은 임대차 거래가 이루어진다. 또 한 가지 재미있는 패턴은 일반적으로 다른 도시의 경우 1/4분기까지 전세가가 상승하고 2/4분기부터 조정받는 패턴이 발생하는데 반해, 과천의 경우 4/4분기에 전세가 고점을 찍고 1/4분기부터는 조정을 받는 패턴이 나타난다는 것이다. 즉, 집주인 입장에서는 임차인을 다소 서둘러서 늦어도 12월 이전에 맞추는 것이 보다 유리한 임대전략이라 할 수 있겠다.

안양시의 경우 교육도시답게 매년 1/4분기(방학기간)에 임대차 거래량이 가장 높게 나타나며, 짝수년 2/4분기의 전세가 조정 현상이 눈에 띈다.

군포시의 경우 2/4분기에 유독 전세가 조정 현상이 뚜렷하게 나타나며, 3/4분기의 급격한 회복 역시 인상적으로 느껴진다. 그러나 2015년에는 이러한 가격조정 패턴이 없어지는데, 독특한 점은 군포시의 경우 신규 임대차 거래가 늘어나고 있다는 점이다. 이런 현상은 대규모 아파트 단지의 신규 입주 혹은 투자자의 유입 등에서 원인을 찾을 수 있는데, 그 정확한 원인에 대해서는 확인해볼 필요가 있을 듯하다.

안양시, 군포시, 의왕시 모두 매우 유사한 패턴을 가지고 있으나 군포와 의왕은 안양과 달리 매년 2/4분기 임대가 조정 타임이 발생된다는 점은 기억해둘 필요가 있다.

위의 4개 지역의 2011년 1/4분기부터 2016년 1/4분기까지 5년간의 누적 전세가 평균 상승률은 과천시 167%, 안양시 161%, 군포시 158%, 의왕시 183%로 나타났다. 의왕시의 높은 상승률은 내손동에 짧은 기간 (2009~2012년) 안에 공급된 신규 아파트(포일자이, 내손래미안, 내손이편한세상 등) 물량으로 인해 과도하게 낮은 전세가로 형성되어 있다가 시간이 지나며 정상 가격을 회복해 가는 과정을 거쳐 나타난 것으로 확인된다.

과도한 입주물량에 의한 전세가 하락은 지속되는 것이 아니라 의왕시의 사례처럼 짧은 기간 내에 정상가를 회복해 가게 되므로 신규 입주아파트를 분양받은 실입주자들은 너무 큰 걱정은 할 필요가 없을 것으로 생각된다.

인천광역시는 서울 및 경기권 도시 중에서 매우 높은 전세가 상승률을 기록한 지역이기도 하다. 원인은 송도 및 청라의 공급이 어느 정도 안정화 단계에 이르면서 인천경제자유구역 중심의 전세가 상승이 가져온 결과로 보인다. 인천경제자유구역은 입주시점에 최악의 부동산 침체와 맞물려 일시적 과다 물량으로 인한 할인분양 및 전세식 분양이 많았던 지역이기도 하다. 그러나 기반시설이 갖춰지고 도시의 윤곽이 나타나며 현

인천광역시 / 부천시 / 시흥시 / 광명시 아파트 신규 임대차 거래량 및 전세가 추이

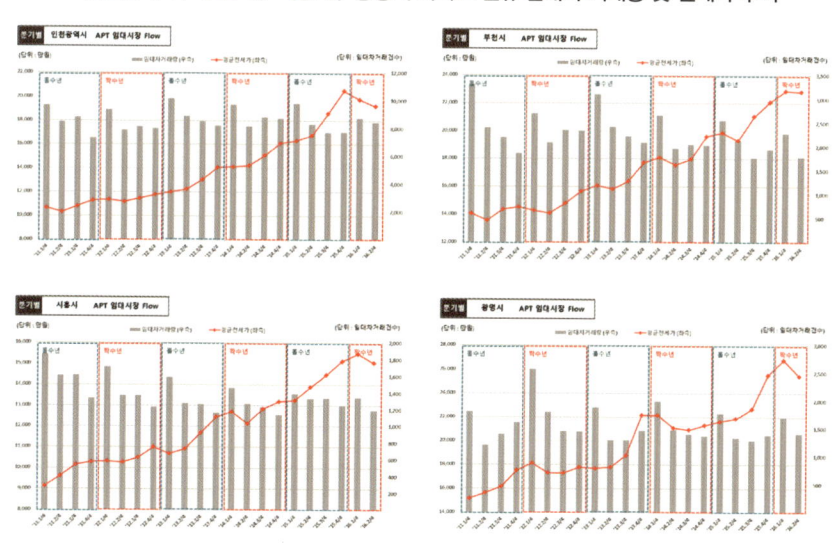

재는 거주 선호지역으로 변해가고 있다. 인천광역시는 2년 주기론에 입각해 볼 때 1/4분기에 임대차 거래가 가장 활발하게 이루어진다는 것 외에는 특별하게 반복적인 패턴을 나타내지는 않는다. 매 분기별로 전세가 조정 없이 꾸준히 오르고 있는 부분이 인상적이다.

더불어 인천광역시와 인접한 부천시의 경우 인천시와 거의 비슷한 패턴을 보이고 있으나, 매년 반복적으로 2/4분기 전세가 하락 현상이 나타나고 있다. 2016년에는 서울 경기권 대부분의 지역이 2/4분기 조정기를 거쳤음에도 불구하고 꿋꿋하게 전세가를 유지하는 모습을 확인할 수 있다. 이는 부천시의 임대차 거래량이 매년 감소하고 있는데서 기인하기도 한다. 임대차 거래량이 감소한다는 것은 그만큼 실거주 비율로의 전환이 빠르게 이루어지고 있으며, 임대차물량 자체가 줄어들고 있음을 의미한다. 즉, 임대차 거래량이 감소하는 지역은 전세가 상승 가능성이 보다 높다고 할 수 있을 것이다.

시흥시 역시 임대차 거래량이 매년 감소하고 있으며, 실거주 전환율이 가시적으로 드러나는 곳으로서 임차인들의 실수요 전환 속도가 상당히 빠르게 진행된 지역이다. 다만 2015년 이후 그 감소세는 다소 둔화되었다. 또한 계절별로 뚜렷했던 임대차 거래 시장이 계절의 구애를 거의 받지 않는 것으로 변화되고 있는데, 이는 신규 입주물량에 의한 것으로 시흥시의 2년 주기론에 변화가 있는 시점이라 볼 수 있다.

마지막으로 광명시는 너무도 뚜렷하게 2년 주기론의 영향을 받는 지역이다. 홀수년 4/4분기에서 짝수년 1/4분기까지 전세가 폭등이 만들어졌다가 2/4분기에 바로 조정에 들어간다. 이는 지역적 특성에서 발생하는 현상이다. 현재 광명시의 부촌은 7호선 철산역 남쪽으로 형성된 재건축 지역으로 이곳에 신규 아파트 단지들이 몰려있다. 그런데 해당 신규 아파트들 대부분이 2009년 4/4분기에서 2010년 1/4분기 사이에 입주해 광명시의 독특한 2년 주기론이 만들어진 것이다. 즉, 광명시 철산동에서 아파트를 사거나 임차할 사람은 홀수년 4/4분기에서 짝수년 1/4분기 사이에 진행하는 것이 유리할 것으로 보인다.

위의 4개 지역의 2011년 1/4분기부터 2016년 1/4분기까지 5년간의 누적 전세가 평균 상승률은 인천광역시 186%, 부천시 163%, 시흥시 169%, 광명시 177%로 나타났다.

고양시는 현재 2년 주기론에 따른 영향은 크지 않은 것으로 보이며, 늘 1/4분기에 거래량이 몰리는 현상이 나타나고 있다. 그리고 2/4분기에 전세가 조정 현상도 크게 나타나지 않아 차트만으로 매수 매도 적기를 찾기는 쉽지 않아 보인다. 분기별 영향 없이 꾸준히 임대가가 상승하는 지역으로 볼 수 있다.

김포시의 경우 눈여겨봐야 할 대목이 신규 임대차 거래량이 매년 증가하는 추세를 보인다는 점이다. 물론 2015년에는 실거주 전환율이 높아 차트상 신규 임대차 거래가 줄어드는 모습을 보였으나, 2016년 풍무 푸르지오의 입주로 다시 한 번 신규 임대차 거래량이 늘어난다. 김포시의 경우 짝수년 3/4분기에 신규 임대차 거래량이 많으며, 특히 2016년 2/4분기 신규입주 아파트의 영향으로 김포시는 매 짝수년 2/4분기에서 3/4분기에 임대차 물량이 풍부해질 것으로 예상된다. 물론 김포시는 한강신도시의 입주물량이 꾸준히 이어진다는 점에서 위의 차트만으로 장기적 시장의 흐름을 예측하기에는 한계가 있다. 단, 김포시의 현재 패턴만으로 볼 때

임대차 거래량이 줄어드는 홀수년 4/4분기가 전세가 상승률이 가장 높게 나올 수 있다는 점은 도출 가능하다.

파주시 역시 독특한 패턴을 보이는데, 짝수년 3/4분기에 신규 임대차 거래량이 가장 높게 나타난다는 점이다. 운정 지구의 입주가 오래되지 않아 계절적 요인보다는 2년 주기론의 영향에 따라 나타나는 현상으로 보이며, 파주시 타 지역에서 일반적으로 나타나는 2/4분기의 임대가 조정도 없는 것으로 확인된다.

의정부시는 2년 주기론의 영향이 뚜렷하게 나타나는 곳으로 홀수년 3/4분기에서 짝수년 1/4분기까지 지속적으로 반복되는 상승 패턴이 있다. 그리고 매년 신규 임대차 거래량이 감소하는 모습을 보여주고 있는데, 의정부 역시 투자자에서 실거주 위주의 시장으로 움직여가는 모습을 나타내고 있다.

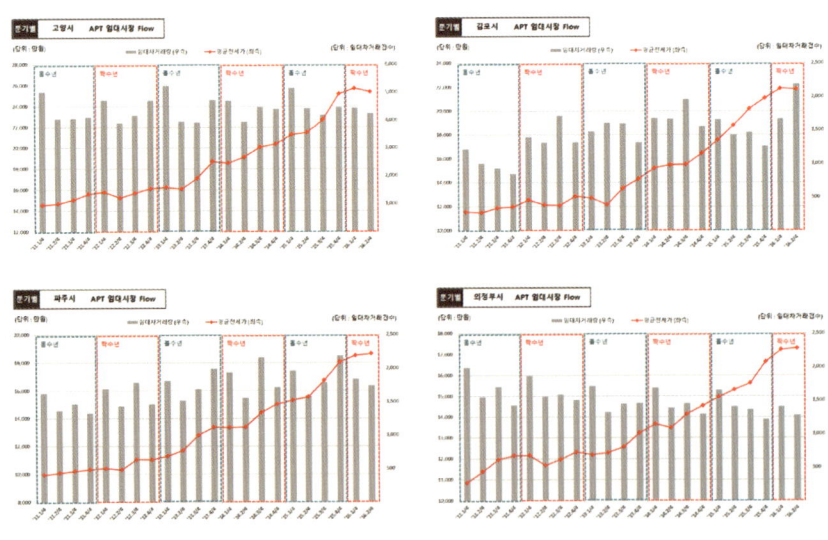

고양시 / 김포시 / 파주시 / 의정부시 아파트 신규 임대차 거래량 및 전세가 추이

위의 4개 지역의 2011년 1/4분기부터 2016년 1/4분기까지 5년간의 누적 전세가 평균 상승률은 고양시 177%, 김포시 189%, 파주시 186%, 의정부시 159%로 나타났다. 현재 김포시 및 파주시의 높은 전세가 상승률은 눈여겨볼만 하다.

구리시의 경우 2년 주기론에 의한 패턴이 서울시와 비슷한 것으로 나타난다. 홀수년에는 분기별로 신규 임대차 거래량이 줄고, 짝수년 2/4분기부터는 다시 임대차 거래량이 늘어난다. 그러나 2/4분기의 전세가 조정 현상은 다소 약하고 전세가가 조정되는 분기가 별로 나타나지 않는 상태에서 안정적으로 전세가 상승이 이루어져간다. 다만 구리시는 신규로 공급될 다산신도시가 공사 중에 있어 구리시의 임대차 시장에 미치는 영향이 있을 수 있다. 그러나 다산신도시의 경우 투자자 비율보다는 실거주 비율이 높아 의외로 구리시의 임차시장에 미치는 영향은 작을지도 모르겠다.

남양주시의 경우 2년 주기론의 영향을 강하게 받는 곳이기도 하다. 바로 별내신도시의 입주가 2012년에 몰려있다 보니 2012년에는 분기에 상관없이 상당한 임대차 거래 물량이 쏟아져 나왔다. 따라서 짝수년 2/4분

구리시 / 남양주시 아파트 신규 임대차 거래량 및 전세가 추이

기에는 전세가 조정 현상이 반복적으로 나타나고 있으며, 임대 물량이 줄어드는 짝수년 3/4분기 이후 전세가 상승세가 강하게 나타난다.

위의 2개 지역의 2011년 1/4분기부터 2016년 1/4분기까지 5년간의 누적 전세가 평균 상승률은 구리시 162%, 남양주시 170%로 나타났다.

자, 지금까지 서울, 인천, 경기도 주요 지역의 임대차 거래량과 전세가를 살펴보았다. 어렵다면 어렵고, 쉽다면 쉬울 수도 있는 내용이었으나 다소 지루했을 것이다. 그럼에도 불구하고 이 챕터를 고집한 이유는 무엇일까?

앞으로의 부동산 가치 상승에 대한 판단은 어떻게 할 수 있을까? 특정 개발 호재가 있는 지역이라면 다소 다른 양상의 임대 시장으로의 개편이 가능할 것이나, 해당 개발 호재가 시장에 영향을 미치지 않는다고 가정했을 때 부동산의 실질적 가치는 바로 임대시장의 흐름에 따라 결정된다고 볼 수 있기 때문에 이러한 분석을 진행한 것이다.

우리는 부동산을 대할 때 향후의 개발 호재에 집중해서 매수와 매도를 결정한다. 그러나 실제 개발 호재란 10년이 넘게 걸리는 곳도 있고, 개발 자체가 무산되거나 개발된 후에도 그 가치 상승이 약한 곳들도 있다. 불확실한 개발 호재에 목매는 것보다는 당연히 현재가치를 내 집 마련의 척도로 삼는 것이 중요할 것이다.

7장

대한민국 아파트의
미래 전망

1

앞으로도 전세가 상승은 지속될까?

앞 장에서 2년 주기론을 유심히 살펴본 사람이라면 대부분 감을 잡았을만한 사항이 하나 있다. 바로 2013년 4/4분기와 2015년 4/4분기는 어느 지역을 막론하고 전세가 상승률이 다른 분기와 대비해 높게 나타났다는 점이다. 이런 현상이 왜 나타났을까? 이 부분까지 마저 읽으면 향후 전세시장에 대한 전망과 부동산 투자에 대한 대비책이 만들어질 수 있으리라 기대해본다.

우리나라는 현재 상당한 경제 위기를 겪고 있다. 우리가 체감하는 것 이상으로 심각하다고 할 수 있다. 그동안 대한민국은 대기업 위주의 성장을 해왔으며, 그 과정에서 IMF 외환위기와 같은 진통을 겪기도 한다. 대한민국의 성장 동력이 지나치게 대기업에 편중되다 보니 특정 산업이 무너지기 시작하면 국가 경제 자체가 흔들려버리는 상황에 처하게 된다. 그러나 대기업 경쟁력은 중국의 빠른 추격과 엔저 등으로 인해 많이 약화되었으며, 세계적인 저성장 시대의 도래와 맞물려 점차 기업의 힘이 약해져가고 있다. 물론 삼성전자와 현대기아차가 대한민국 기업의 자존심을 지켜주고 있으나, 과거 1970~1980년대 대한민국의 경제성장을 이끈 제조업의 둔화와 조선업 등의 침체는 경제 전반에 더욱 큰 어두움을 드리우고 있다.

그럼에도 불구하고 부동산시장은 상승세에 놓여 있다. 현재의 이러한 상승세의 원인 진단이 가능할까? 금융위기 이후 부동산시장 침체기에 저평가된 아파트들이 많다 보니 2013년 이후에 정상가격으로 회복했다는 관점이 있을 수 있겠으나, 이를 두고 2013년에서 현재까지의 부동산가격 상승을 설명하기에는 부족하다 할 것이다.

이에 필자는 이명박 정부에서부터 활성화하기 시작한 전세자금 대출의 영향이라는 주장을 펼쳐온 바 있다. 전세자금 대출로 인해 시중의 유동성이 풍부해졌으며, 해당 전세자금 대출로 아파트의 임대가가 상승하다 보니 아파트 가격이 현실화되었다는 말이다. 초기에 목돈이 소요되는 아파트 전세자금의 진입장벽을 없애줌으로써 신혼부부들이 아파트 임대차시장에 적극적으로 진입하는 것을 가능케 했으며, 전세가의 상승률이 더 높아지게 된 것이다. 그러나 2012년은 전세가 상승률이 그리 높지 않았는데, 유독 2013년 4/4분기와 2015년 4/4분기의 전세가 상승률이 높은 이유는 무엇일까? 바로 금리의 영향이라 할 수 있다. 이를 차트화해 보면 답은 명확하게 나온다.

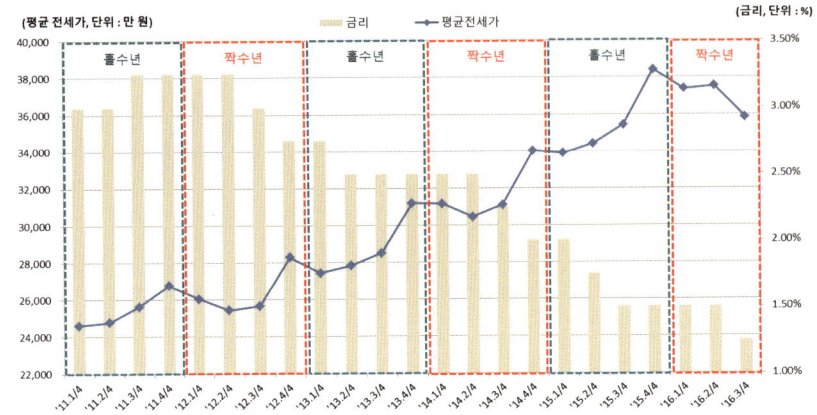

서울시 아파트 평균 전세가 및 금리 추이

놀라울 정도로 금리와 아파트 전세가격의 상관관계는 반비례하는 모양새이다. 결론적으로 아파트 시장의 전세가 상승은 낮은 금리가 견인했다는 결론을 내려도 무방할 듯하다. 정부에서는 대기업 위주의 산업 경기가 침체되자 내수를 살리기 위한 목적으로 시중의 유동성을 풍부하게 만든다.

금리가 전세자금 대출에 미치는 영향에 대해 이해하기 쉽게 알아보자. 편의상 금융권의 가산 금리는 "0"으로 가정한다. 2011년 4/4분기에 어떤 신혼부부가 전셋집을 구하기 위해 1억 원의 전세자금 대출을 발생시켰다. 해당 시점의 금리는 3.25%(실제 해당 시점 한국은행 기준금리)로 이 부부의 전세자금 대출에 대한 이자는 월 27만 원이었다. 그리고 2013년 4/4분기

2011년 4/4분기 → 차입금 100,000,000원×금리 3.25%/년÷12개월=270,833원

2013년 4/4분기 → 차입금 130,000,000원×금리 2.5%/년÷12개월=270,833원

에 전세 만기가 도래되었다. 그런데 이때의 금리는 2.5%(실제 해당 시점 한국은행 기준금리)까지 떨어진 상황이다. 따라서 설령 대출을 3,000만 원 더 받더라도 납부하는 이자는 동일하게 월 27만 원이 되었다.

자, 세입자는 어떤 선택을 할 수 있을까? 전세금을 다소 올려서라도 더 나은 곳으로 이주를 생각해볼 수 있다. 예를 들어 직장과 가까운 지역 혹은 교통이 편리한 지역 등. 더욱이 2년이라는 시간동안 신혼부부의 소득도 덩달아 증가했을 수 있기에 전세금이 좀 더 늘어나도 큰 무리가 없어 보인다.

그런데 재미있는 사실은 보이지 않는 손에 의해 시장은 이런 상황의 연출이 불가능하도록 시장을 통제해버린다. 즉, 딱 그 정도 금액만큼 전세가가 오른 것이다. 2011년 4/4분기 서울 아파트 평균 전세가는 267백만 원이었던데 반해, 2013년 4/4분기 서울 아파트 평균 전세가는 312백만 원으로 상승하였다. 즉, 평균 35백만 원의 상승이 나타난 셈으로, 전세금은 2년 사이 117% 폭등했는데, 늘어난 이자 차이는 미미한 수준에 불과한 것이다.

자, 그리고 다시 2년이 경과되어 전세 갱신기간이 도래한다. 그런데 금리는 더 내려 1.5%까지 떨어진 상황이다. 대출을 기존 대출보다 86백만 원을 더 받아도 기존의 대출이자와 비슷한 수준으로 나온다.

전세가 상승과 비교해볼까? 2013년 4/4분기 서울 아파트 평균 전세가

2013년 4/4분기 → 차입금 130,000,000원×금리 2.5%/년÷12개월=270,833원

2015년 4/4분기 → 차입금 216,000,000원×금리 1.5%/년÷12개월=270,000원

는 312백만 원이었던데 반해, 2015년 4/4분기 서울 아파트 평균 전세가는 384백만 원으로 상승하였다. 해당 신혼부부가 동일한 이자 납부액으로 빌릴 수 있는 금액은 86백만 원이 올랐는데, 전셋값은 오히려 72백만 원밖에 오르지 않은 셈이다. 오히려 저금리로 해당 신혼부부의 이자부담은 더 낮아진 셈이다.

이러한 내용을 바탕으로 해당 주택의 전세금이 116백만 원 상승하더라도 임차인 입장에서는 금리인하 효과로 인하여 주택 임차에 소요되는 비용은 동일하다는 결론을 마주하게 된다. 물론 이 비교는 이해를 돕기 위한 단순 가정으로 은행의 가산 금리 등을 더하게 된다면 액수의 크기는 달라진다. 하지만 분명한 것은 금리가 전세시장에 미치는 영향은 바로 이와 같은 맥락에서 만들어진다는 점이다.

다시 한 번 애덤 스미스가 강조한 '보이지 않는 손'의 힘이 정말 놀랍게 느껴지기도 한다. 전세가 상승의 논리는 바로 이러한 금리에 의해 조정되어 왔고, 폭등을 거쳐 온 것이다. 이런 사실을 정부는 당연히 예상했으며, 그들의 기획대로 시장은 흘러가는 중이다.

이처럼 현재의 전세가 상승은 미친 전세가 상승이 아니라 금리에 따라 보이지 않는 손에 의해 만들어진 매우 체계적인 상승인 것이다. 금리가 낮아지면 시중 유동성이 풍부해진다. 대출에 의해 풍부해진 현금자산이 얼어붙은 대한민국 경제 전반을 잠시 보호해주고 있는 것이다.

그럼 대한민국의 전세가 상승은 지속될까? 금리 인하에 의한 전세가 상승의 장은 2016년이 마지막이 될지도 모른다. 이미 2015년 4/4분기 금

리는 1.5%대로 내려왔으며, 2016년 6월 9일 정부는 다시 한국은행 기준 금리를 1.25%로 낮추었다. 앞으로 과거와 같이 공격적인 금리 인하는 쉽지 않기에 금리 인하로 인한 전세가 상승은 힘들 것으로 보인다. 그렇다면 금리 인하폭이 높았던 홀수년 4/4분기, 즉 2017년이 금리에 의한 전세가 상승의 마지막 타이밍이 될 가능성이 다분하다.

2

지역별 아파트 가치 평가 인사이트

앞에서 부동산시장의 본질에 대한 이해를 위해 왜 임대차 시장을 중심으로 분석하고 살펴봐야 하는지에 대해 말한 바 있다. 부동산의 실질적 가치는 미래가치가 반영된 매매가격이 아니라 바로 임대차 시장의 흐름에 따라 결정된다는 것이다.

매매 시장은 주변 지역 개발 호재에 대한 기대심리와 군중심리 등이 섞여 있어 현재 시점에서 해당 부동산의 적정 가치를 담고 있다고 하기에는 무리가 있고, 현재 시점에서의 해당 부동산의 가치는 임대차 시장이 가장 정확하게 반영하고 있다고 생각하기 때문이다. 매매가에 담겨 있는 개발에 대한 기대 가치는 향후에 개발이 이루어지고 실제 임차 수요자들이 증가하여 임대가를 끌어올릴 때 실현되는 것이다. 따라서 임대가는 현실적인 잣대이며, 매매가는 미래가치에 대한 기대심리라 볼 수 있다.

앞에서 2013년부터 2016년까지의 높은 전세가 상승이 2017년 이후까지 이어지기는 어렵다고 전망했다. 그렇다고 2017년 이후에 전세가가 상승하지 않는다는 것은 아니다. 예상컨대 물가상승률 수준에서 전세가는 지속적으로 상승할 것으로 보인다. 다만 금리가 인상된다면 전세가는 보합을 유지할 가능성이 높다. 금리가 오르면 전세가는 하락할 것이라 예측하는 사람들도 많으나, 이는 현실적으로 가능성이 높지 않은 이야기이다. 사람은 한번 정한 삶의 질을 포기하지 못하는 성향이 강하며 특히 주택은 다운사이징을 하기 어려운 상품 중의 하나이다. 즉, 소비를 줄여서라도 주거에 소요되는 비용을 유지하고자 할 것이다.

그리고 대부분의 사람들이 금리 상승의 시기를 대비하고 있는 것으로 보인다. 금리가 낮아졌음에도 소형평형 선호 현상이 강한 이유는 당초 아파트에 거주하기 어려웠던 젊은 신혼부부들이 저금리로 대출을 끼고 아파트 임차를 하기 때문이기도 하겠지만, 기존 임차인들 역시 금리 상승을 대비하여 더 넓은 평형으로 옮겨가지 않는 현상이 겹치면서 나타난 것이라 여겨진다.

또한 2011년 3/4분기 금리가 0.25% 상승하였음에도 불구하고 2011년 4/4분기에 전세가 상승이 반복되었다는 점에서 우선 당장의 금리 상승이 아파트 임대차 시장의 전세가를 끌어내리지는 않을 것으로 예상된다 (단, 금리 상승은 부동산 비수기 2/4분기의 전세가 조정의 폭 역시 높게 작용함).

그렇다면 금리의 인상을 무조건 주택시장의 불안요소로 볼 수 있을까? 금리가 오른다는 것은 대한민국 산업이 회복하고, 사람들의 소득이 증가할 수 있다는 것을 의미하므로 금리 인상에 대해서 너무 부정적으로

만 볼 필요는 없을 것으로 보인다. 여기서는 과연 어떤 지역이 고평가되어 있고, 어떤 지역이 저평가되어 있느냐에 대해 알아보고자 한다.

| 2011년 1/4분기 대비 2016년 1/4분기 매매가 변동 |

이 글에서 다루는 수치는 평균 거래가 수치이다. 평형에 대한 구분 없이 시점별로 해당 지역에서 발생한 모든 아파트 거래를 전부 합산하여 거래량으로 나눈 수치이다(DB 출처 : 국토교통부). 따라서 여기서 다뤄지는 평균 거래가 자체는 큰 의미가 있는 수치는 아닐 수 있다. 그러나 평균 거래가에 의해 해당 지역의 자산수준 등은 대략적으로 파악이 가능하며, 또한 대량 공급 등의 급격한 변화가 있지 않는 한 이 수치는 해당 지역 주택시장의 흐름을 읽는데 중요한 요소가 될 수 있을 것이다. 단, 통계적 오류를 동반할 수 있는 자료인 만큼 주택 매수의 절대지표로 삼아서는 안 될 것이며, 참고지표로 사용하는 수준에서 본 주제를 보는 것이 좋을 것

서울 및 수도권 주요 도시 아파트 평균 매매가 추이

구분	'11.1/4분기	'16.1/4분기	상승률
서울특별시	45,699	48,006	105.0%
성남시	41,802	46,801	112.0%
광주시	23,630	25,042	106.0%
하남시	29,359	36,905	125.7%
수원시	22,889	28,354	123.9%
용인시	32,074	35,102	109.4%
화성시	22,581	23,562	104.3%

지역	'11.1/4분기	'16.1/4분기	상승률
오산시	17,380	19,863	114.3%
평택시	17,232	18,903	109.7%
안산시	22,189	25,398	114.5%
과천시	67,849	66,809	98.5%
안양시	28,412	33,346	117.4%
군포시	24,064	29,411	122.2%
의왕시	25,390	34,310	135.1%
인천광역시	20,470	22,840	111.6%
부천시	25,451	25,928	101.9%
시흥시	17,346	19,606	113.0%
광명시	26,126	35,441	135.7%
고양시	26,893	28,454	105.8%
김포시	22,850	27,649	121.0%
파주시	22,491	21,064	93.7%
의정부시	20,737	20,503	98.9%
구리시	29,793	30,951	103.9%
남양주시	23,870	24,361	102.1%

(단위 : 만 원, %)

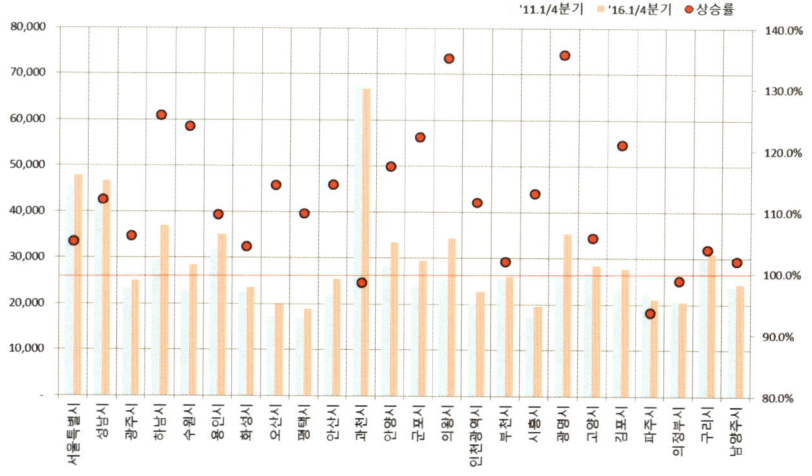

으로 생각된다.

위의 자료를 살펴보면 광명시의 매매가 상승률이 가장 높은 것으로 나타난다. 광명시의 평균 매매가 상승률은 135.7%로 매년 7.1%의 상승을 기록한 셈이다. 그러나 이는 역시 통계적 오류를 수반하고 있다. 바로 홀수년과 짝수년으로 분석을 진행하다 보니 광명에는 2009년(홀수년) 4/4분기부터 2010년(짝수년) 1/4분기에 입주한 철산동 및 하안동 신규 아파트들이 아직까지 2년 주기론의 영향을 받아 해당 주택의 거래가 비교대상 분기인 2016년 1/4분기에 걸쳐서 나타난 것이다. 즉, 2011년(홀수년) 1/4분기에는 철산동 및 하안동의 신규 아파트 거래량이 높을 수 없었던 시점으로써 위의 수치를 100% 신뢰하기는 어렵다는 점에서 광명시의 높은 상승률을 그대로 받아들이기에는 무리가 있다.

다만, 이런 통계적 오류가 존재하더라도 신규 아파트의 가격 상승은 주변 주택시장에 자극을 주기에 충분하다. 이는 광명시 하안동 주택시장의 흐름을 보더라도 명확하게 나타난다. 아래 차트는 광명시 하안동의 평균

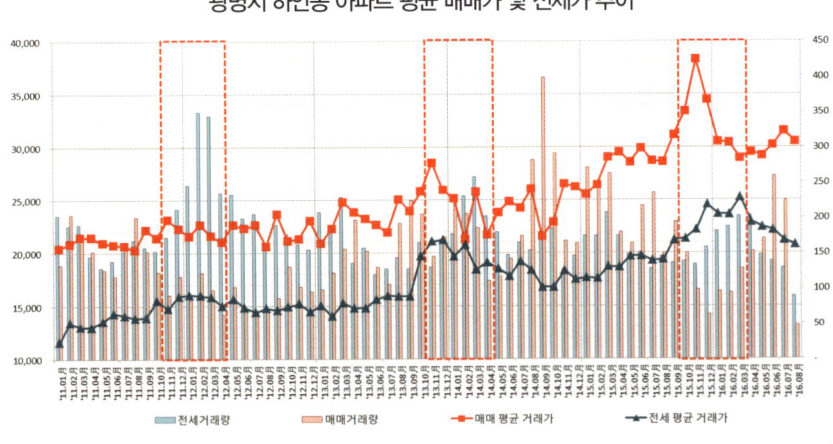

광명시 하안동 아파트 평균 매매가 및 전세가 추이

(단위 : 좌측-만 원, 우측-거래건수)

거래가 및 평균 전세가 차트를 시계열 분석으로 도출한 자료이다. 거래의 양적인 측면과 매매가 움직임을 살펴보면 분명 홀수년 4/4분기와 짝수년 1/4분기의 흐름이 유독 다르게 나타나는 것을 볼 수 있다. 그리고 이 아파트들의 가격 상승은 분명 광명역세권 개발의 영향도 있겠으나 광명역세권의 분양 호조 및 프리미엄 형성 역시 이러한 광명 하안동 및 철산동의 상승이 받쳐줬기에 가능했던 측면 역시 존재한다.

별개의 이야기이지만, 분양권 프리미엄의 나홀로 상승은 매우 위험할 수 있다. 분양권 프리미엄이라는 것은 새 아파트 프리미엄이라는 것인데, 사실 이는 주변지역의 거래가가 함께 상승해줘야 시너지를 발휘할 수 있는 것이지, 주변지역의 거래가는 변동 없는데, 분양권의 전매 프리미엄만 나홀로 상승한다면 이는 입주시 혹은 입주 후에 조정받을 가능성이 높다는 점은 유의할 필요가 있다.

두 번째로 높은 상승을 기록한 의왕시는 내손동의 신규 아파트 영향이 크다 할 수 있다. 의왕시 내손동 신규 아파트의 경우 안양시와 군포시에 상당한 민폐를 끼친 아파트들 중의 하나이기도 하다. 2009년 11월 2,540세대의 대규모 아파트(포일자이)가 입주를 하면서 버블세븐으로 찬물이 끼얹어진 안양 평촌신도시 주택시장을 다시 한 번 얼어붙게 만들었으며, 2012년 11월에는 내손 대림이편한세상이 입주를 진행하면서, 안양만이 아닌 군포 아파트 시장까지 잠잠해지게 만들었다.

물론 그 당시에는 의왕시만이 아니라 군포시 산본에도 2010년 9월 2,644세대의 아파트(산본래미안 하이어스)가 입주해 해당 지역의 물량 공급이 꾸준히 이루어지던 시점이었다. 따라서 2009년부터 2012년까지 해당 지역의 침체는 어쩔 수 없었던 현상이었다. 그러나 지역적 한계가 아닌 단순 입주물량에 의한 저평가는 반드시 제자리로 돌아오기 마련이다. 과거 가장 저평가 받았던 의왕시 내손동의 아파트 가격이 정상을 찾아오는 과정에서 2011년의 저평가 기조가 너무 심했기에 의왕시의 최근 5년간 상승률은 서울, 경기권 아파트 중 두번째로 높은 수준을 기록하게 된다.

이어 하남시의 높은 상승률이 눈에 띄는데, 이는 강동구의 재건축 주택들이 관리처분인가 후 이주를 시작하면서 이주비 대출로 유동성이 풍부해지고 그 영향을 가장 많이 받은 지역이기 때문이기도 하다. 특정지역이 재건축 이주를 시작하는 시점에는 조합에서 조합원을 대상으로 이주비를 대출해주고, 이는 해당 지역의 유동성을 높이는 효과를 가져 오기에 재건축 대상지역 주변의 신도시 등은 큰 혜택을 받는다.

또한 하남시의 경우 2016년 말에서 2017년 초로 예상되는 둔촌주공 아파트 이주시점에 다시 한 번 상승장을 노려볼 수 있다는 점에서 긍정적으로 보여지기도 한다. 다만, 재건축 아파트 이주비라는 것은 변동성이 매우 큰 특징을 가지고 있다. 해당 아파트의 입주가 시작되면 대출 상환이 이루어져야 하고, 이 시점에는 조합원들이 부동산을 매각하여 현금을 확보해야 하기 때문에 하남시의 현재와 같은 상승은 2018년 12월 가락시영의 입주시점과 2020년 말 혹은 2021년 초 둔촌주공의 입주시점에 큰 타격을 받을 수 있다. 따라서 하남시 아파트에 대한 단기적 접근은 우수하나, 장기적 접근은 다소 조심해야 하며, 하남시를 장기 보유로 생각하는 경우에는 2022년 이후에 매각하는 것이 유리할 것으로 생각된다.

네 번째로 높은 상승을 기록한 수원시의 경우도 다소 통계적 오류를 수반하고 있다. 이는 바로 광교신도시로 인해서인데, 수원에서 광교신도시의 가격 상승세가 너무 높다 보니 수원시 평균 거래가 자체를 끌어올리는 효과를 가져온 것이다. 최근 광교신도시의 가격 상승을 거품이라 평가하는 분위기가 많이 있으나, 광교신도시는 다른 신도시에 비해 독특한 점이 존재한다. 이는 광교신도시의 높은 녹지 비율에서 기인하는데, 녹지 비율이 높다 보니 아파트 단지들의 용적률을 대폭 상향시키게 되었다. 이에 광교신도시의 아파트들은 고층으로 지어진 단지들이 많으며, 광교신도시 자체가 다소 웅장하다는 느낌을 주기도 한다. 또한 수원지역의 고급 아파트에 대한 열망과 삼성전자의 높은 소득 수준이 시너지를 일으켜 광교의 높은 거래가 상승을 만들어낸 것으로 분석된다.

이상 평균 거래가 상승률이 가장 높은 지역들을 알아봤으며, 다음은 오히려 평균 거래가가 하락한 지역들을 살펴보자. 평균 거래가가 하락한

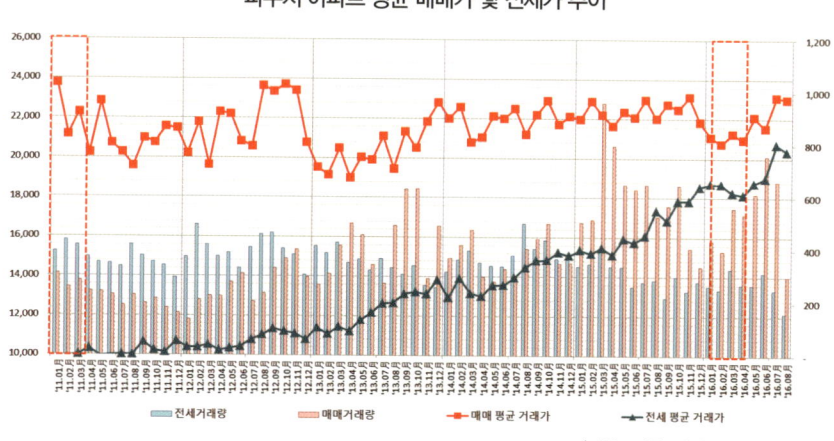

(단위 : 좌측-만 원, 우측-거래건수)

지역은 파주시와 과천시 그리고 의정부시이다. 파주시의 경우 운정 택지 개발지구의 꾸준한 공급으로 물량 과다 지역으로 손꼽혔으며, 건설사들조차 회피하는 지역이라는 점에서 사람들에게 거리감을 주기에 충분했다. 그리고 그러한 거리감이 바로 아래 차트에 여실히 나타나고 있다. 이런 이유로 파주에서는 사람들이 주택을 사지 않고 임대를 고수하는 비율이 높아져가고 있으며, 이에 전세가율이 상당히 높은 수준까지 올라와 있다. 즉, 파주 주택 가격은 바닥시점이 가까워지고 있는 것으로 판단된다.

평균 거래가 하락이 두 번째로 높은 과천시의 경우 과천 정부청사의 이전으로 인한 타격이 높게 나타났다. 정부청사 이전 이후 과천시의 상권이 눈에 띄게 축소되었으며, 간판을 내리는 고급 식당들이 크게 늘어났다. 또한 서울 경기권 부동산들이 대부분 2013년에 바닥을 찍은데 비해 과천은 2014년 바닥을 찍고 회복세를 띠고 있어 타 지역에 비해 다소 느린 것으로 나타났다. 그러나 과천의 분위기는 재건축 이슈로 인해 다시 살아나고 있으며, 최근 가장 높은 상승을 기록한 곳이 과천이기도 하다.

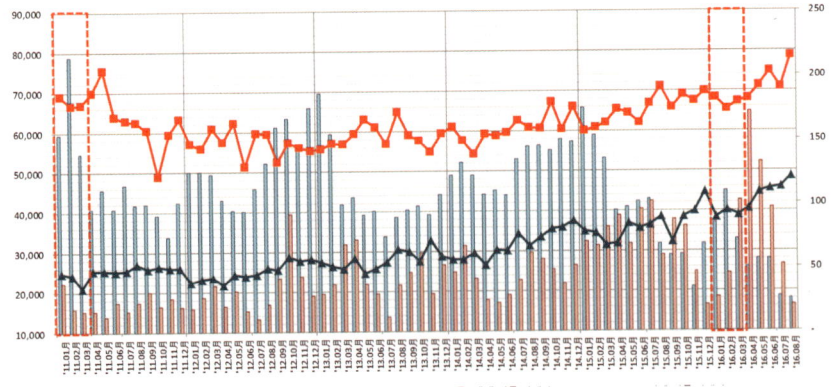

(단위 : 좌측-만 원, 우측-거래건수)

이 글에서는 주로 동일 분기를 기준으로 1/4분기에 맞춰 비교하다 보니 최근의 시장 상황은 반영되지 못했는데, 아래 차트를 보면 2016년 1/4분기 이후의 상승률이 상당히 높은 수준을 기록하고 있는 것을 알 수 있다.

마지막으로 의정부시 역시 비교 대상이 2016년 1/4분기이다 보니 2011년 대비 가격이 하락한 것으로 나타난다. 그러나 1/4분기 이후 가파르게 가격이 상승하는 모습을 보이고 있다. 그러나 과도하게 높은 전세가 하락이 병행되고 있어 유의해야 할 필요는 있어 보인다. 의정부는 최근 민락2지구 개발로 인해 인구의 유입이 크게 늘어나고 있고, 의정부 미군부대의 이전으로 인해 커다란 변곡점을 맞이하는 지역이라 볼 수 있다.

의정부시 아파트 평균 매매가 및 전세가 추이

(단위 : 좌측-만 원, 우측-거래건수)

| 2011년 1/4분기 대비 2016년 1/4분기 전세가 변동 |

앞의 2년 주기론에서 설명했던 내용이기에 간략하게 전세가 상승의 원

서울 및 수도권 주요 도시 아파트 평균 전세가 추이

구분	'11.1/4분기	'16.1/4분기	상승률
서울특별시	24,614	37,383	151.9%
성남시	21,746	38,800	178.4%
광주시	11,212	19,203	171.3%
하남시	16,542	31,199	188.6%
수원시	14,142	23,875	168.8%
용인시	16,348	29,198	178.6%
화성시	14,393	21,423	148.8%
오산시	10,882	16,499	151.6%
평택시	9,269	13,550	146.2%
안산시	11,854	19,439	164.0%
과천시	23,496	39,338	167.4%
안양시	17,115	27,485	160.6%
군포시	15,009	23,645	157.5%
의왕시	17,572	32,240	183.5%
인천광역시	10,656	19,773	185.6%
부천시	14,059	22,897	162.9%
시흥시	9,136	15,482	169.5%
광명시	15,155	26,775	176.7%
고양시	14,558	25,727	176.7%
김포시	11,558	21,877	189.3%
파주시	9,965	18,531	186.0%
의정부시	10,863	17,234	158.6%
구리시	16,140	26,113	161.8%
남양주시	11,986	20,378	170.0%

(단위 : 만 원, %)

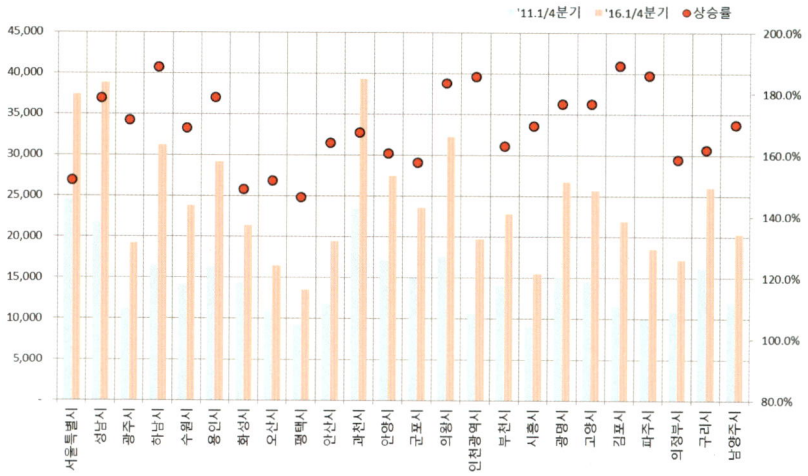

인을 짚어보는 수준에서 정리해보고자 한다.

현재 가장 높은 전세가 상승률을 기록한 김포시의 경우, 김포 한강신도시의 입주 영향으로 주거환경 자체가 대폭 개선되면서 나타난 현상이다. 과거 김포시는 뛰어난 서울 접근성에도 불구하고 너무 많은 지역이 개발제한구역으로 묶여 있어 성장에 발목을 잡혔으나, 김포 한강신도시가 개발되면서 주거 여건이 좋아져 서울을 비롯한 수도권에서 가장 높은 전세가 상승률을 기록하게 된다. 물론 아직도 입주물량이 많다는 점에서 우려스러운 부분이 없지는 않으나, 앞에서 살펴봤듯이 과도한 입주물량에 의한 저평가는 시간이 지나면서 회복되기에 실거주자 입장에서는 크게 우려할 필요는 없다.

두 번째로 높은 상승률을 나타낸 하남시 역시 미사 및 위례신도시의 개발로 인한 효과도 있겠으나, 강동·송파 재건축 이주자들이 들어오면서 나타난 현상이라는 점 역시 기억해둘 필요가 있다.

세 번째로 높은 상승률을 나타낸 파주시는 사람들이 매수를 기피하고 과도하게 임차시장만을 찾으면서 나타나는 현상으로 풀이되며, 실거주자 차원에서는 현시점에서 매수를 검토해보는 것도 좋을 것으로 판단된다.

네 번째로 높은 상승률을 기록한 인천광역시 역시 인천경제자유구역(송도, 청라, 영종)의 시장정상화로 인해 나타난 현상으로 풀이되며, 이들로 인해 인천시의 주거환경이 상당 부분 개선되고 있다는 사실도 간과해서는 안 될듯하다.

가장 낮은 상승률을 기록한 평택시의 경우 앞서 언급한 바와 같이 소사벌지구, 용이지구 등 각종 택지개발지구들의 과도한 공급물량으로 인한 효과로 분석된다. 이에 평택 고덕지구에 대해 너무 높은 기대심리를 가지고 청약전략을 수립하는 것은 경계해야 할 것으로 판단된다. 물론 삼성전자 반도체공장의 건립이 호재로 작용할 수는 있겠으나, 이미 기존 아파트 공급이 너무 많은 상태여서 시간을 두고 지켜봐야 할듯하다.

두 번째로 낮은 상승률을 기록한 화성시는 동탄2신도시의 입주에도 불구하고 낮은 전세가 상승을 나타냈다. 이는 화성시에 동탄2신도시가 끼친 영향이 적음을 의미하며, 동탄2신도시를 제외한 화성시 아파트에 접근할 때에는 이 점을 유의해야 할 것으로 생각된다.

세 번째 오산시는 동탄2신도시의 직접적 영향권으로써, 동탄으로의 인구 유출이 꾸준히 발생하고 있으며, 동탄2신도시의 개발뿐만 아니라 세교지구의 개발과 더불어 공급이 많은 지역으로 유의해야 할 필요가 있어 보인다.

네 번째 서울시는 너무 높은 전세가로 인해 꾸준히 인근 신도시로의 인구 유출이 이루어지고 있어 경기도 평균치보다 낮은 전세가 상승률을 기록하고 있다. 물론 신규 아파트의 공급이 극히 제한적이었다는 부분 역시 상대적으로 낮은 전세가 상승에 영향을 미쳤으며, 서울 인접 신도시들의 교통, 주거환경의 개선 속도에 비해 서울의 개선은 더딘 상황으로 서울시만의 특화된 장점 개발에 더 노력을 기울여야 할 것으로 보인다.

위의 표를 통해 확인할 수 있는 것처럼 서울과 수도권 간의 균형이 어느 정도 맞아져가고 있는 것으로 보이며, 이는 서울 집중 현상이 무뎌져가고 있다는 반증이기도 할 것이다.

| 매매가 상승률 대비 전세가 상승률 비교 |

이상으로 평균 매매가 및 평균 전세가 상승률에 대해 알아보았다. 그럼 매매가 상승률 대비 전세가 상승률 그래프는 어떻게 나타날까? 앞으

서울 및 수도권 주요 도시 아파트 매매가 상승률 & 전세가 상승률

구분	매매가 상승률 ('11.1/4~'16.1/4분기)	전세가 상승률 ('11.1/4~'16.1/4분기)	매매가 상승률 대비 전세가 상승률
서울특별시	105.0%	151.9%	145%
성남시	112.0%	178.4%	159%
광주시	106.0%	171.3%	162%
하남시	125.7%	188.6%	150%
수원시	123.9%	168.8%	136%
용인시	109.4%	178.6%	163%
화성시	104.3%	148.8%	143%
오산시	114.3%	151.6%	133%
평택시	109.7%	146.2%	133%

지역			
안산시	114.5%	164.0%	143%
과천시	98.5%	167.4%	170%
안양시	117.4%	160.6%	137%
군포시	122.2%	157.5%	129%
의왕시	135.1%	183.5%	136%
인천광역시	111.6%	185.6%	166%
부천시	101.9%	162.9%	160%
시흥시	113.0%	169.5%	150%
광명시	135.7%	176.7%	130%
고양시	105.8%	176.7%	167%
김포시	121.0%	189.3%	156%
파주시	93.7%	186.0%	199%
의정부시	98.9%	158.6%	160%
구리시	103.9%	161.8%	156%
남양주시	102.1%	170.0%	167%

(단위 : %)

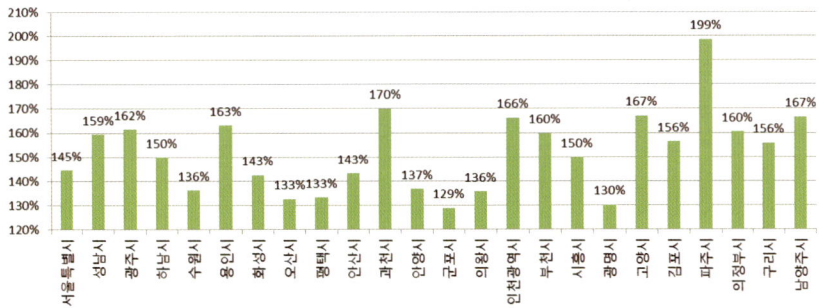

로 이 지표를 '매대전 차트'라 하고, 매매가 상승률 대비 전세가 상승률은 '매대전율'이라고 표현하고자 한다. 매대전율이 높다는 것은 임차인들의 임대차 시장 참여도는 높은 반면, 실거주 전환율은 낮다는 것을 의미하기도 한다. 즉, 매대전율이 높은 지역은 임차 선호 현상이 강한 지역에서 나타나는 지표라 볼 수 있다.

위의 차트는 쉽게 말해 전세가는 올랐는데, 매매가 상승률이 전세가 상승폭만큼 상승하지 못한 곳을 찾아보는 지표이다. 정말 다양한 지표가 만들어지는데, 단연 파주시의 압도적인 매대전율이 눈에 띈다. 매대전율이 높은 지역은 저평가가 이루어지고 있다는 반증이 될 수도 있다. 그러나 다른 한편으로는 사람들이 해당 지역의 매수를 기피하는 근본적 원인이 존재할 것이며, 그 원인을 파악한다면 충분히 좋은 투자 기회를 얻을 수도 있을 것이다.

다음으로는 과천시, 인천광역시, 고양시, 남양주시가 매대전율이 높은 것으로 나타났다. 다만 과천시의 경우 평균 매매가 대비 전세가율이 59%에 불과(2016년 1/4분기 기준)하다. 재건축 대상 물량이 많다 보니 나타나는 현상으로 과천시는 엄밀하게 본 차트의 적용이 어려워 보인다. 인천시와 고양시, 남양주시 지역은 평균 매매가 대비 평균 전세가율이 각각 인천시 87%, 고양시 90%, 남양주시 84% 수준이다. 서울의 평균 전세가율이 78% 수준임을 감안한다면, 매우 높은 수준을 유지하고 있는 셈이다.

가장 매대전율이 낮은 지역으로 나타난 군포시의 경우 전세가 상승 자체가 높지 않았으며, 전세가 상승폭에 가깝게 매매가 상승이 이루어져 매대전율이 가장 낮은 것으로 나타났다. 다만 군포시의 경우 실거주율이 매우 높아 전세가와 매매가가 거의 비슷하게 움직이는 특성이 있다는 점은 참고할만할 듯하다.

두 번째로 매대전율이 낮게 나타난 지역은 광명시인데, 원인은 당연히 최근 광명시에 대한 재조명으로 매매가 자체가 올라가면서 나타나는 현상이다. 그러나 현재 평균 전세가율이 76% 수준이라는 점에서 향후 전세가가 함께 올라가주지 않는다면 다소 거품을 양산할 소지도 존재한다는 점 유의해야 할듯하다.

세 번째로 오산시와 평택시의 매대전율이 낮게 나타났는데, 이 역시 임대가 상승률이 너무 낮아 벌어진 현상으로 보인다.

위의 매대전 차트가 부동산 투자의 지표는 결코 될 수 없다. 매대전율이 높다하여 저평가된 지역이 아니며, 매대전율이 낮다하여 고평가된 지역인 것도 아니다. 그러나 적어도 위의 매대전율을 보고 그 원인을 고민하고 답을 얻어낸다면 보다 안정적인 내 집 마련과 투자가 가능할 것이라 생각된다.

3

향후 아파트 시장에
영향을 미칠 이슈들

지금까지 이전 자료를 토대로 미래의 시장 상황이 어떻게 변화할 것인지 짚어보았다. 하지만 시장이라는 것은 수요와 공급에 의해서만 결정되는 것이 아니기에 수급만으로 예측할 수는 없다. 해당 시점의 부동산 정책, 경제상황, 대외환경 등 다양한 요인들이 주택 가격에 반영되는 것이기에 단순하게 한 가지 현상만으로 부동산의 미래를 예측한다면 세부적인 시장 변화에 대응하기 어렵게 만든다.

물론 그렇다 하더라도 장기적으로는 수요와 공급이 가장 우선순위라 할 수 있으며, 두 번째 큰 요인이 정부의 정책이고, 세 번째가 금리라 할 수 있다. 정치적 이슈나 자산 시장의 변화 등은 부동산 심리에 단기적인 영향을 미칠 수는 있으나, 이런 요인들이 장기적 관점에서 부동산의 흐름을 변화시키지는 못한다.

수요와 공급의 측면에서도 공급의 일시적 증가가 해당 지역의 부동산 분위기를 위축시키기는 하지만, 이 또한 가격의 조정 등을 통해서 시장의 자정효과에 의해 공실들이 채워지며, 공실이 없어지는 시점에는 다시 가격 상승이 발생한다.

정부의 정책은 수요 자체를 말라버리게 할 수 있을 만큼 커다란 힘을 갖는다. 예를 들어 청와대 및 국회의 세종시 이전이라는 정책은 서울을 비롯한 수도권의 아파트 가격을 장기 국면으로 전환시킬 수 있으며, 과거 이명박 정부와 같이 서울 주변의 그린벨트를 풀어서 토지조성원가 수준에 아파트를 공급한다면, 다시 한 번 대한민국 부동산시장은 침체일로를 걸을 수 있다.

금리의 경우에는 오히려 금리가 인상되는 시기보다 인상된 후 6개월에서 1년이 지난 시점부터 시장에서 반응하기 시작한다. 시장의 금리라는 것은 대한민국 경기상황에 따라 등락을 반복하기에 단기적 관점에서는 금리의 인상이 부동산시장에 악재이나, 오히려 금리가 오른 시점에 부동산을 사두는 것이 보다 효과적인 부동산 투자법이 될 수도 있다.

위에서 언급한 요소들을 현재 시장에 비추어 어떤 이슈들이 향후 아파트 시장에 영향을 미칠지 알아보자. 현재 대한민국의 부동산 시황은 상당한 악재들이 맞물려 있는 것이 사실이다. 먼저 혼란한 정국과 이에 따른 소비심리 위축 및 투자심리 악화로 경제는 더욱 어두운 그림자가 드리우고 있다.

여기에 미국 대선에서 도널드 트럼프가 당선되고 트럼프의 경제부양책으로 국채금리가 상승하고 있으며, 은행들의 조달금리 인상으로 인해 주택 대출금리까지 상승하는 모습을 보이고 있다. 미국의 법인세 인하와 금리 인상이 우리나라 경제에 미칠 영향을 고려한다면 이 역시 현 부동산 시장을 짚어볼 수 있는 단서 중 하나가 될 것이다.

그리고 11.3 부동산 대책과 정치적 불안 속에서 다시 한 번 등장한 주택임대소득과세 등의 이슈들이 부동산 시장에 어떤 영향을 미칠지에 대해서도 살펴보자.

구분	가능성	미치는 영향	긍정적인 면	부정적인 면
1. 최순실 국정 농단 사건	-	- 정치적 불안으로 소비심리 위축	- 부동산시장의 2016년 4/4분기 과열 감소	- 내수 경제 마비 현상 가중
2. 미대선 트럼프 당선	-	- 금리 인상 - 대한민국 경상수지 악화 우려	- 사드 철회 가능성 - 소비재 위주 중국교역 증가 가능성	- 국내 경제에 미칠 파장에 대한 불확실성 증가로 투자 기피 현상 고조
3. 11.3 부동산 대책	-	- 강남4구의 재건축 사업 간접 규제 - 규제지역 내 1순위 청약 경쟁률 감소	- 실수요자 위주 청약시장 재편	- 청약시장의 쏠림현상 가중 - 복등기 등 위법성 거래 증가
4. 주택임대 소득 과세	高	- 정부의 세수 확보에 긍정적	- 소득 불균형 축소	- 임대가 상승 불가피 - 전세제도의 급격한 월세화 촉발
5. 금리 인상	中	- 매수심리 위축 - 아파트 전세가 보합 유지	- 가계부채 감소	- 주택시장 거래량 침체
6. DSR 도입	中	- 주택투기 근절 - 정부의 일시적 정책 가능성 高	- 가계부채 비율 하락 유도	- 주택시장 거래량 침체 - 고소득층과 저소득층의 양극화 가중

7. 전월세 상한제	低	– 전세가 상승이 더딘 구주택시장까지 자극 가능	– 정부에서 안정적인 부동산 투자수익률 제시	– 신도시 및 입주초기 아파트 투자가치 低 (예외 조항 신설 필요)
8. 계약 갱신청구권	低	– 주택시장의 왜곡현상 가중(4년 주기론에 따른 주택 가격 급등락)	– 장기적 관점에서는 실수요 위주의 주택시장 재편	– 거주지이전 및 신혼부부 등 신규 주택 수요층에게 주택 임차를 할 수 있는 기회가 감소되어 초기 임대 가격 급등 가능

최순실 국정 농단 사건

2016년 10월 말부터 불거진 최순실의 국정 농단 사건은 국민들에게 큰 상실감을 안겨주었으며, 상황이 대기업의 뇌물죄로 이어지면서 가계뿐만 아니라 기업들까지도 투자에 대해 보수적인 관점으로 변해가고 있다. 또한 해외 기업들조차 이번 최순실 국정 농단 사건을 보면서 또 하나의 코리안 디스카운트가 만들어지고 있다 하니 사회적 손실이 지대하다 할 것이다.

그러나 현재의 상황을 잘 넘긴다면 장기적 관점에서 경제에 미칠 영향은 크지 않을 수 있다. 물론 시국이 조기대선 및 정권 교체를 촉발시킬 가능성이 높다는 점에서 부동산을 바라보는 시각 자체가 불안할 수는 있으나, 앞서 언급한 바와 같이 어떤 정권이 들어선다 하더라도 큰 틀에서 현재의 부동산시장을 냉각시킬 수 있는 정책을 펼치기는 어려운 만큼 너무 걱정할 필요는 없을 듯하다.

또한 현재 부동산시장의 위축은 최순실 국정 농단 사건 하나만으로 발생된 것은 아니며, 여러 가지 불확실성이 영향을 미치고 있는 것이 사실이다.

| 미대선 트럼프 당선 |

　미국 대선에서 도널드 트럼프가 당선되었다. 국내에서는 다소 이례적인 일로 보도되었지만, 이미 도널드 트럼프의 당선을 예견한 사람들도 많이 있었다.

　이는 '썰전'에서도 방영된 바 있다. 대한민국 대표 보수를 자처하는 전원책 변호사와 진보의 아이콘인 유시민 작가가 미 대선의 향배에 대해 토론했는데, 도널드 트럼프의 당선을 확신한 전원책 변호사와 힐러리의 당선을 확신한 유시민 작가 간에 술내기를 하는 장면에서 웃음을 자아내기도 하였다. 하지만 이들의 공통점은 바로 도널드 트럼프가 당선되면 국내 경제에 미칠 영향이 결코 긍정적으로만 보기 어렵다는 부분이다.

　먼저 도널드 트럼프의 경우 미국의 법인세를 현행 35%에서 15%로 낮추겠다는 공약을 한 바 있으며, 이를 실행하려는 움직임을 보이고 있다. 이는 우리나라 현행 법인세율(20~22%)보다도 더 낮아지는 것으로 현재 대한민국 주식시장 급락의 배경에는 트럼프의 당선이 지대한 영향을 끼쳤다는 부분을 부정하기 어렵다.

　더욱이 트럼프의 TPP탈퇴 선언 등 보호무역주의 체제로 전환되면서 우리나라 기업의 투자 활동은 더욱 위축되어갈 수밖에 없다. 기업의 투자 위축은 다시 내수의 침체와 실업률 상승으로 이어지기에 트럼프의 당선은 부동산시장에 있어서도 악재로 평가된다. 즉, 우리나라 경제가 단기간 내에 회복될 수 있을 것이라는 기대는 전혀 없어지면서 부동산 투자심리 또한 위축되고 있다.

| 11.3 부동산 대책 |

최근 언론에서는 11.3 부동산 대책으로 인해 부동산시장이 위축되었다고 판단하고 있으나, 앞서 언급한 여러 가지 상황들이 맞물려 작용하고 있는 것이다. 즉, 굳이 11.3 부동산 대책이 아니더라도 시장은 위축될 수밖에 없었다.

어쨌건 11.3 부동산 대책은 분양권 시장에서 청약과열지역에 대한 전매 제한과 청약통장의 1순위 자격요건 제한, 2순위 청약통장을 통한 접수 신설 등 기존 아파트 시장에 대한 제한이 아니라 신규 분양시장을 잡기 위한 정책이라 할 수 있다.

먼저 강남 4개구 및 과천시에 대해서는 전매 제한을 소유권이전등기시까지로 하고, 강남 4개구 외 서울 전지역 및 성남시에 대해서는 전매 제한 기간을 1년 연장하여 1년 6개월간 전매가 불가능하다.

또 공공택지 중 서울, 과천, 성남, 하남, 고양, 남양주, 동탄2신도시, 세종시에 한하여 전매 제한 적용을 받는데, 이 또한 소유권이전등기시까지 전매 제한의 적용을 받게 되었다.

한편 청약시장 불법행위 근절을 위한 대책도 포함되었는데, 신고포상금제의 도입으로 향후 분양권 전매 시장이 다소 위축될 가능성이 높아 보인다.

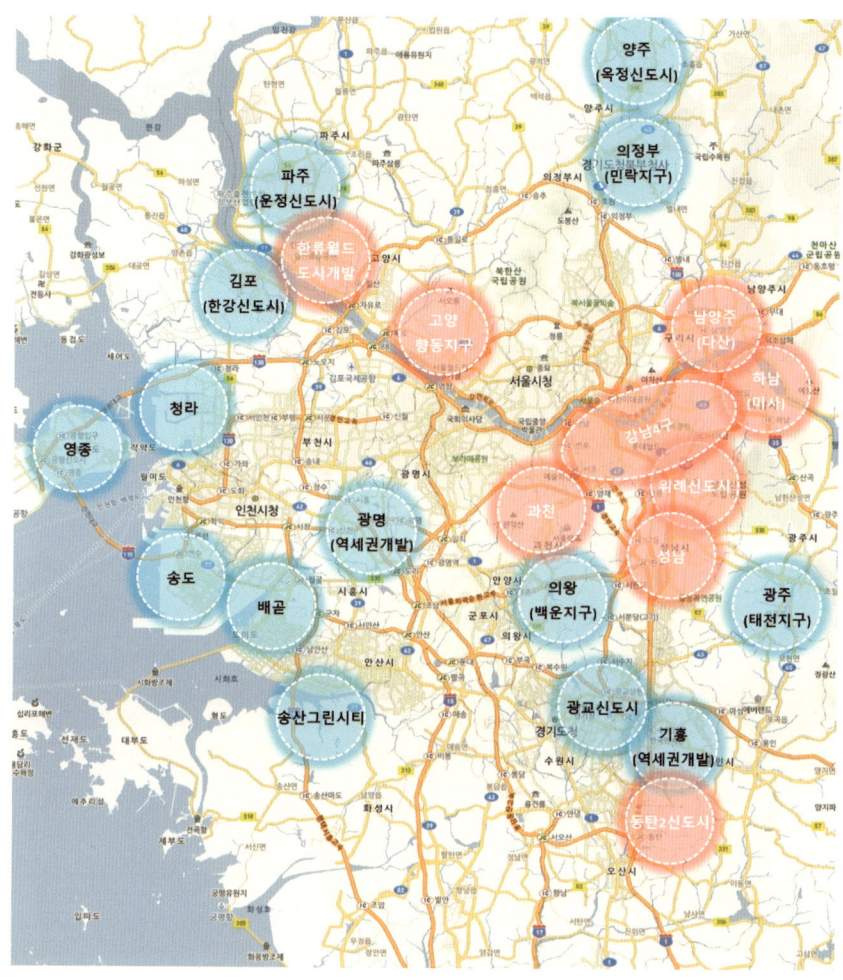

* 붉은색은 전매 제한 택지지구, 파란색은 전매 가능 택지지구임.

| 주택임대소득 과세 |

　주택임대소득 과세에 따른 문제는 여소야대 국회가 되면서 발생한 문제이다. 사실 여소야대에서는 행정부가 정책을 밀어붙이기가 상당히 어려

워진다. 주택임대소득 과세는 2014년에 발의되었으나, 당시 주택시장이 과도하게 침체될 수 있다는 우려에 2,000만 원 이하의 임대소득에 대해서는 비과세 방침으로 2016년까지 과세 유예를 결정하게 된다.

그리고 2016년이 도래된 현재, 기획재정부와 국토교통부에서는 다시 이 법안을 2년 더 유예할 것을 국회에 상정하였으나, 여소야대가 만들어진 현 상황에서 야당은 2,000만 원 이하의 임대소득 역시 소득세를 과세해야 한다는 방침을 정해 2017년부터는 2,000만 원 이하의 소액 임대인들 역시 과세를 해야 할 것으로 보인다. 그럼 임대소득 과세는 어떻게 이루어질지 간략히 살펴보자. 임대소득 과세는 두 가지 경우로 나뉜다.

1. 임대수익 2,000만 원 이하의 2주택 보유자 - 2016년까지 납부 유예
2. 임대수익 2,000만 원 초과 혹은 3주택 이상 보유자

    * 1가구 1주택자의 경우 임대소득 과세가 이루어지지 않음.
    * 단, 1가구 1주택자라도 기준시가 9억 원 초과주택 소유자의 경우 2번에 해당됨.

현재 분란이 되고 있는 부분은 바로 '1. 임대수익 2,000만 원 이하의 2주택 보유자'에 대한 부분이다. 현재 기획재정부와 국토교통부에서는 1번에 해당되는 주택에 대해서는 비과세로 적용해 2016년 납세 분까지 과세를 유예하는 것으로 입법하였고, 2017년부터는 과세가 이루어질 것으로 보인다.

예를 들어 임대수익 2,000만원 이하 2주택 보유자의 경우, 월 100만 원의 임대소득에 대해 매년 67만 원 정도의 세금을 납부해야 할 것으로 보이며, 만약 주택 임대소득 외의 기타소득이 없는 경우라면 매년 11만 원

의 세금이 부과될 것으로 보인다.

다음으로 임대소득 과세에 있어 가장 큰 논란을 낳고 있는 전세 과세의 경우 1가구 3주택자부터 적용되나, 본인이 1가구 3주택자라 하더라도 내가 임대를 주고 있는 주택 중 1채가 국민주택규모 이하에 기준시가 3억 원 이하의 주택이라면 전세 과세 대상에 포함되지 않는다.

대략적으로 본인이 직장인이거나 사업자로서 고정적 수입이 있는 경우, 1가구 2주택자로 월세 수입이 월 100만 원 정도 발생되고 있거나, 1가구 3주택자로 10억 원 이상의 전세보증금을 받고 있다면, 연간 60~70만 원의 소득세를 납부해야 한다.

문제는 이러한 법적 시행이 국민주택규모 초과 아파트 시장을 위축시키고 소형 평형 선호 현상을 더욱 강화시킬 수 있다는 점이다. 이미 국민주택규모 초과 아파트 시장은 대부분 투자보다는 실수요로 정착되어가고 있으며, 아파트 가격 상승률 역시 물가 상승률을 쫓아가지 못하는 상황이다. 대형 평형 주택에 대해서만 보다 강한 규제를 함으로써 소형 평형 아파트에 대한 풍선효과를 일으킬 수 있으며, 전세 물량 부족 현상을 촉발할 수 있다.

실제 아파트 임대차 시장은 투자자의 개입이 있어야 전세 물량이 많아지고 전세가 하락 압력을 강화하는 효과를 가져온다. 이에 2016년 4/4분기 월세 거래 비율이 줄고, 전세 거래 비율이 늘어난 원인도 엄밀히 따지면 아파트 가격 상승을 기대한 투자가 늘어나면서 전세가 안정된 것에서 비롯된 것이다.

그러나 다시 아파트 투자 시장을 지나치게 압박하면, 전세가 상승과 더불어 월세 가속화 현상은 더욱 강해질 수밖에 없다. 그리고 이는 다시 아파트의 가격 상승 가능성도 높게 만든다.

결국 주택시장에 대한 정책 결정에는 이러한 현실 시장에 대한 전문가 집단의 의견이 반영되어야지, 정치적 이해논리에 따라 만들어진 정책은 장기적 관점에서 주택시장을 더욱 불안하게 만든다. 단기적으로는 소액 임대소득 과세가 시장의 침체를 불러올 가능성도 있으나, 장기적 관점에서는 또 다른 풍선효과를 양산시키는 등 서민의 주거환경을 더욱 열악하게 만들어갈 기폭제로 작용될 수 있다.

| 금리 인상과 DSR 도입 |

다음으로 주택시장 불확실성의 큰 이슈는 금리 인상과 DSR(Debt Service Ratio, 총부채 원리금 상환비율) 도입 문제이다. 다만 재미있는 것은 금리 인상과 DSR 적용 간에 상관관계가 매우 높다는 점이다. 금리가 오르면 전세가 상승률이 둔화될 것이고, 전세가 상승률이 둔화되면 실수요자들의 주택시장 유입이 줄어들기 때문에 굳이 DSR을 도입하지 않더라도 가계부채 증가를 막을 수 있는 것이다. 따라서 정부가 금리 인상을 검토 중이라면 DSR이라는 카드를 굳이 꺼낼 필요가 없어진다. 반대로 DSR을 도입하고자 한다면 단기간 내에 금리를 인상할 의지가 없다는 뜻으로도 해석 가능하다. 즉, 두 가지를 동시에 고민할 필요가 없다는 것이다.

그러나 금리가 지금처럼 낮은 상태에서 DSR만 시행하면 어떤 현상이 발생할까? 먼저 DSR에 대해 알아보자. DSR은 DTI(Debt To Income, 총부채 상환비율)와 비슷한 개념이다. 즉, 차입 대상자의 총소득 대비 부채 상환 비율을 규제하겠다는 개념은 동일하다. 하지만 다소 차이가 존재한다.

> DTI=(연간 신규 대출금액에 대한 상환 원리금+연간 기존 대출금에 대한 이자)÷차입자의 연소득
>
> DSR=(연간 신규 대출금액에 대한 상환 원리금+연간 기존 대출금에 대한 원리금)÷차입자의 연소득

DTI는 현행 60%로 차입자의 연간 대출금액에 대한 원리금 상환액과 기존의 대출에 대한 이자 부분을 합산하여 연 소득으로 나누어 도출된다. DSR은 아직 그 비율이 확정되지 아니하였으며 DTI와 계산 방식은 동일하나, 기존 대출에 대한 이자를 합산하던 방식이 기존 대출에 대한 원리금을 합산하는 방식으로 도출되며, 이 방식이 적용되면 기존에 대출이 많았던 사람들에게는 신규 대출에 대한 규제가 발생할 수도 있다.

따라서 DSR의 도입은 기존에 대출이 없는 사람에게는 거의 무관하며, 기존에 대출이 많은 사람들에게 적용되는 신규 대출 규제 방안이라 할 것이다. 즉, 여러 개의 주택에 무리해서 대출을 발생시켜온 사람들에 대해 신규 대출을 규제하는 방안이며, 신규 대출 대기자들에게는 영향이 미미한 수준일 것으로 예상된다. 또한 DTI는 현행 60%로 규제되는데 막상 DSR은 어느 정도 비율로 규제해야 할지 그 범위조차 나와 있지 않은 상황이다. DSR이 국내 부동산에 적용되는 것은 최초로써, 도입되더라도 시장에 큰 파급효과를 불러올 수준의 규제가 당장 시행되기는 어려울 것으로 예상된다.

또한 현재 DSR에 대한 시스템은 한국신용정보원에서 구축하고 있으나,

금융위원회에서는 DSR의 시스템 구축이 신규대출에 대한 규제가 아니라 기존대출에 대한 사후관리(연체자 동향, 대출자 성향분석 등)에 활용될 것임을 밝히고 있어, DSR을 통한 신규대출 규제는 크게 걱정할 필요가 없어 보인다.

그럼 DSR이 적용되지 않는다는 가정 하에 금리가 인상되면 어떤 현상이 발생될까? 금리 인상은 일시적으로 아파트 임대차 시장의 위축을 불러올 수 있으나, 이것이 전세가 하락으로 나타나기 보다는 전세가 상승을 둔화시키는 효과로 나타날 가능성이 높다. 따라서 단계적으로 금리가 인상된다면 아파트 임대차 시장의 임대가 상승은 둔화될 것이며, 주택 거래 시장 역시 위축될 수 있다. 그러나 '금리 상승=주택 가격 하락', '금리 하락=주택 가격 상승'의 공식이 만들어지는 것은 아니다.

과거 2005년 초에 한국은행 기준금리가 3.25%였으나, 2005년 말부터 금리가 인상되기 시작해 금리가 정점을 찍은 2008년 3/4분기까지도 아파트 가격은 지속적으로 상승하였다. 또한 2003년 5월 금리는 4%대였으나, 2004년 11월에는 금리가 3.25%까지 하락하였다. 금리가 하락하였으니 부동산이 상승해야 함에도 해당 시점은 부동산 거래가 침체되는 시기였다.

물론 앞선 사례는 다소 극단적 비교이기는 하다. 2005년에 한국은행 기준금리가 올라가며 유동성을 제한한 듯 보이지만, 국가의 정책은 행복도시, 혁신도시, 기업도시의 개발로 단기간 내에 막대한 토지 보상이 이루어졌다. 금리는 올리며 시중자금은 상당히 풀었기에 금리 인상에도 불구하고 주택 가격은 상승하였고, 2003년 역시 금리가 하락함에도 불구하고 서울의 수도이전 문제가 이슈화되면서 오히려 서울 및 경인권의 주택

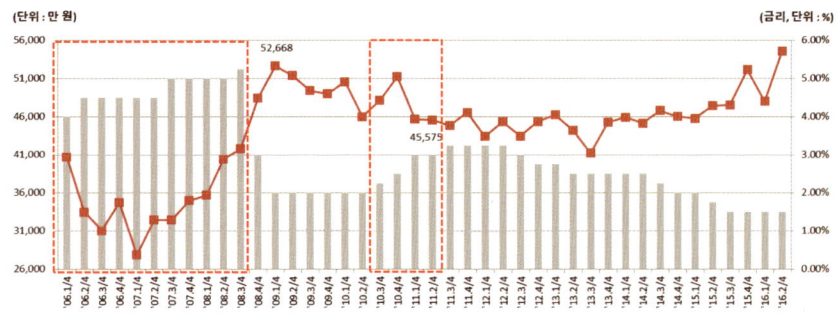

서울시 아파트 평균 매매가 및 금리 추이

시장은 침체되기도 하였다. 다소 극단적 사례이기는 하나, 참고할 필요는 있어 보인다.

그리고 중요한 것은 금리 인상 또는 금리 인하의 효과가 시장가격에 즉각적으로 나타나는 것은 아니라는 것이다. 일종의 관성의 법칙으로 상승기에는 계속 오르고, 하락기에는 계속 내리는 시기가 일정 기간 동안 지속된 후에 금리 변화의 효과가 반영된다는 것이다. 2010년 2/4분기 이후 매 분기별로 금리가 상승하나 2010년 3/4분기와 4/4분기에는 부동산가격이 오르는 것을 확인할 수 있다.

교과서적으로 보면 금리 인하는 국가에서 전반적인 산업의 경기가 침체될 때 투자를 독려하고 시중 유동성을 풍부하게 하기 위해 취하는 것이며, 금리 인상은 전반적인 산업의 경기가 과열되어 물가상승으로 인한 화폐 가치의 하락을 막기 위해 취해지는 조치이다. 이렇게 본다면 현 시점이 금리 인상을 할 수 있는 시점이 아닌 것은 분명하다. 부동산가격의 상승으로 내수시장의 흐름을 방어하고 있으나 기업의 활발한 투자가 이루어지는 상황은 아닌 것이다. 소득이 증가하는 것도 아니고, 실업률은 높아지고 있다. 이러한 상황에서 금리 인상을 단행한다는 것은 국내의 기업 활동을 더욱 위축시키는 결과를 초래할 것이다.

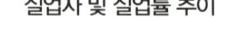

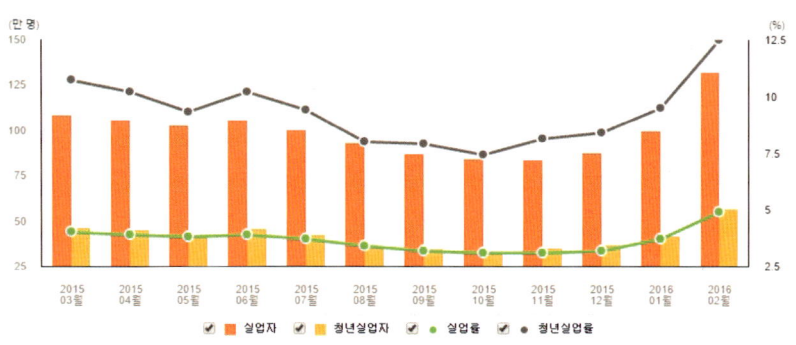

결국 이런 상황에서 금리 인상은 무리이며, 시중 유동성을 풍부하게 만들 대안을 마련하지 않은 상태에서의 금리 인상은 무척 힘들어 보인다. 즉, 지금 대한민국 경제는 최악의 위기이며, 지금의 위기 상황을 저금리 카드로 내수시장 활성화를 통해 유지해나가고 있는 것이다.

| 전월세 상한제 및 계약갱신청구권 |

전월세 상한제와 계약갱신청구권은 앞서 언급한 바와 같이 서민 주거 생활에 긍정적 효과보다는 부정적인 효과가 더 클 것으로 예상되며, 야당이 서민층의 표심을 이끌어내기 위한 전략에 불과하다는 판단이다. 실현 가능성은 무척 낮아 보이며, 주택시장에 큰 혼란을 야기할 수 있는 만큼

차기 야당의 대선공약에서도 계약갱신청구권과 전월세 상한제에 대한 부분은 빠질 가능성이 높아 보인다.

다만, 계약갱신청구권과 전월세 상한제를 입법시키고자 한다면, 최소 계약갱신청구권에 대해서는 지역별로 시행 시기에 차등(1년 단위로 4차례)을 두어 신혼부부 및 주거 이동자의 혼란을 최소화할 대책을 마련한 후에 시행해야 할 것이다. 전월세 상한제 역시 신규 입주아파트 및 신도시에 대해서는 예외 조항을 만들어 지역별 차등을 최소화한 상태에서 진행해야만 시장의 진통을 최소화할 수 있을 것이다. 그러나 이 역시 또 다른 시장의 왜곡 현상은 발생될 수밖에 없다. 어차피 향후 6년간은 과거와 같은 전세가 급등 현상은 줄어들 전망이며, 금리가 인상된다면 전세가 상승은 억제될 수 있으므로 시장논리에 맡기는 것이 최적의 방안이라 생각된다. 역으로 현시점에서 전월세 상한제를 입법화한다면, 전월세 가격이 시장논리에 의해 상승폭이 둔화될 타이밍에 역으로 전월세 가격을 정부에서 상승시켜주는 꼴이 되어버릴 수도 있는 것이다.

4

주택시장 변화와 우리의 대응

앞서 다룬 '향후 아파트 시장에 영향을 미칠 이슈들'을 읽어보았다면, 지금의 주택시장에 대해서 상당히 부정적으로 느껴질 듯하다. 또한 현재의 시황을 그리 낙관적으로 보기 어려운 것이 사실이다. 그렇다면 지금의 주택시장이 대세 하락의 장세로 연결될 수 있을까?

주택시장이 다시 한 번 침체를 불러일으킬 가능성은 제한적이라 생각된다. 과거 2008년 이후 대한민국 주택시장의 하락기에는 전세가율이 매매가 대비 불과 30~40%에 이르는 곳들도 많았으며, 집값 하락에 대한 대비 방법 자체가 없었다.

그러나 현재 부동산시장은 전세가율이 매매가 대비 70~90%까지 오른 상황이며, 이러한 전세가는 2017년까지 안정적 상승을 유지해갈 가능성이 높아 보인다. 즉, 매도인 입장에서는 두 가지 선택의 방법이 있는 것이다. 한 가지는 시장이 위축된 상태에서 주택을 매도하거나, 다른 한 가지는 전세가를 올려서 매도시점을 2년 정도 연장하는 방법이다. 즉, 현금이 급하게 필요해 주택 매도를 고민해야 할 타이밍은 아닌 것이다. 이미 2년 전 대비 지금의 전세가는 상당한 상승을 이어왔으며, 이에 매도인 입장에서 돈이 급하다고 집을 처분할 필요보다는 매도시점을 한 타이밍 늦추는 선택이 가능한 것이다. 따라서 2017년 상반기까지 주택시장이 위축된다 하여 시장 거래가에 훨씬 못 미치는 수준의 급매 물량이 나오지는 않을 것으로 보인다.

더불어 주택시장이 과열되면 임대차 시장은 안정되고, 매매시장이 침체되면 임대차 시장은 과열된다. 물론 절대적인 것은 아니다. 입주물량이 풍부한 지역에서는 매매시장이 침체되면 임대차 시장도 동반 하락하고, 입주물량이 부족한 지역에서는 주택시장의 과열과 임대차 시장의 과열이 동시에 나타날 수도 있다.

그러나 2017년까지는 금리 하락 여파가 미칠 수 있는 영향권 내에 있어 입주물량이 과다한 지역이 아니라면, 어느 정도 전세가 상승의 여지는 높아 보인다. 또한 현 시점에서 투자자들의 가세가 약해지면서, 전세시장의 월세 전환 속도가 다시 빨라질 수 있다.

결론적으로 2017년 초반까지 부동산시장의 위축이 가능하나, 부동산시장의 위축은 다시 임대차 시장의 과열을 촉발할 수 있으며, 이런 과열 현상에 따라 2017년 초 전세가는 상당한 강세를 불러일으킬 수 있어 보인다. 또한 2017년 하반기는 2017년 상반기 전세가 상승으로 촉발된 임차인들의 매수 전환이 이어지면서 다시 한 번 부동산시장에 온기가 돌 것으로 전망된다. 물론 아직까지 주택을 매수하지 못하고 버틴 사람들 입장에서는 그동안 오른 집값에 대한 거부감이 강하게 나타날 수도 있다. 그러나 지난 과거에 집착할수록 향후 부동산시장에 참여할 수 있는 가능성은 점차 더 낮아질 수밖에 없다.

특히 인터넷 주사용 층인 젊은층이 주택 가격 하락과 관련한 기사에 관심도가 높다 보니 언론사들은 이에 맞는 기사를 양산하는 형국이다. 부동산시장에 대한 정보를 언론사에 의지하고, 언론사의 정보에 근거할수록 점점 더 주택을 매수하기 힘들어지는 경향이 강해진다. 그래서 수차의 주택매수 기회를 놓친 사람들이 많을 것이다.

이런 사람들의 공통적인 심리적 특징은 가장 싼 타이밍에 주택 매수를 하고 싶어 하는 강박을 갖고 있다는 것이고, 계속해서 주택매수 시점을 놓쳐간다는 것이다. 물론 2년 주기론 등에 따라 주택 가격이 가장 저렴한 타이밍을 예측할 수는 있다. 그러나 주택시장 상승기에는 공급이 많이 발생되는 그 시점에도 가격이 상승하니, 최적의 타이밍을 잡는다는 의지로 망설이지 말고 기회를 상실하지 말 것을 권하고 싶다.

앞서 '향후 아파트 시장에 영향을 미칠 이슈들'을 읽고 현재의 시국과 대한민국 경제를 생각하면, 주택 매수 자체를 부정적으로 생각할 수도 있다. 하지만 필자는 오히려 대한민국 경제 상황이 안 좋기에 현재 주택을 매수해야 할 타이밍이라 생각한다.

대한민국 경제가 불안해지면 각종 인플레이션을 유발할 수 있다. 인플레이션은 물가의 상승이라기보다는 화폐가치의 하락이다. 일반적으로 우리나라 사람들은 현금의 가치를 지나치게 믿는다. 물론 현금가치 기준으로 시장을 바라보는 것이 가장 간편하고, 대부분의 언론 역시 그런 맥락에서 기사를 쏟아낸다. 그러다 보니 최근의 부동산 가격 상승에 대해서도 사람들은 화폐가치의 하락은 생각하지 못하고 부동산의 가치 상승이라고 생각한다.

하지만 엄밀히 의미를 짚어보면 부동산 가격이 상승하는 것이 아니라 현금가치가 하락한다는 것이 정확한 표현 아닐까? 현금가치란 원화가치를 말하는 것이다. 이런 원화가치를 국제 시장에서 각국의 통화들과 거래되는 환율에 따라 평가하는 사람들도 있다. 그러나 원화가치를 단순히 환율로 평가하는 것 역시 모순이다. 만약 환율에 의해 정확한 통화가치가 평가된다면 세계적으로 어느 나라에서나 동일한 통화가치로 물품을 사고 팔 수 있어야 한다는 것인데(Tax를 제외한다고 가정했을 때), 이는 모순적인 가정이 될 수밖에 없으며 이미 유로의 통일된 화폐사용이라는 부분에서 부작용이 충분히 검증된 바 있다.

미국의 리먼 사태 이후 전 세계적으로 금사재기 현상이 벌어졌던 적이 있었다. 더 이상 화폐의 가치를 믿을 수 없었던 세력들이 현금을 처분하고 금을 매집하면서 벌어진 현상이었는데, 이 역시 과열되면서 그 거품이 일시적 폭락을 가져왔다.

끝물에 금 펀드에 가입한 사람들은 손실 폭이 상당했을 것이며, 이 또한 금 펀드가 왜 뜨기 시작했는지 정확히 원인을 진단하고 들어가지 아니하고 단순하게 은행창구 직원의 말만 믿고 상품에 가입한 무지한 사람들만 손해를 입었을 것이다.

그 이후에 중국의 경제성장에 이끌려 다시 원자재 펀드가 인기를 끌었던 적도 있었으나, 이 역시 중국의 올림픽 폐막과 더불어 거품이 꺼졌다. 거기에 설상가상 중국의 성장이 주춤하면서 세계적으로 원자재 수출 위주의 국가들은 심각한 경제적 타격을 입고 있다. 이 또한 마찬가지 아닐까? 스스로 인과관계를 판단할 수 있었다면 결코 중국 올림픽 폐막 시점에 원자재 펀드에 가입하는 일은 행하지 않았을 것이다.

결국 지(知)를 가진 자와 가지지 못한 자가 있고, 그 과정에서 지(知)를 가지지 못한 자들의 욕심에 경제는 돌아가며, 돈이란 꾸준히 지(知)를 가진 자를 중심으로 재편될 수밖에 없으니, 자신이 활발한 경제활동을 희망한다면 꾸준히 지(知)를 충족시키기 위한 노력이 필요할 것이다.

일단 대한민국의 미래를 예측컨대, 향후 인플레이션 동반 가능성이 상당히 높아 보인다. 물가의 상승이라기보다는 대한민국 화폐가치의 하락으로 상품가격이 상승할 것이다. 특히 이런 부분은 트럼프의 경기 부양 및 법인세 인하로 미국의 투자 환경이 개선되고, 제3국의 투자메리트가 감소하면서 나타나게 될 가능성이 높다.

이런 상황은 원화가치가 하락해 우리나라의 수입물가 상승으로 이어지고, 유가 상승에도 상당한 영향을 끼칠 것이다. 물론 이런 과정 속에서 우리나라 상품의 원가경쟁력이 다시 상승하면서 상품경쟁력이 올라가면 경기는 다시 선순환의 고리로 연결될 것이다. 따라서 단편적인 경제 현상에 대해 너무 큰 비관도, 낙관도 가질 필요는 없다. 어차피 세상은 선순환의 구조로 돌아가는 것은 분명하기 때문이다.

아무튼 2017년과 2018년 부동산 가격의 상승은 부동산의 가치가 상승하는 것이라기보다는 화폐가치의 하락으로 해석하는 것이 맞을 듯하다. 현 상황에서 대한민국 경제를 살리기 위한 마땅한 수단은 없어 보이며, 이런 상황에서 원화가치를 지키며 경기를 부양시킨다는 것은 기대하기 어렵기에 한동안 더 지속적으로 화폐가치는 하락할 것이며, 그에 대비해 우리가 해야 할 일은 화폐를 다른 투자 자산으로 바꿔놓는 것이다. 그런 의미에서 화폐를 쥐고 있는 것보다는 안정적인 투자처 물색이 중요한 시점으로 생각된다.

5

아파트 시장 중장기 전망

앞의 내용들처럼 주택시장의 미래를 분석하는데 있어서는 여러 가지 지표가 사용된다. 하지만 미래를 예측하는 갖가지 모델들은 그 변수가 너무 많아 신뢰성을 크게 장담하기 어려운 것이 사실이다. 그럼에도 주택시장의 미래를 거시적으로 분석하는 관점으로 『인구 연령별 증감에 따른 아파트 가격 변동 예측 모델(이하 모델)』이 사용되기도 한다.

이 책과 함께 '경제 인사이트' 시리즈로 먼저 나온 얼티메이텀 이장용의 ≪부동산 매수매도 타이밍 인사이트≫에서는 중장기 부동산시장을 다음과 같이 전망하고 있으며, 여기에서도 연령별 인구는 중요한 요소로 다뤄지고 있다.

- 2017~2018년 : 폭락 없는 장세 유지
- 2019~2023년 : 부동산시장 침체 가능

• 2024~2028년 : 시장 회복과 재건축 르네상스

이 모델은 주택 구매 파워가 가장 강한 35~39세 연령의 변동을 통해 향후 주택시장의 가격 상승 혹은 하락을 예측하는 모델인데, 아직 검증이 이뤄지지는 않았지만 해당 모델에 대해서는 필자 역시 관심을 가지고 지켜보고 있다.

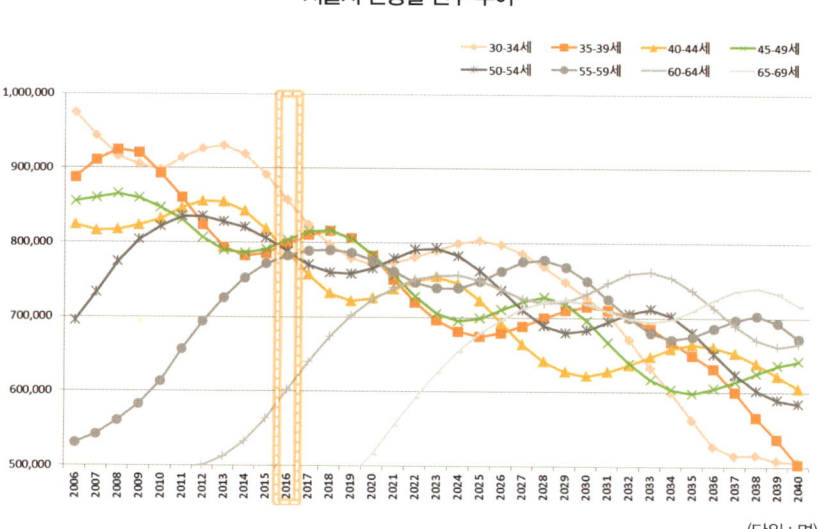

그럼 서울시 연령별 추계인구 추이를 기준으로 『인구 연령별 증감에 따른 아파트 가격 변동 예측 모델』에 대한 해석을 진행해보자.

| 35~39세 연령층 증감에 따른 주택시장 |

『인구 연령별 증감에 따른 아파트 가격 변동 예측 모델』의 주요 분석은 35~39세에 주목한다(위 표에서 주황색 네모 그래프 참조). 바로 이 연령대의 증감에 따라 대한민국 아파트 가격이 움직인다는 가정인데, 과거의 흐름은 어느 정도 해당 지표가 가격의 흐름과 궤를 같이한다는 것을 보여주고 있다.

표에서 주황색 네모 그래프의 흐름을 보면, 2006년부터 2008년까지 35~39세 연령층의 인구가 증가하고, 2009년부터 해당 연령층의 인구가 감소하기 시작해서 2014년에 바닥을 찍는다. 그리고 2018년까지 다시 상승한다. 과거와 현재의 단기적 흐름에서 35~39세 인구 증감이 주택가격의 흐름과 매우 유사한 모습을 보이고 있음을 알 수 있다.

실제 주택가격 역시 2008년까지 급상승하고, 2009년부터 하락하여 일부지역에서는 폭락 현상도 나타난다. 이 시기는 대한민국 주택시장의 암흑기라 볼 수 있으며, 아파트 시장이 2013년 바닥을 찍고 상승하기 시작하는데 그 지점이 바로 35~39세 인구층이 증가하는 시점과 동일하게 나타난다. 즉, 이 지표와 집값의 상관관계가 과거의 사례에 비추어봤을 때 매우 밀접한 유사성을 보이고 있다. 더욱이 35~39세의 연령층이 선호하는 주택형이 $84m^2$ 미만의 소형주택이라는 점에서 현재 소형 아파트 가격 강세를 설명할 수 있는 대목이기도 하다.

그러나 35~39세 연령층이 언제까지 증가하는 것만은 아니다. 표에서 확인할 수 있는 것처럼 이 연령층이 감소하는 시점이 바로 2019년부터이다. 이에 따르면 2019년 이후부터 주택시장의 침체가 예상되는 것이다. 더불어 이런 연령별 인구 감소세는 45~49세 연령층의 감소가 동반되기에 그 침체의 여파는 클 수 있다. 따라서 2018년 이후의 주택 매수는 옥석가리기가 무척 중요하다 할 것이다. 교통이 불편하거나, 학군이 안 좋거나, 상권이 부족한 지역에서는 하락의 가능성도 보인다. 그리고 이런 현상은 2025년경까지 이어질 것으로 예상된다.

결론적으로 위의 분석법에 따라 예측해 보면, 주택시장의 침체가 2019년부터 2025년까지 올 수 있다고 보인다. 그리고 2025년부터는 여러 가지 이유들로 인해 다시 소형주택 위주의 가격 상승이 예측된다.

| 40~44세 연령층 증감에 따른 주택시장 |

여기까지가 일반적으로 『인구 연령별 증감에 따른 아파트 가격 변동 예측 모델』에서 설명하는 내용인데, 사실 이러한 연령별 인구의 증감과 관련해 좀 더 깊이 들어갈 필요가 있다. 바로 40~45세 인구의 증감인데, 40~45세 인구 증감은 위의 표에서 노란색 세모 그래프이다.

해당 연령층은 소형주택에서 중형주택으로 갈아타는 연령대이다. 아이들이 초등학교에 들어가고 집의 가재도구가 많아지면서 $59\,m^2$의 주택은 좁게 느껴지고, $84\,m^2$ 이상의 주택으로 갈아타는 것을 고민하게 될 시기이다. 즉, 40~44세 연령대는 $84\,m^2$ 이상 규모 주택의 구매 파워를 가진 연령층이라 볼 수 있다. 이 연령층의 감소가 멈추고 증가하는 시점이 2019년부터이다. 이는 2019년부터 $84\,m^2$ 이상의 주택시장이 $59\,m^2$의 주택시장보다 가격 방어에 유리할 수 있다는 것을 의미하기도 하고, 2019년 이후부터 $59\,m^2$와 $84\,m^2$ 아파트 간의 가격 격차가 벌어질 수 있다는 것을 의미하기도 한다.

　이런 제반 사항들을 종합적으로 고려해볼 때, 20평형대 아파트(전용 59m^2)의 가격이 높게 상승하여 30평형대 아파트(전용 84m^2)와 격차가 크지 않은 지역이나 아파트에서는 84m^2 규모 아파트의 구입에 보다 공격적으로 접근하는 전략 역시 나쁘지 않다.

| 인구 연령별 증감에 따른 아파트가격 변동 모델의 시사점 |

　이 모델에 따르면, 2018년까지는 주택가격 상승세가 지속될 가능성이 있다. 만약 주택가격이 상승하지 않으면 전세가 상승이 이어질 가능성이 있다. 그러나 일부 공급 과다 지역에서는 옥석가리기가 필요해 보이며, 호재들을 종합적으로 판단하여 접근해야 할 것이다.

　또한 2019년이 부동산시장 하락기로 진입할 가능성이 있으며, 시장이 7년 여간 다시 침체될 수 있다는 것을 말해주고 있다. 반면 이런 하락세는 84m^2 미만의 소형주택에서 더 큰 영향이 있을 수 있으며, 84m^2 이상의 주택은 가격 방어가 어느 정도 가능할 수 있다는 것을 말해주기도 한다.

　그러나 이 예측 모델은 부동산 시장에 대한 하나의 참고지표이다. 부동산 시장은 여러 가지 요소들로 이루어져 있어 한 두 개의 요소만을 가지고 전망할 수는 없다. 또한 위의 자료는 서울을 기준으로 분석한 것으로 기타 지역은 다른 결과가 나타날 수도 있다.

　필자 역시 이 예측 모델이 얼마나 적합한지 장담할 수는 없다. 그럼에도 기업들에서 『인구 연령별 증감에 따른 아파트 가격 변동 예측 모델』을 적용하여 시장 대응 계획을 수립할 만큼 참고할 필요가 있음은 분명해 보인다.

보다 분명한 것은 주택시장 침체기에도 가격 하락폭이 크지 않은 지역이 있으며, 가격 하락폭이 매우 큰 지역이 있다는 것이다. 그것을 결정하는 중요한 요소가 바로 입지이다. 이 책에서 지속적으로 언급한 바와 같이 주택시장의 옥석가리기가 점점 중요해지는 시기가 가까워지고 있다.

따라서 위의 전망들에 대해서는 거시적 관점으로만 접근하고, 보다 다양한 요소와 분석 방법들을 종합적으로 검토하여 주택 매매 계획을 세워야 할 것이다. 특히 대한민국 부동산은 정부의 정책이 보다 중요한 변수이다. 만에 하나 새로운 정부에서 부동산 공급물량 확대를 통한 내수 경기 부양에 목표를 둔다면, 2019년 이후에는 주택시장, 건설시장 모두 침체 국면에 돌입할 수 있다. 하지만 새 정부가 공급을 축소하고 주택에 대한 규제를 완화한다면 이러한 상황은 아무렇지 않게 극복 가능할 것이다.

따라서 위의 지표에 대해서도 비판적 시각이 필요하며, 현 시점에서 주택 매수를 하지 말라는 것은 아니다. 예를 들어 2018년까지 집값이 1억 원 상승했는데, 7년의 침체기 동안 불과 3천만 원밖에 빠지지 않는다면, 지금이라도 주택을 매수할 기회는 충분한 것이 아닐까?

마지막으로 필자는 현시점에서 주택을 사야 할지 말아야 할지에 대한 질문을 자주 접한다. 그러나 주택을 사고 말고가 중요한 것이 아니라, 어디에 사느냐가 중요한 것이다. 본 책에서는 지면상의 제약으로 자세한 지역별 분석까지는 나아가지 못했으나, 후속편에서 꼭 디테일한 지역별 분석을 담을 수 있도록 노력할 것을 약속한다.

● Thanks for

다니던 회사를 뒤로하고 아포유라는 부동산 커뮤니티를 시작한지 만 2년째가 되어갑니다. 처음 두려움과 설렘으로 시작하고, 열정적으로 커뮤니티를 만들어 갔습니다. 현업에서 배운 부동산시장 분석 도구와 데이터들을 커뮤니티를 통해 무상으로 배포하고, 그렇게 만들어진 커뮤니티를 기반으로 부동산 전문 언론사를 만들 수 있겠다 생각했습니다.

그 과정에서 수많은 회원님들을 만나고 인연을 맺게 되었습니다. 부산에 거주하며 실거주 차원에서 지역주택조합에 가입하고 당황해하던 빡빡이님, 부동산 스터디 모임을 만들어 공부를 하며 감각을 익혀 오신 갈수록태산님, 늘 따뜻한 글로 아포유 커뮤니티에서 빠질 수 없는 감초 역할을 해주신 토마씨s님, 아포유를 통해 부동산 투자마인드의 변화를 경험했다는 bina님, 은행연구소에서 근무하며 아포유의 글들에 자문을 해주시는 버스메냐님, 아포유의 설계분석에 대하여 조언을 아끼지 않는 건축무한님, 먼 타국에서도 늘 아포유를 응원해주는 도화님, 아이 셋을 키우면서도 웃음을 잃지 않는 마시멜로우님, 그리고 총명하게님, Clare님, 수고했어님, 제리고님, 돈주앙님, 도롱님, 미얌님, 깡님, 이쁜쭈야님, 로컬맨님, 서태웅님, 쫑아빠님, 베지밀님, 장미공주님, 아파트갖고팡님, 사방팔방님, 화창님, 새옹지마님, 파랑날님, 우투좌타님, 아빠곰님, 터보님, 효원공원님, popopo님, 희망2016님, 수지만세님, 중수님, 쇳덩이님 이하 아포유를 사랑해주시는 모든 회원께 진심으로 감사드립니다.

그리고 아포유에 정기적으로 투자경험담 및 투자지표에 대한 글을 게재해주고 있는 또래미님, 빠숑님, 신사람님, 해안선님께 감사드립니다.

더불어 아포유 운영진으로서 부동산 커뮤니티가 올바른 방향으로 설 수 있도록 아낌없는 조언을 해주신 희망행복부자님, 아포유에 늘 따뜻한 글들로 회원들의 감성을 울려주시는 마일리지맨님, 매일매일 아포유 관리에 가정 적극적이신 조팅님, 신입 회원들에게 빠짐없이 인사를 건네주시는 엠마오님, 마지막으로 무미건조한 아포유 커뮤니티를 늘 웃을 수 있게 만들어주시는 엔딕스님, 이상 5명의 운영진 분들께도 감사 또 감사드립니다.

마지막으로 아포유를 꾸준히 후원해주고 계시는 광교 중흥부동산, 광교 슈가레인부동산, 동탄 글로리부동산, 동탄 타임부동산, 동탄 리츠부동산, 위례 타임부동산, 위례 더블유부동산, 김포 라임한강부동산 사장님께도 진심으로 감사인사 드립니다.

아포유는 앞으로 부동산시장이 보다 더 투명해질 수 있도록 노력해나가겠습니다. 아직 아포유 커뮤니티의 일원이 아닌 분들은 www.aforu.co.kr로 방문하셔서 아포유의 가족이 된다면 부동산과 관련한 보다 많은 정보들을 확인하실 수 있을 것입니다. 아포유 커뮤니티에 참여해주실 모든 분들을 환영합니다.

아포유 스폰서 부동산 연락처

수원 광교신도시

 광교중흥부동산(031-211-8611)

 슈가레인부동산(031-217-6699)

동탄2신도시

 글로리부동산(031-8015-4848)

 타임부동산(031-378-8099)

 리츠부동산(031-8050-9933)

위례신도시

 타임부동산(02-400-0056)

 더블유부동산(031-404-8080)

김포한강신도시

 라임한강부동산(031-9968-114)